■ 本书是 2012 年国家社科基金规划项目"西部散存民族档案文献遗产集中保护问题研究"的研究报告成果。2015 年 7 月，本项目经全国哲学社会科学规划办审核准予结项，鉴定等级：良好。研究报告的出版受国家社科基金项目经费支持。

西部散存民族档案文献遗产集中保护问题研究

华林 著

中国社会科学出版社

图书在版编目（CIP）数据

西部散存民族档案文献遗产集中保护问题研究／华林著．—北京：
中国社会科学出版社，2017.9
ISBN 978 - 7 - 5203 - 0681 - 2

Ⅰ．①西…　Ⅱ．①华…　Ⅲ．①少数民族—档案文献—文献保护—
研究—西北地区②少数民族—档案文献—文献保护—研究—西南地区
Ⅳ．①G273.3

中国版本图书馆 CIP 数据核字（2017）第 163456 号

出 版 人　赵剑英
责任编辑　孔继萍
责任校对　闫　萃
责任印制　李寡寡

出　　　版　中国社会科学出版社
社　　　址　北京鼓楼西大街甲 158 号
邮　　　编　100720
网　　　址　http://www.csspw.cn
发 行 部　010 - 84083685
门 市 部　010 - 84029450
经　　　销　新华书店及其他书店

印刷装订　北京君升印刷有限公司
版　　　次　2017 年 9 月第 1 版
印　　　次　2017 年 9 月第 1 次印刷

开　　　本　710×1000　1/16
印　　　张　17.75
插　　　页　2
字　　　数　291 千字
定　　　价　75.00 元

序　一

正在品读华林教授给我的书稿时，我所在学院召开了一次很有人气的国际高峰论坛，来自文博、收藏、书画与档案界的国内外顶级专家聚集一堂，纵论中国古书画的鉴定修复与保护，同时举办了古书画精品展，在人大校园刮起一阵意蕴浓郁的文化遗产风。"世界因遗产而璀璨"，这个闪亮而富有诗意的论坛主题像一道电光投射进这部书稿，诠释并辉映着作者向我们展示的一片神奇领域。我国各民族的档案文献不正是中华大地上熠熠生辉的无价瑰宝吗？它们以自身的璀璨无声地述说着我国西部各民族的灿烂悠远，并赋予世界多彩绚烂。

说起来我进入档案领域年头不少了，上课写文章都离不开档案，《西部散存民族档案文献遗产集中保护问题研究》一书还是令我惊讶于我国档案的丰厚珍奇。本书涉猎我国西部12个省区40多个少数民族文字的档案，其种类、年代、数量、内容、形式、价值都让人称奇道赞，很多东西是我此前未所闻无所知的。这些档案真切地记录了我国少数民族地区悠久独特的历史文化原生态，大至社会治理、民族关系、世代更迭，微至民俗民风、生产生活、乡规民约，活生生地记述了各民族曾经的状态和智慧。这些档案历经岁月和风云传承至今，在政治、经济、科技、文化、宗教、艺术、文字等方面都具有无法估测的极高价值，如果缺失这些民族的历史诉说，我们的国家档案将不完整，中华民族的雄壮史诗将音色不全。

然而，这些宝贵档案的境况着实堪忧，除了岁月侵蚀之外，少数民族档案特殊的材质、分布、传承习惯等加剧了留存保管的艰难。近些年各地区政府、文化和学术部门做了大量的普查和抢救工作，但至今家底不清，老化损毁的情况仍然十分严重。一些公共保管机构条件简陋，仅以普通柜架、布料窗帘为防护设施；散存在私人手中的档案文献更是命运多舛，有的放在破旧箱子或麻袋中，藏于山洞、禾仓、楼板夹层、屋檐、牛圈和灶房里，破碎、发霉、受潮、虫蛀和毁坏现象十分普遍；暴露在天然环境中的石刻碑文任凭风摧雨剥，自然老化，某县数百块彝文碑刻残损率竟达百分之百。民族地区因不识文化遗产价值而随意处置的现象比比皆是，作者领衔的课题组所做的一则随机抽样调查显示，知道民族档案的民族群众和民族干部均为 0；知道民族古籍的民族群众 10%，民族干部也只有 70%。因此，有的石碑被用于修城支门洞，铺砌在涵洞下，因修公路而炸毁，或是作为洗衣石；水书当作废纸变卖，赠送他人作纪念，或当作祭品烧毁祀祖；一些部门保存的西夏文、回鹘文、察合台文、卢文、梵文、吐蕃文和水书等民族文字档案文献，因无人释读而成为"天书"。作者列举的这些状况实在让人担忧心痛，扼腕叹息，这些珍贵的历史文化遗产负载着无法再造的历史，穿过一去不复返的时光，它们的丢失损毁将在国家民族的历史上留下无法弥补的疮孔，任何有民族情怀、文化敬畏和历史责任的人都不能无视、坐视或漠视这种现象。

关于解决之道，作者的基本主张是集中保护，主要理由是分散状态风险大，条件参差，缺少专业性，而集中有利于控制风险，改善条件，实行专业化抢救和保存。作者在悉数当前西部民族档案散存状态及其弊端之后，建议以法规和政策手段将民族文化遗产尽可能集中到档案馆、图书馆、博物馆和民委古籍办"四大系统"，包括实体原件集中、复制件集中和信息集中等不同形式。由于民族文化遗产中不少兼有文物、古籍、档案多重属性，且生成背景与流传过程不同，权属不同，在集中过程中需要采用一些柔性或变通措施。这种原则与灵活的结合源于作者把保护工作放在民族文化遗产框架和资源共建共享的视野之中，登高方可临远，有了这样的大框架和大视野，总会找到有效合理的办法。

本书的逻辑线索简洁清晰，可以用珍贵、危困、抢救三个关键词串联起来，而作者为这条线索提供了两个非常重要的支撑，它们藏在文字背后，却引导了这项研究的整体方向。

一是"大档案"观念。在华林教授那里，民族档案本来就是多姿多彩多元的，只要是原生的，记录原始事实的，都可以入档案之列，无须拘泥于既有的定义和条件。因此，本书所述民族档案范围开阔，特别给予民间记录以充分关注，刚好契合了世界范围正在兴起的后现代档案理念。书中档案的形成主体有官方也有民间，各级官府之外，还有土司、长老、巫师、喇嘛、和尚、东巴、毕摩、艺人、平民等；形态多种多样，纸质文书之外，还有大量的结绳、骨文、石刻（碑刻、摩崖、石经墙、石经片、石经墩）、竹简、木刻、金文、皮书、布书、瓦书、陶文等；内容涵盖社会生活方方面面，涉及政治、经济、军事、司法、文化、生产、生活、世系等；语言包括维吾尔文、蒙古文、藏文、彝文、傣文、东巴文、白文、壮文、突厥文、回鹘文、水书等；"文种"更是不一而足，有文书、谱牒、契约、账簿、信函、图画（如彩绘岩画、木画、布帛图像）、碑牌（如寺祠碑、会盟碑、祖宗牌位、咒语牌）等；口述档案更是不可或缺，西部各民族世世代代口耳相传下来很多口碑记录，如创世史诗、神话传说、民间故事和歌谣等，以丰富奇特的想象叙述了各民族先民对宇宙开辟、人类起源、万物创造、民族形成的认识和解释，具有极高的历史和文学艺术价值。这些遗产可能具有多重属性，但其中具有原生性的均可视为档案加以珍视和保管。这些形形色色的档案共同记述了我国各民族灿烂辉煌的历史文化，如同点点繁星、颗颗珠玉汇聚成了一片璀璨。

二是脚踏实地的研究态度。尽管我知道华林教授在民族档案领域已跋涉多年，颇有积累，这本书资料的丰富翔实程度还是让我由衷感叹！作者如数家珍般地叙述了西部民族档案的分布、成分、特点、珍品、价值以及保管状况，有很多背景材料和数据，仅从资料价值而言就非常可观，书中有关政策和措施的探讨都是基于这些事实而展开的。为了获取资料，作者不仅阅读了几乎所有关于西部民族档案保护方面的书籍、论文和政策文件，更是迈开双脚进行了大范围的实地考察。从后记中得知，为此项研究，华林教授率领的课题组足迹踏至西部6个省份十几个地区的120多个单位，对240多位受访者进行了深度访谈，获取了大量珍贵的一手资料，这样的研究自然有根基、有依据、有价值了。

1992年，联合国教科文组织发起了"世界记忆遗产"项目，旨在保护全球范围内具有重要历史文化价值的文献，迄今为止，我国已有10种文献被收入该目录，其中东巴古籍文献和元代西藏官方档案就是来自西部的民族档案遗产。我国各民族档案文献既是民族的、中国的，也是世界的，抢救和保护民族档案文献遗产不仅关乎各民族历史文化的传承，也是维护世界文化多样性的需要。

我国的民族档案是一座宝藏，博大丰厚，源远流长，它们携带了各民族的哪些基因和经历？它们是怎样形成、管理与传承的？它们在各民族的延续与生活中发挥了哪些作用？它们和民族古籍、文物有怎样的联系与区别？这座宝藏中还有很多很多的未知深藏其中，我想这正是华林教授在这里探索不息的原因，他艰辛并快乐着，充满收获的希望。

冯惠玲

2017 年 1 月 3 日

注：序言作者为教育部档案学科教学指导委员会主任、中国人民大学副校长、博士生导师冯惠玲教授。

序　二

　　我国 55 个少数民族在历史上都创造了光辉灿烂的民族文化，留下卷帙浩繁的少数民族档案。作为民族记忆的传承媒介，这些少数民族档案在承载、发展与弘扬优秀民族传统文化方面做出重要历史贡献。党和国家十分重视少数民族档案工作，早在 1960 年，国家档案局就在呼和浩特召开全国少数民族地区档案工作会议，提出少数民族地区少数民族档案工作开展问题。1987 年 11 月，中国档案学会在昆明召开少数民族档案史料学术研讨会，在少数民族档案的内涵外延界定、类型构成、档案特色、功能价值与管理理论与实践方法等方面达成共识，为少数民族档案工作的发展奠定了学术基础。此后，少数民族档案工作实践与理论进入了一个蓬勃发展时期。

　　值得高兴的是，档案学界有一批学者坚持不懈地进行少数民族档案研究工作。少数民族档案学学科理论知识体系的构建、少数民族档案文献遗产的保护、少数民族档案资源的建设以及少数民族档案信息资源的发掘利用等方面，迄今已经取得了可贺的成绩。华林教授就是从事少数民族档案研究的重要学者之一。华林教授毕业于中国人民大学档案系（现信息资源管理学院），其后在云南大学获得了中国民族史硕士、博士学位。长期以来，华林教授依托系统的档案学理论知识和扎实的民族史学术功底，结合边疆民族地区少数民族档案工作实践，在少数民族档案及其管理与保护工作方面开展研究，发表了多篇少数民族档案研究方面的学术论文，并出版了《西南彝族历史档案》《傣族历史档案研究》《西南少数民族历史档案管理学》《藏文历史档案研究》等多部研究专著。《西部散存民族档案文献遗产集中保护问题研究》既是华林教授前期部分研究成果的总结，也是他依据其主持完成的国家社科基金规划项目"西部散存民族档案文献遗产集中保护问题研究"报告撰写而成的重要成果。

《西部散存民族档案文献遗产集中保护问题研究》内容涉及西部民族档案文献遗产的内涵外延、类型构成和档案文献的文化遗产、古籍、文物等多元属性;西部现存档案文献遗产的分散保存状况,所产生的损毁、流失现实问题及其集中保护的国家政策与具体措施等方面的科学理论与实践方法诸多方面,这对拓展民族档案文献遗产保护研究范围,完善少数民族档案学学科理论体系有很高的学术价值。同时,该著具有重要实践意义,主要表现在:一是引起政府和社会对西部散存民族档案文献遗产的重视与关注,以投入相应的人力、物力和财力进行保护与抢救;二是从政策法规与实践方面提出西部民族档案文献遗产保护抢救的对策建议,以为国家和西部地方政府,以及档案馆、图书馆或博物馆等相关职能部门制定保护政策法规、工作规划,做好散存民族档案文献遗产的集中保护工作提供理论和实践方面的借鉴与参考。

少数民族档案工作发展较快,但仍处于探索阶段,如何总结已有经验,制定相应的规章制度与标准,并采取有效的方法和措施收集、整理、保护少数民族档案不仅是各个少数民族档案工作必须解决的现实问题,也是学界有待深入研究的重要课题。以华林教授为代表的档案学者对少数民族档案的研究正是顺应了少数民族档案科学管理的现实需求,积极探索少数民族档案管理的学科理论与实践方法,大力促进我国少数民族档案工作的发展。这对于充分发挥这些档案文献在传承民族记忆、弘扬优秀民族传统文化方面具有重要社会作用。少数民族档案学是一个新兴的研究领域,已经引起了学界的关注。尤其是,首届全国民族档案学研讨会于 2016 年 10 月在云南大学顺利召开,吸引了越来越多的档案学者关注这一领域。愿我国少数民族档案的研究,在诸多像华林教授这样的学者的努力和带领下,蓬勃发展。

2016 年 12 月 28 日

注:序言作者为武汉大学信息管理学院副院长、博士生导师周耀林教授。

目　　录

第一章

研究综述

一 本书研究背景和意义

（一）本书研究背景

1. 国际背景。1972 年，联合国教科文组织发起世界遗产项目；1992年，发起世界记忆工程。发起这些文化遗产保护项目的目的就是基于世界各民族文化遗产生存环境日趋恶化的严峻形势，以项目实施的方式，宣传现存文化遗产在人类社会发展记忆的保留和历史文化传承方面的重大作用和价值，唤醒人们文化遗产保护意识，促进国际社会或各国政府采取各种有效的手段和方式，加大现存文化遗产保护的投入和力度，使这些珍贵的人类文化遗产得到有效的保护、传承和延续。在此背景下，世界各国都制定了文化遗产保护发展战略和科学技术研究规划。如美国政府提出的"挽救美国的财富计划""维护美国行动计划"；法国推出的"国家文化遗产（科技）研究计划"；意大利实施的国家大学科研部遗产保护研究三年计划（2003—2005 年）；日本和韩国推行的"文化立国"计划等①。这些文化遗产保护战略或项目的实施投入了巨大的财力，动员了大量的政府部门和科研机构积极参与，项目实施内容涉及现存文化遗产生存状况调查，文化遗产资源的合理开发和利用，国家文化遗产保护战略和规划的制定实施，以及文化遗产科学保护技术的研究与运用等各个方面，对世界各国现存文化遗产的保护、延续产生了积极的推动作用。

2. 国内背景。1996 年，国家档案局牵头组织成立"世界记忆工程"

---

① 仝艳锋：《民族档案文献遗产保护研究：以云南为例》，山东大学出版社 2013 年版，第8—9 页。

中国委员会。2001 年 2 月，国家档案局组织成立由局长毛福民任组长的
"遗产工程"领导小组，并成立由郭树银任主任的办公室，统筹规划、组
织协调"遗产工程"工作，开展我国档案文献遗产的保护工作。2005 年
12 月 22 日，国务院颁布《关于加强文化遗产保护的通知》。2007 年，胡
锦涛在党的十七大上的报告中指出："加强对各民族文化的挖掘和保护，
重视文物和非物质文化遗产保护，做好文化典籍整理工作。"① 2008 年，
国家民委《文化部关于进一步加强少数民族古籍保护工作的实施意见》
提出：要"充分认识保护少数民族古籍的重要性，进一步增强责任感和
紧迫感，从对中华民族和历史负责的高度，切实做好少数民族古籍保护、
抢救、整理工作"。② 我国西部遗存有丰富的民族档案文献遗产，除大量
散存民间外，为许多政府部门和文化机构所收藏。在国内外广泛开展文化
遗产保护工作的背景下，课题组以西部散存民族档案文献遗产为研究对
象，调研其分布和损毁流失现状，提出西部散存民族档案文献遗产集中保
护的宏观政策与具体措施。

（二）本书研究意义

1. 理论意义。本书以西部散存民族档案文献遗产的集中保护为研究
切入点，内容涉及民族档案文献遗产的内涵外延、类型构成及其文化遗
产、古籍、文物等多元属性；西部现存档案文献遗产的分散保存状况，所
产生的损毁、流失等现实问题；以及西部散存民族档案文献遗产集中保护
的国家政策与具体措施等方面的理论与实践问题。这对拓展民族档案文献
遗产收集、保护等方面的研究内容，完善少数民族历史档案学理论知识体
系构建，丰富档案学的学科体系均有较高的理论价值。

2. 现实意义。本书研究将对西部民族档案文献遗产分散保存情况及
其损毁、流失现状进行全面调查。在此基础上，分析民族档案文献集中保
护的滞后因素和难点问题，进而提出可行性集中保护对策与具体措施。成
果运用的现实意义体现在两个方面：其一，引起政府和社会对西部散存民

---

① 胡锦涛：《高举中国特色社会主义伟大旗帜 为夺取全面建设小康社会新胜利而奋
斗——在中国共产党第十七次全国代表大会上的报告》，《党建》2007 年 11 月 1 日。

② 国家民委：《文化部关于进一步加强少数民族古籍保护工作的实施意见》，中央人民政府
网，http://www.seac.gov.cn。

族档案文献遗产的重视与关注，从工作规划的制定、保护项目的实施，以及抢救经费的投入等方面进行保护。其二，从政策法规层面与实践方法方面提出西部散存民族档案文献遗产保护抢救的对策与措施，以为国家文化部、民委、文物局、档案局，以及西部地方政府和相关部门制定相应的保护政策、工作规划等提供参考。

二 国内外研究概况

（一）国内研究概况

西部现存民族档案文献遗产大多具有档案、古籍和文物等多元属性，分别为图书馆、档案馆、博物馆、文化馆、群艺馆、民族研究所、政协、古籍办和寺院以及民间所收藏，由于保管条件恶劣，许多档案文献损毁流失严重。针对这一现状，课题研究将散存各单位和民间的民族档案文献遗产集中到保管条件较好的档案馆、图书馆、博物馆或民委古籍办保护问题。该问题学术界进行过相关研究。1. 从档案学视角的研究。（1）在民族档案的属性方面，我国《档案法实施办法》提出了"既是文物、图书资料又是档案"的档案管理办法。冯惠玲教授在《档案学概论》中认为，档案与文献、文物等都有一定的交叉关系。陈海玉《西南少数民族医药古籍文献的发掘利用研究》一书探讨过民族档案与古籍的双重属性问题。（2）在散存民族文献遗产的保护方面，李婧《西藏濒危历史档案的成因与保护探析》认为，保存机构众多与缺乏良好的保管条件是造成藏族历史档案损毁的重要原因，并对其收集保护提出具体措施。马兰《对少数民族档案管理工作的思考》认为，我国散存有丰富的民族档案，这些档案遗产损毁问题严重，为此要加强集中保护工作。唐跃进《我国档案文献遗产保护的思考》涉及部分单位由于保管条件太差，已经对档案文献遗产造成损害，并提出了切实保护对策。2. 从古籍、文物或文化遗产视角的研究。（1）古籍视角的研究。如张京生和尹光华《略论宁夏地区古籍普查与古籍保护工作的开展》分析了宁夏民族古籍在各单位和民间的分布情况，着重探讨了民间散存民族古籍的集中保护问题。易雪梅和金颐《西北地区古籍文献资源存藏现状概述》论述了古籍文献在古籍办、图书馆、寺院和民间散存状况，分析了由于保管条件恶劣造成的古籍损毁问题，并就具体保护对策提出建议。（2）文物视角的研究。

如冯智《当代西藏文化、文物保护及其意义》提出中国政府历来重视西藏文化、文物的保护工作，并对西藏文化和散存文物的集中保护问题进行探讨。（3）文化遗产视角的研究。如樊传庚《新疆文化遗产的保护与利用》对新疆文化遗产的分散保存现状及其保护问题进行全面研究。课题组对这一现实问题进行过前期研究工作，内容包括民族档案文献遗产的多元属性研究，西部散存民族档案文献遗产损毁、流失与抢救对策等方面。

综上所述，本书的国内研究现状为：（1）西部散存民族档案文献遗产保护问题已为学术界所关注，对档案文献遗产的散存现状与保护对策等问题有待深入研究，总体表现为系列化成果少，缺乏多学科协作性研究。（2）学术界普遍认可民族档案文献具有古籍、文物和文化遗产等多元属性，诸多古籍、文物和文化遗产的保护研究涉及西部散存民族档案文献遗产的保护问题，相关成果呈多学科趋势，对本书研究有参考价值。（3）对西部散存民族档案文献遗产的集中保护问题，各学科都从本学科视角展开过研究，研究分散，多学科协同研究性成果较少，在实际工作中没有发挥出应有的现实指导作用。

（二）国外研究概况

国外对本课题尚未开展过针对性研究，但部分文化遗产保护项目对民族档案文献遗产的保护问题有所涉及。1. 文化遗产保护技术研究。如法国国家记录文献保护研究中心长期开展文献遗产保护研究工作，成果主要有《照片、图画、印刷品与手稿的拯救与保护》《文献、声像材料的环境与保护》等论文集等，这些研究成果在各种文献遗产载体材料的技术保护方面有较好的实际运用价值。2. 文化遗产综合保护研究。如英国的大英图书馆启动了濒危档案项目（Endangered Archives Programme），其宗旨在于对世界范围内的濒危档案文献遗产进行保护。值得注意的是这一项目受理了4项中国云南少数民族档案文献遗产保护的研究申请，分别是2005年中山大学徐剑和黄飞的《中国云南纳西族洞经音乐档案文献遗产的抢救保护——抄本、乐谱、仪式与表演》和《建水、通海、蒙自地区濒危洞经档案文献遗产调查研究》；2006年徐剑的《中国云南民间与公共机构保存的彝族档案文献遗产的保护与数字化》；2008年徐剑的《中国云南南部彝语方言区彝族档案文献遗产的数字化》等①。上述可知，国外对民族档案文献遗产的保护尚未进行专门研究，但许多相关文化遗产保护的研究成果对本书研究有参考作用。

鉴于国内外研究现状，本书针对西部多元属性民族档案文献遗产分散保管与损毁流失现状，结合各地散存民族档案文献遗产集中收集与保护的实际情况和有益经验，借鉴图书馆学、博物馆学和古籍学等相关学科成果，在民族文化遗产抢救框架下全面研究西部散存民族档案文献遗产的集中保护问题。

三 研究对象和主要学术观点

（一）研究对象概述

1. 西部民族档案文献遗产界定。课题研究的西部民族档案文献遗产特指少数民族档案文献遗产，也可称为少数民族历史档案，是指新中国成立前西部各个少数民族在社会历史发展过程中直接形成的，记录和反映少数民族政治、历史、经济、军事、天文、历法、医药、教育、文艺、哲学、伦理、宗教和民俗等方面情况，具有保存价值的各种文字、图画、声像等不同形式的历史记录②。其理论界定具有以下重要内涵：

（1）民族档案文献遗产的形成主体为少数民族，具体指新中国成立前各个历史时期的少数民族地方政权、土官以及喇嘛、和尚、毕摩、东巴、巫师、民间歌手、寨老等少数民族知识分子和群众等。

（2）民族档案文献遗产是少数民族自身在其社会历史活动中"直接形成的"，因而是第一手文献材料，有较强的原始性和权威性。

（3）民族档案文献遗产古朴博大，内容涉及各少数民族政治、历史、经济、军事、科技、文艺、伦理、宗教和民俗诸多领域，具有珍贵的历史研究和现实发掘价值③。

2. 西部民族档案文献遗产构成。西部散存民族档案文献遗产由于形

---

① 全艳锋：《民族档案文献遗产保护研究：以云南为例》，山东大学出版社 2013 年版，第 8—9 页。

② 华林：《少数民族历史档案研究述评》，《档案学通讯》2003 年第 5 期。

③ 同上。

成主体、内容性质、记录符号、载体材料等的不同，可以划分为不同的档案文献类型。从记录符号划分，可分为民族原始档案文献、民族文字档案文献、民族汉文档案文献、民族图像档案文献和民族口述档案文献等，其中数量最多、价值最为珍贵的有四大类：

（1）民族文字档案文献遗产，这是指西部少数民族以维吾尔文、蒙古文、藏文、彝文、傣文、东巴文、白文、壮文和水书等本民族文字产生形成的档案文献，按其存在方式又可分为古籍、文书、印章、碑刻、摩崖、石经墙、石经片、石经墩、金文、竹简、木刻、骨文、皮书、布书、瓦书、陶书等类型。

（2）民族汉文档案文献遗产，这部分档案文献指民族地方政权、土官和群众等使用汉文形成的档案文献。主要有文书、碑刻、摩崖、金文、印章等类型。

（3）民族图像档案文献遗产，这类档案文献也十分丰富，主要有画册、画卷、岩画、木画、照片，以及各种石质、木质和金属造像诸多类型。

（4）民族口述档案文献遗产，是指由少数民族土司、喇嘛、毕摩、东巴、和尚、巫师、长老、民间艺人和其他民族群众等以口耳相传的方式传承下来，反映少数民族社会历史情况，具有保存价值的口碑原始历史记录，包括创世史诗、神话传说、民间故事、民间歌谣、历史故事、历史传说等类型。①

西部民族档案文献遗产形成民族主体众多、数量丰富、种类繁多，具有分布的广泛性、野外性和易流失性，以及保管情况复杂、档案文献损毁严重等方面的显著特点。

（二）主要学术观点

课题研究的核心学术观点是西部民族档案文献遗产的多元属性。具体而言，西部民族档案文献是珍贵的民族文化遗产，并具有民族文物、民族古籍和民族资料等多元属性。阐释如下：

1. 西部民族档案文献遗产属于民族文化遗产的范畴。2005 年，国务院发布了《关于加强文化遗产保护的通知》，就《通知》对文化遗产的界

---

① 华林、黄梅：《少数民族档案遗产研究》，《档案学通讯》2010 年第 4 期。

定而言，西部民族档案文献遗产无论是从其本质特征，或是外延范围来看，都归属于民族文化遗产的范畴，是民族文化遗产的重要构成部分。

2. 西部民族档案文献遗产具有文物、古籍等多元性。民族档案文献遗产的本质特征是原始性和历史文化价值，也就是说，民族档案文献遗产是直接形成的，反映民族社会历史发展，具有历史文化价值的历史记录。从文物的视角看，文物多为原始形成物，无论是有无文字符号，都载录或反映了人类社会历史发展情况，因此，民族文物大多都具有民族档案属性。就民族古籍而言，多数民族古籍都是直接形成的，是民族历史文化的重要记录媒介，因而许多民族古籍都因其原始性而可视为民族档案文献。此外，民族档案文献遗产以其记录的原始性和内容的权威性而具有民族信息、民族文献、民族史料、民族资料等多元属性。

3. 西部民族档案文献遗产因其多元性而散存各单位。在实践方面，由于民族档案文献遗产具有民族文化遗产、文物、古籍、史料、文献和资料等多元性，除档案馆外，广泛为博物馆、图书馆、民委古籍办、民族研究所、文化馆、群艺馆、文管所和史志办等单位所收藏。为符合现实情况，在研究报告中，民族档案文献遗产在图书馆、民委古籍办系统称为民族古籍，在博物馆系统称为民族文物。

4. 西部散存民族档案文献遗产亟待集中保护与抢救。西部民族档案文献遗产散存状况表现在：一是大量民族档案文献遗产散存民间；二是民族档案文献遗产为各单位分散保存。受自然、人为等因素影响，西部民族档案文献遗产损毁、流失问题十分严重，亟待集中保护与抢救。

四　研究目标和内容

（一）研究目标

课题研究目标是通过深入细致的调研工作，收集第一手原始材料，揭示西部民族档案文献遗产散存状况带来的损毁、流失问题，总结当地政府和相关部门在其抢救工作中所进行的探索、成就与经验，分析西部散存民族档案文献遗产集中保护的滞后因素与难点问题。在此基础上，结合实际案例，整合相关学科研究成果，从文化遗产抢救的视角提出西部散存民族档案文献遗产集中保护的国家政策与具体措施。将研究成果提供给国家文化部、民委、文物局、档案局等相关部门，以为国家和西部地方政府和职能部门制定相应的政策法规、工作规划，做好西部散存民族档案文献遗产集中保护工作提供参考。

（二）研究内容

1. 西部民族档案文献遗产及其多元属性研究。综合档案学、古籍学、文物学和文化遗产学等学科理论，分析研究西部民族档案文献遗产的内涵外延、类型构成及其民族古籍、文物、文献与文化遗产属性等方面的理论问题。

2. 西部民族档案文献遗产分散保存现状调研。在前期调研基础上，以云南、西藏、四川、贵州、新疆和内蒙古等地为重点，调查当地档案馆、图书馆、博物馆、文化馆、古籍办、民研所、寺院等单位和民间民族档案文献遗产收藏数量、保管条件、档案状况及其管理情况。

3. 西部民族档案文献遗产集中保护法理研究。结合党的十七大民族文化保护精神，以及国家文化遗产保护政策和法规，从民族文化遗产抢救的高度，研究西部民族档案文献遗产集中保护法理问题。

4. 西部民族档案文献遗产集中保护策略研究。依据西部民族档案文献遗产散存现状与保护案例，分析其集中保护滞后因素，整合相关学科研究成果，借鉴有益经验，从集中保护主体的确立，以及国家宏观政策与具体措施方面，提出西部散存民族档案文献遗产进行集中保护的对策与措施。

五 特点和研究方法

（一）特点

1. 拓展民族档案文献遗产的研究领域。课题研究涉及民族档案的多元属性问题，集中保护的法理依据、物权归属等问题，这对拓展民族档案的研究领域，完善其学科理论体系有较好的学术创新性。

2. 提出构建集中主体和双集中等观点。西部民族档案文献遗产的散存状况极不利于对其进行科学保护。课题研究首先提出构建档案馆、图书馆、博物馆和民委古籍办"四大系统"集中主体，以及对西部散存民族档案文献遗产实体和内容进行"双集中"等方面的观点和构想，这有利于在实践中梳理思路，明确工作步骤，更好地解决西部散存民族档案文献遗产的科学管理与保护问题。

3. 采用多学科整合性的综合研究方法。这一研究方法不仅可整合档案、图书和文物等学科在民族档案文献遗产集中保护方面的相关研究理论与实践方法，提升研究成果的理论与实践价值，还可为我国各民族地区散存民族档案、古籍、文物或散存文化遗产的集中保护提供示范与参考。

（二）研究方法

课题以滇、黔、川、藏等西部地域为研究空间，采用定量描述与定性分析、实地调查与文献研究、理论分析与案例实证相结合的方法进行研究。具体方法如下：

1. 调查研究法。对西部散存民族档案文献遗产的实际状况进行选点调查，详细调查档案文献遗产的分布、数量和保管情况，进而分析其分散保存与损毁流失的各种深层因素。

2. 案例实证法。在云南、西藏、四川、贵州、新疆和内蒙古等地选取案例，结合当地散存民族档案文献遗产的实际状况和政府所采取的保护措施，对散存民族档案文献遗产集中保护问题进行实证研究。

3. 数理统计法。以实地调研基础数据、材料为依据，制作民族档案文献遗产保管情况、生存状况等表格，以翔实具体的图表形式，反映西部散存民族档案文献遗产的发展变化基本情况与规律性。

4. 整合性研究法。对民族档案文献遗产的保护各个学科都从不同的视角展开过研究，为此，本书将对相关学科研究成果进行借鉴与整合，以完善课题研究，增强研究成果的实际运用价值。

第 二 章

西部民族档案文献遗产

第一节　西部民族档案文献遗产界定与构成

一　西部民族档案文献遗产界定

我国少数民族档案始于新中国成立初期。为了保护与抢救少数民族历史档案，1960 年 8 月，国家档案局在呼和浩特召开全国少数民族地区档案工作会议，首次提出了少数民族档案收集整理工作的问题。其后，档案学界对少数民族档案的内涵外延进行了研究与探讨，其中有代表性的观点是云南大学张鑫昌教授等提出的："所谓民族档案，是指各个时期的一切社会组织及其成员关于各少数民族的具有一定保存价值的各种文字符号的原始记录。民族档案工作就是收集、整理、保管和利用民族档案的活动。"[①] 1987 年 11 月，中国档案学会在昆明召开少数民族档案史料学术研讨会，对少数民族档案的内涵外延及其管理问题进行了深入探讨。这次会议加深对民族档案的理论认识，从概念的科学界定、类型范围的构成、档案价值的阐释，以及少数民族档案管理工作的开展等方面，解决了少数民族档案学科理论研究与构建中的许多重要学术问题。如对少数民族档案的认识方面，多数档案干部、学者经过研讨认为：凡是反映少数民族的历史、经济、政治、文化、教育、社会等方面的档案文件，都是少数民族档案史料；少数民族档案史料包括用少数民族文字和汉文形成的，反映各少数民族历史活动的文字、图表、声像及其他各种方式和载体的文件材料。

---

① 张鑫昌、张昌山、郑文等：《文献学与历史研究》，中国社会科学出版社 2015 年版，第 11 页。

其后，档案学界对少数民族档案的研究更趋成熟，1993 年 11 月，中国档案出版社出版杨中一编著的《中国少数民族档案及其管理》，书中对少数民族档案的概念作了如下界定：各少数民族在各个历史时期，进行社会生活、劳动生产和对外交往中，采用自己本民族创造的文字或借用其他民族文字形成的各种记录材料，同各个历史朝代的统治机构、社会组织在处理少数民族事务活动中也形成了各种文字记录。随之，也就形成了少数民族档案。书中还论述了各个少数民族档案的种类以及少数民族档案管理的科学方法和具体措施。2001 年 9 月，中国民族出版社出版华林所著《西南少数民族历史档案管理学》，该书将西南少数民族历史档案界定为："西南少数民族历史档案是 1949 年以前西南各个少数民族和各个历史时期的国家机构、官吏在社会实践活动中直接形成的反映西南少数民族政治、经济、军事、历史、科技、文化、宗教和民俗等社会历史情况，具有保存价值的文字、图画和声像等不同形式的历史记录。"

本书研究的核心对象是西部民族档案文献遗产，这一概念从广义而言和少数民族历史档案大体相同，其一，研究对象特指少数民族历史档案；其二，研究的范围包括少数民族原生历史档案、官方少数民族历史档案，以及其他主体产生的涉及少数民族问题的少数民族历史档案。本书探讨的是狭义的西部民族档案文献遗产，也就是少数民族自身产生的原生历史档案。具体而言，西部民族档案文献遗产的定义可表述为：

新中国成立前西部各个少数民族在社会历史发展过程中直接形成的，记录和反映少数民族政治、历史、经济、军事、天文、历法、医药、教育、文艺、哲学、伦理、宗教和民俗等方面情况，具有保存价值的各种文字、图画、声像等不同形式的历史记录。

这一定义的理论界定包括以下重要内涵：

1. 西部民族档案文献遗产具有产生形成的原生性。具体而言，西部民族档案文献遗产的形成者是各个少数地方政权机构，以及少数民族土司、土官、贵族、喇嘛、佛爷、毕摩、东巴、道公、民间艺人和民族群众等，他们所形成的档案文献遗产也称为"少数民族原生历史档案"。

2. 西部民族档案文献遗产具有产生形成的原始性。西部民族档案文献遗产是"直接形成的"，因此，它具有较强的档案原始性，能如实地反映西部少数民族社会历史发展的真实面貌。这一特点决定了西部民族档案文献遗产和一般少数民族史料相区别，因而在文献材料的真实可靠性方面更具有权威性。

3. 西部民族档案文献遗产具有内容载录的丰富性。西部民族档案文献遗产真实地反映了西部少数民族政治、经济、军事、历史、科技、文化、宗教和民俗等社会历史情况，内容涉及西部少数民族社会历史发展的各个领域，以其可靠的参考凭证作用而具有更高的档案查考价值。

4. 西部民族档案文献遗产具有载体类型的多样性。西部民族档案文献遗产以文字、图画、声像等不同信息记录形式载录历史内容，因此档案文献类型极为丰富。在具体类型划分方面，西部民族档案文献遗产由于记录符号、载体材料、载录方式和档案文献名称的不同，可划分为各种不同形式的档案文献材料。如按其现存方式可分为古籍、文书、印章、碑刻、摩崖、石经墙、石经片、石经墩、金文、竹简、木刻、骨文、皮书、布书、瓦书、陶书等类型。

以上论述全面阐释了西部民族档案文献遗产的本质特征和外延范围，也是西部民族档案文献遗产区别于其他档案文献遗产以及西部少数民族史料的根本所在。明确西部民族档案文献遗产的概念和基本内涵，可为进一步研究西部散存民族档案文献遗产的集中保护工作打下坚实的理论基础。

二　西部民族档案文献遗产构成

西部散存民族档案文献遗产由于形成主体、内容性质、记录符号、载体材料等的不同，可划分为不同的档案文献类型。从记录符号划分，可分为民族原始档案文献、民族文字档案文献、民族汉文档案文献、民族图像档案文献和民族口述档案文献等。具体构成如下：

（一）民族原始档案文献遗产

我国各民族先民在人类社会形成的初期产生了丰富的原始型档案文献遗产，这些原始型档案文献遗产按其记事表意方式的不同可划分为符号型与实物型两种类型。其中，符号型民族原始档案文献遗产是指用某种特殊的符号来记录数字和发生的事件，或表示其他一些更为复杂的信息，如结绳记事和刻木为契。实物型则是使用实物记事或计数，有的是用实物进行简单计算，有的用实物表达一定的意思。少数民族记事使用的实物多为随手可得到之物，如石头、木片、竹片、禾秆、草棒等，如送辣子表示气愤、送鸡毛表示紧急、芭蕉相送则表示友好等。由于历史久远，许多原始社会时期形成的原始档案文献遗产都难以留存下来，仅见于史志记载。

得益于地区独特的地理环境和民族生态环境，加之民族地区相对落后，部分民族原始记事方式得以保留下来。直到近现代，独龙族、傈僳族、佤族、纳西族、怒族、瑶族、哈尼族、普米族、门巴族、珞巴族和锡伯族等民族都不同程度地使用结绳刻契的方式以记日子、记账目、作凭证、传信息等，有的则用以记录世系，表示家族历代成员情况，从而形成特殊的结绳家谱。如 20 世纪 50 年代以前，广西临桂县宛田瑶族乡平水江村八哈寨瑶族，生产以刀耕火种为主，并实行集体耕种，收获作物时就地平分，每户用绳或麻藤记数，分配产品时以箩为单位计算，每户分得一箩，即在绳或藤上打一环结，表示收到一箩。最后，大家总算所打的结环数，谁家结少，照数补足。现今，瑶族地区还发现瑶族以穿辣椒记事的现象，其法与结绳记事相类似，即用一条细麻绳，上面分别结系大小不同的红辣椒来表示大数或小数，大事或小事。这种结绳记事的方法，多在瑶族老年人中流传①。居住在云南宁蒗的摩梭人、普米族曾用打结的羊毛绳传递信息，召集群众。傈僳族用绳结来记账目。独龙族远行以结绳记日。哈尼族人借债，用同样长的两根绳子打同样的结，各执一根作为凭证。买卖土地也用不同大小、多少的绳结表示田价。刻契记事的遗存在地区更为广泛，如新中国成立前，云南的哈尼族用刻木作为民间借贷、婚约、典当土地的契约，苗族用木刻记录歌谣曲谱，景颇族用木刻记录下村民之间的纠纷，独龙族用木刻传达通知。佤族每年在吃新米的时候，全村男女老少要聚在一起品尝。村里的长者趁机召开有关木刻的说明会，讲述每一刻口代表的内容，人们因此得知本村的历史和其他各种事情，同时也征得大家的同意，在木板上刻上新的内容记号。佤族的借贷刻木一边刻 3 个大缺口，其中 1 个缺口代表借债人，中间的缺口代表公证人，另一缺口代表债主；另一边刻若干小缺口，小缺口所代表的款项由当事人面议，若以元为单位，则每个小缺口表示一元，也有以 5 元或 10 元为单位的。刻好后一剖为二，双方各执其一。独龙族借几升玉米，就在竹片上刻几个缺口，从中破为两半，债主和借债人各执一半，还清时当场销毁。如果是借牛或借

---

① 黄钰、黄方平：《瑶族原始记事法管窥》，《广西民族研究》1996 年第 3 期。

猪，要根据牲畜的大小，有几拳（"拳"是他们度量牲畜胸围的单位）就在竹片的两边各刻几个口子，然后一劈为二，借债人与债主各执一半。有时，独龙族人借钱给他人后，便在竹片上刻缺口，借出多少钱就刻多少个缺口，日后还了多少就削去多少个缺口①。

（二）民族口述档案文献遗产

民族口述档案文献遗产是指由少数民族土司、喇嘛、毕摩、东巴、和尚、巫师、长老、民间艺人和其他民族群众等以口耳相传的方式传承下来，反映少数民族社会历史情况，具有保存价值的口碑原始历史记录，包括创世史诗、神话传说、民间故事、民间歌谣、历史故事、历史传说等类型。

少数民族口述档案文献遗产是少数民族在各个历史发展时期的社会实践活动中产生的，各民族流传下来的口述档案文献遗产十分丰富，按其传承类型划分主要有创世史诗、神话传说、民间故事、民间歌谣、历史故事、风俗故事、人物故事、民间工艺故事、劳动歌、仪式歌、情歌、生活歌、历史传说歌、出门调、悼祭调、劝诫曲以及口传谱系、医药秘方、制造工艺、耕种技能等类型。现存少数民族口述档案文献遗产内容涉及少数民族社会历史发展的各个领域，按其内容构成来看可划分为以下类型。

1. 少数民族历史发展口述档案文献遗产。即土司、毕摩、东巴、和尚、巫师、长老、民间艺人等记录的反映少数民族社会历史发展情况的口述档案文献遗产，内容涉及民族迁徙发展史的，家族分宗世系的梳理，少数民族地方政权的设置、官员的历任状况、功勋业绩、配偶子女情况，以及少数民族生产生活状况等。少数民族社会历史发展情况形成的文献资料载录极其丰富，通过当事人的讲述形成的口述档案文献遗产文献具有形象生动的特点，许多历史记忆可弥补文献材料记录不全的缺憾。

2. 少数民族文学艺术口述档案文献遗产。这是少数民族口述档案文献遗产中最为丰富的部分。少数民族能歌善舞，在长期社会发展过程中，创造了丰富多彩的诗歌、神话、民间传说、谚语格言、散文小说和文艺理论等文化艺术珍品，对研究少数民族文学艺术的民族特色及各民族古代社会历史发展状况有很高的史料价值。这些丰富的少数民族文艺作品有的已

---

① 陈子丹：《民族档案史料编纂学概要》，云南大学出版社 2009 年版，第 38—39 页。

经整理出文字材料，还有大量的作品现今仍然为民族民间艺人所掌握，通过声像技术将这些民族文艺中的重要作品记录下来，是抢救民族文艺遗产的重要措施。

3. 少数民族科技口述档案文献遗产。古代少数民族在历史上不断总结生产实践经验，创造形成了大量珍贵的反映少数民族科技发展的科技成果，内容涉及天文、地理、医学、冶炼、建筑以及农牧业生产的各个领域，有很高的科学价值。现今，各民族地区对少数民族科技成果的发掘利用已经取得了很大的进展，这些科技成果在发展民族经济方面发挥了重要作用。同时，也应该看到，一些珍贵的民族传统工艺、配方、秘方等还保存在少数民族民间，为部分少数民族老人所掌握，如不及时进行征集抢救，这些重要的科技成果随时都有埋没丧失的危险。

4. 少数民族宗教口述档案文献遗产。许多少数民族多有自己的宗教，在举行各种作斋、作祭、占卜、驱鬼和禳解等宗教仪式活动中形成了丰富的经文，这些经文有记载在专门使用的经书上，有的则由毕摩、东巴、和尚、巫师等自己掌握。如许多少数民族在祭祀亡人、祖坟、祖宗、山神、社神、雨神等宗教活动中都形成和使用祭祀经文，依据祭祀对象的不同，祭祀经又可分为：《作祭经》《祭龙经》《狩猎祭祀经》《祭石神经》《祭坟经》《祭山神经》《祭水神经》《祭天神经》《祭地神经》《祭树神经》《祭祖经》等。至今，很多毕摩、东巴、和尚、巫师都能诵唱大量的经文，将这些经文记录下来，不仅为研究古代少数民族万物有灵的宗教哲学思想提供了原始凭证材料，经文中记录的内容对研究少数民族社会历史发展情况也提供了翔实的凭证材料。

5. 少数民族伦理道德口述档案文献遗产。少数民族在长期的社会历史发展过程中形成了系统的伦理思想和道德规范，其内容涉及少数民族日常生活中应遵守之条律、待人接物之礼俗、道德伦理之故事和先祖教诲子孙之训言等。各民族中的长老、长辈常常教诲后人要孝敬父母、家庭团结、邻里和睦、珍惜光阴、勤俭节约、节制饮酒等。这些珍贵的伦理口述档案文献遗产对研究民间少数民族的传统伦理道德思想提供了珍贵的第一手文献材料，对加强精神文明建设，构建民族地区和谐社会都有较大的现实作用。

6. 少数民族民俗口述档案文献遗产。各少数民族都有自己鲜明的民族文化，形成众多、独特的民族风俗习惯。如丰富多彩的节日风俗民情，喜庆热闹的婚庆典礼，庄严肃穆的丧葬礼仪，神秘庄重的宗教祭祀仪式，生产生活中的各种风俗习惯等，这些丰富民情的规范程序大多为德高望重的祭师或长老所熟知和掌握，内容涉及民族社会政治、经济、军事、宗教信仰、文学艺术诸多方面，蕴含着丰富的民族文化底蕴，有极高的历史研究和现实发掘利用价值。

现存少数民族口述档案文献遗产极其丰富，以民族史诗为例。民族史诗是一种成熟完善的民族口述档案文献遗产形式，所载录的内容来源于当时的社会历史发展情况，多叙述反映民族历史发展中具有重大意义的历史事件或古代传说，民族史诗按其主题性质可划分为创世史诗和英雄史诗两种类型，内容涉及原始先民的劳动生活状况、与恶劣自然环境的抗衡、对自然现象的探索与解释、部落之间发生的战争、原始宗教活动、人类早期婚嫁习俗、氏族群体的迁徙发展等各个方面的内容。各民族产生的史诗数量丰富，篇章宏大，不仅具有口传文学的艺术性，在反映远古社会生产生活情况，以及记录、传承与发展原始文化与古代文明方面发挥了重大历史作用。各民族产生的创世史诗有羌族的《羌戈大战》，哈尼族的《窝果策尼果》《创世记》《洪水记》《哈尼祖先过江来》《砍不倒的大青树》《两个太阳》等，傣族的《布桑盖与亚桑盖》，独龙族的《创世记》，仡佬族的《十二段纪文》，苗族的《苗族古歌》，畲族的《高皇歌》，瑶族的《水淹天》，佤族的《葫芦的传说》，彝族的《勒俄特依》《查姆》《阿细的先基》《宇宙源流》等，纳西族的《创世记》，土家族的《摆平歌》等；英雄史诗则有柯尔克孜族的《家芮什于巴依什》《交达尔拜希木》《考交加什》《托勒托依》，哈萨克族史诗《阿勒帕米斯》《阔布兰德》《好汉康巴尔》《英雄塔尔根》等，达斡尔族的《阿勒坦嘎乐布日特》《绰凯莫日根》，乌孜别克族的《阿勒帕来西》，蒙古族的《江格尔传》《格斯尔传》《勇士谷诺干》《宝木额尔德尼》《英雄希林嘎拉珠》等，门巴族的《太波嘎列》，纳西族的《黑白战争》《哈斯战争》，景颇族的《木脑斋瓦》，傣族的《厘俸》，苗族英雄史诗《张秀眉歌》《格洛格桑》，瑶族的《豆腐八王》等。众多的民族口述档案文献是珍贵的民族历史文化遗产，这些口述档案文献遗产无论是在了解民族文学艺术的发展历程及其取得的丰硕成果，或是研究各民族的社会历史发展状况等方面都有极其珍贵的文献史料价值。更为重要的是众多的民族口述档案文献展示了我国民族档案文献遗产的丰富性与多样性，成为我国民族档案文献宝库中不可或缺的重要历史文化财富。

（三）民族文字档案文献遗产

这是指西部少数民族以维吾尔文、蒙古文、藏文、彝文、傣文、东巴文、白文、壮文和水书等本民族文字产生形成的档案文献，按其存在方式又可分为古籍、文书、印章、碑刻、摩崖、石经墙、石经片、石经墩、金文、竹简、木刻、骨文、皮书、布书、瓦书、陶书等类型。主要类型如下：

1. 古籍。西部民族文字古籍是新中国成立前各个历史时期的民族在社会活动中以本民族文字撰成的反映西部民族政治、经济、军事、历史、科技、文化、宗教和民俗等社会历史情况的刻本、写本、稿本、抄本和拓本，西部民族文字古籍以手稿和手抄本为主，从档案学的视角划分，它们是一种极其珍贵的手稿档案。西部民族文字古籍卷帙浩繁，以下按其内容性质进行分类论述：

（1）宗教类。西部地区保存下来的民族文字宗教类古籍以藏文宗教经书最为丰富。在我国各民族宗教文献中，除汉族外，藏文宗教经书和各类著述是首屈一指的，藏文宗教古籍的形成始于佛教经典的翻译，历经前后凡一千三百多年的历史。藏文经书主要由两大部分组成：一是吐蕃文献中的佛教典籍。公元7世纪，佛教从印度、汉地传到吐蕃，许多佛典也随之译注传入。据藏文史籍记载，最早传到吐蕃的经典有《宝集咒》《月灯》《宝云经》《宝箧经》《百拜忏悔经》《金光明最胜王经》《密意根本之精》《珍宝之堆》等。自松赞干布王开始，吐蕃赞普特别重视翻译事业，所译佛经数目仅《丹噶目录》所载共计27门，有六七百种之多，其中大小乘显密具备，标明译自汉文的经论共计31种（经部23种，论部8种）。除了翻译佛典外，吐蕃时期的藏族学者也有若干重要著述，最为知名的是梵藏佛教术语对照词汇集《翻译名义大集》，全书共280个门类，收词语9565条。此书由藏族学者执笔，印度人、尼婆罗译师协助编写，对后世影响极深。二是藏文大藏经。公元9世纪吐蕃政权灭亡，西藏地方陷入长期的分裂割据状态。公元10世纪，藏族佛教进入"后弘期"，发展为许多佛教派系，各立门宗学说。到公元13世纪后期，藏族的文化事业得到了空前的发展，这一时期的佛教经典主要是对大藏经的翻译、整理和目录的编制。藏文大藏经分为《甘珠尔》（意为佛语部，即佛陀讲说的经典，包括密显经律，收书 1108 种）和《丹珠尔》（意为论疏部，是佛教徒对佛经的注疏论著，包括经律的解说注疏密宗仪轨和五明杂著等，收书 3461 种）两部分，共 326 部，4569 种——据德格版计。全经共有 10000 多块经版，6800 多万字。

《甘珠尔》部中分为戒律、盘若、华严、宝积、经集、涅槃、密乘 7 类；《丹珠尔》部中分为赞颂、咒释、经释、目录等类，其中经释中又分为中观、经疏、瑜伽、小乘、本生、杂撰、因明、医方明、工巧明、世论、藏族学者著述的各类著作及补遗 12 类。从其内容可以看出，藏文大藏经中除佛学（内明）为主外，还包括很多学科的著作，内容涉及历史、文学、语言文字、医学、历算、哲学、工艺、艺术等学科，是一部汇集各科知识的百科全书。藏文大藏经鸿篇巨制、版本众多，是极为宝贵的具有世界意义的文化遗产。

回鹘文宗教文献以佛教经典最为丰富。历史上回鹘人曾信仰过摩尼教、佛教、景教、伊斯兰教等宗教，并用回鹘文翻译和创作了一大批宗教经典。回鹘文宗教经典文献按其内容又可分为：其一，佛教文献。回鹘文佛教文既有大乘佛典，也有小乘佛经和密宗文献，《大藏经》中的经、论两部分的主要著作大都被译成了回鹘文。在翻译过程中，译者常常加进一些词句或段落，更有再创作之作，从而丰富了这些佛教著作。这些文献成为我们今天研究回鹘佛教的重要材料。回鹘文佛教文献比较重要的有《金光明最胜王经》《大唐大慈恩寺三藏法师传》《佛说天地八阳神咒经》《俱舍论实义疏》《阿毗达摩俱舍论》等。其二，摩尼教文献。回鹘人早在漠北游牧时期就已接受了摩尼教。西迁以后，摩尼教仍与佛教、景教并存于回鹘，并留有一些回鹘文摩尼教文献。这些文献对于了解摩尼教教义和回鹘信仰该教的情况提供了极为重要的材料。回鹘文摩尼教文献较为典型的有摩尼教根本教义书《二宗经》《摩尼教忏悔词》以及各种摩尼教赞美诗等。其中《摩尼教忏悔词》包括 15 项具体忏悔的内容，是了解回鹘摩尼教徒宗教生活的一份很重要的原始材料。其三，景教文献。回鹘人在宋末元初曾信奉过景教，且极盛于元初。保留至今的回鹘文景教文献很少，主要有《福音书》（三个祆教僧朝拜伯利恒的故事）、《圣乔治殉难记》等。另外,《伊索寓言》也曾被译为回鹘文,这与回鹘人信仰景教也有关系。其四,伊斯兰教文献。10 世纪下半叶,当新疆历史上著名的喀喇汗王朝时期,伊斯兰教开始传入新疆。随同伊斯兰教的传入,出现了一批伊斯兰教内容的回鹘义文献,其中主要有《帖木耳世系》《升天记》《圣徒传》《心之烛》《幸福书》等。这些文献对于研究伊斯兰教史及其在新疆的最初传播有重要史料价值①。

彝族宗教古籍也称为毕摩经卷,毕摩经卷是彝族毕摩在举行各种作斋、作祭、占卜、驱鬼和禳解等宗教仪式活动中形成和使用的经书,由于举行宗教仪式和经书性质的不同,毕摩经卷可划分为祭祀经、福禄经、百解经、占卜经等。如祭祀经是古代彝族在祭祀亡人、祖坟、祖宗、山神、社神、雨神等宗教活动中形成和使用的,依据祭祀对象的不同,祭祀经又可分为:《作祭经》《作斋经》《祭"密支"经》《祭龙经》《狩猎祭祀经》《祭石神经》《祭坟经》《祭福禄经》《祭"照化"经》《祭火神经》《祭山神经》《祭地母经》《祭星宿经》《祭日月经》《祭太白星座经》《送太阳神经》《祭水神经》《祭雷神经》《祭天神经》《祭地神经》《祭树神经》《祭祖还愿经》等。这类经卷为研究古代彝族万物有灵的宗教哲学思想提供了原始凭证材料。

傣文宗教古籍以佛经最为丰富,并有一部分祭文和占卜傣书。傣族佛教属于南传上座部,即小乘佛教,所译三藏经典声称有 8.4 万部,其中《经藏》2.1 万部,《律藏》2.1 万部,《论藏》4.2 万部,内容包括关于佛的各种传说、教规教义、人体器官和生理状况以及宗教哲学。一般僧人常用的有《阿哈拉纳摩经》(初级经文)、《西卡宛苏》(常念的十五卷经文)、《波罗蜜》(德泽经)、《玛哈维先达罗》(未生因缘)、《昆奈耶经》(佛律)、《答沙西风》(十世书)等数十种。这些经典有一部分是傣族僧人根据佛教教义加以阐述的著作,保存了许多傣族地区的历史、地理、文学和文字资料。多达 22 册的贝叶经《当难列普罗克》(释迦牟尼巡游世界记)记述了许多西双版纳的地名来源和风土人情;佛教文学作品《百喻经》的经文不仅译述了许多印度古代的传说故事,而且增添了大量的傣族人民创作的民间故事和寓言笑话,有很高的文艺史料价值。

① 张公瑾、黄建明:《民族古文献概览》,民族出版社 1997 年版,第 374—375 页。

纳西族信奉的东巴教是一种原始多神教，笃信万物有灵，它虽有创教之神丁巴什罗，但没有形成至尊的地位。东巴教的经师称"东巴"，他们掌握象形文，在进行祭祀、除病禳灾等法事活动中，产生形成了众多的东巴经。东巴经按其不同的用途分为祭祀经、福禄经、丧葬经、禳解经、占卜经等。此外，东巴古籍中有一类用象形文书写的记录东巴跳祭舞的舞谱叫《蹉模》，描绘了动物舞、工匠舞、神舞、灯舞、花舞、法杖舞等40多种不同的舞种，有《跳神规程》《东巴跳舞规程》等。画册有《鬼牌画稿》《佛卷》，用于各种东巴教仪式中。

壮文宗教经书在古壮字古籍中占有相当的比重，其思想性比较复杂。道教的经典主要有《太平经》《灵宝经》《三皇经》《阴符经》《太上感应经》等。道场的开斋、请神、召亡灵、冥途引路、行孝、初宵、消灾、末夜等诸科及其他驱鬼酬神法事，还有一些较短的经文。经书一般以古壮字书写，散文体，中间杂有壮歌，以壮语吟诵。佛教经典主要有《金刚经》《地藏经》《无量经》及解关、安祖、做斋、赶鬼等法事的短经文，全部按壮人观念重编，与原文差异甚大，念壮音。

此外，白文宗教古籍有南诏、大理国手写白文佛经，各种宗教仪式上诵唱的祭文等；水书中有一类黑书，用于放鬼、收鬼、拒鬼，这类书数量较少，只有部分水书先生家中藏有，不轻易示人，是秘密使用的巫术书。

（2）历史类。藏文历史古籍主要产生于公元13世纪以后，数量极其丰富，著名的有：《玛尼全集》（又译为《玛尼宝训》）、《柱下遗教》《王部遗教》《伏藏宝库》等"伏藏"典籍。伏藏即托音吐时期松赞干布和莲花生等人所著，但从内容上已涉及12世纪前后的人和事。"伏藏"即谓读书是前人写好埋藏起来，后人发现取出的，大多都有起初该处的人员和地点。著名的历史著述有：蔡巴贡·多吉（1309—1364年）所著《红史》，它成为后世撰写藏族政教史的样板；萨迦巴·索南坚赞（1312—1375年）所著《西藏王统世系明鉴》（又译为《西藏王统记》）；郭译师旋努拜（1392—1481年）所著《清史》；达仓赛巴·班觉桑布所著《汉藏史集》；班钦·索南扎巴（1478—1554年）所著《新红史》；巴卧·祖拉成哇（1504—1566年）所著的《贤者喜宴》（又译为《喜宴又》）；五世达赖阿旺·罗桑嘉措（1617—1682年）所著的《西藏王臣史》、松巴堪布益西班觉（1704—1788年）所著的《如意宝树》；根敦群培

（1903—1951 年）所著的《白史》等。历史方面的译著有：汉族的《孔子项橐相问书》《西游记》；印度的《罗摩衍那》等。藏文历史著述叙述了藏族从远古以来的社会发展，描绘了辽阔的青藏高原从分裂到统一的曲折过程，写下了藏族人民和汉族人民及国内其他各族人民的亲密团结关系，以及和友邻邦国的频繁交往，记载了有关历史人物的丰功伟绩以及政治、经济、文化等其他方面的历史轨迹。其中有些作品还记述了很多神话、传记，文笔优美隽永，不但是珍贵的历史文献，也是文学精品。

彝文历史书是专门记载和讲解彝族古代社会历史发展的典籍文献。如凉山彝文古籍《勒俄罗特依》，云南的《查姆》《梅葛》，贵州的《西南彝志》《彝族创世志》等都记述了彝族古代社会从人类起源到母系社会的发展，以及父子连名制父系社会向奴隶制社会转变的创世历史过程。以《夷僰榷濮》《赊宣榷濮》和《根因榷濮》为代表的"六祖分支"史则专门讲述了始祖笃慕将彝族先民分为"武、乍、糯、恒、布、默"6 个部落群体向西南各地迁徙发展的历史。彝文历史古籍数量丰富，内容涉及彝族古代社会历史发展的各个领域，现存有《叙祖白》《开天辟地》《盘古分开地》《洪水泛滥史》《彝族创世史》《物始记略》《阿细的先基》《六祖光辉》《六祖分支》《六祖后裔》《笃慕子裔训》《宗教历史》《彝族历史》《神祖源流》《古侯》《史传》《居日前历史》《彝汉史诗》《土司属区记》《呗耄的历史》《拉普地俄史》《古侯曲涅史》《吴三桂》《人类历史》《彝族源流》等。

傣文史籍有创世志、编年史、大事记等著述，多记录各个历史时期傣族社会历史状况及所发生的大事。如西双版纳傣泐地方编年体史书《泐史》，记载了自傣历 542 年（1180 年）傣族首领叭真入主西双版纳建立景龙金殿国起至二十八世刀栋梁止共 763 年的历史，是研究西双版纳召片领世系、典章制度、重大事件及与缅、老、泰等邻邦友好关系的重要史料。此类文献有《开天辟地》《破仙葫芦开创人间》《佛经的历史》《大火烧开地》《西双版纳历代编年史》《同治元年至光绪二十三年史事》《四十四代王朝》《西双版纳历史片段》《勐罕雅版纳以后各代历史记载》《大勐笼人民起义书册》《橄榄坝人民反土司事件》《出卖乌德乌勒情况》《大勐笼的历史疆域》《勐腊杂记》《勐笼地方志》《勐龙与景千之战》等。

察合台文献中有丰富的历史古籍，主要有《拉失德史》《喀什噶尔史》《和卓传》等①。蒙古文文献产生于13世纪上半叶，较为典型的历史古籍有《蒙古源流》《黄金史纲》《黄史》《水晶鉴》等回鹘蒙古文历史文献，以及《四卫特拉史》《和鄂尔勒克史》《蒙古溯源史》《新旧土尔扈特诸汗诺颜世谱》等托忒蒙古文历史文献②。纳西族东巴经中有许多经书都讲述了纳西族古代社会的发展过程。如《创世志》就讲述了开天辟地，人类起源，洪水泛滥，纳西族先民战胜野兽，采集、渔猎、刀耕火种的原始社会生产生活景象。记载纳西族历史发展的东巴经还有《鲁般鲁饶》《收种庄稼》等。壮文古籍中记载历史发展的有《布洛陀》《布伯》《郎正造太阳》《侯野射太阳》《特康射太阳》创世史诗和《龙胜壮族历史传说歌》《从光绪到民国》《自明朝至民国史歌》《中法战争史歌》《长毛破城歌》历史歌等。白文历史类古籍有《滇载记》《古通记》《玄峰年运志》等。

（3）文艺类。藏族文学渊源于藏族社会生活，从原始社会时期就伴随着社会的进步和发展，历史悠久、品种多样、内容丰富，典籍的内容包括民间文学和作家文学。从民间诗歌（包括歌谣、长歌、叙事诗、仪式歌、诵词）、神话、传说故事、史诗和戏剧作品到作家诗、历史散文、传记、小说、文论和修辞学等都应有尽有。其中英雄史诗《格萨尔》是一部结构宏伟、卷帙浩繁、世界最长的英雄史诗，在藏族文学发展史上占有崇高地位，它对藏族民间文艺和作家文学产生着深远的影响。目前收集到的全部《格萨尔》计算起来总共有100多部，已公开出版40余部。藏古文文艺古籍很多，吐蕃奴隶制时期的有《止贡赞普传略》《布达聂塞传略》《松赞干布传略》《松赞干布与大臣会盟》《赤都松与大臣唱和》《松赞干布迎娶文成公主》，汉译藏文《尚书》《春秋后语》《战国策》《史记》，此外还有译自印度的《罗摩衍那》等；封建割据时期（9世纪中叶至13世纪中叶）的有《米拉日巴道歌》《萨迦格言》《格萨尔王传》等；封建农奴制时期（元明时期）的有《云使》（译品）、《宗喀巴诗集》《甘丹格言》等诗歌，《文成公主》《囊萨雯波》《诺桑王子》《赤美衮登》

① 张公瑾、黄建明：《民族古文献概览》，民族出版社1997年版，第402页。
② 同上书，第426页。

《卓娃桑姆》等剧目，《玛尔巴传》《米拉日巴传》《日琼巴传》《萨迦班智达传》等传记，《格萨尔王传》（续集）、《尸语的故事》《阿古登巴的故事》等故事，此外还有译自印度的《诗境论》；封建农奴制后期（从1644年清统一至新中国成立前）诗歌方面的有《仓央嘉措情歌》《水树语言》《青稞歌》《纳尔杰遗言》等，传记文学主要有《颇罗鼐传》《噶伦传》《佛本生记》等，寓言故事有《猴鸟的故事》《白公鸡》《莲池歌舞》《茶酒夸功》等，长篇小说有《熏努达美》《郑宛达瓦》等，此外还有无以计数的民歌。

彝族能歌善舞，在长期社会发展过程中，创造了丰富多彩的诗歌、神话、民间传说、谚语格言、散文小说和文艺理论等文化艺术珍品，这些文艺作品对研究彝族文学艺术的民族特色及彝族古代社会历史状况有很高的史料价值。文艺类古籍极为丰富，有《彝族歌词》《儿女调》《彝汉说唱词》《雅颂》《妇女歌谣》《谈天说地混唱》《云南彝族歌谣集成》《阿梅》《阿诗玛》《孔雀的故事》《龙女的故事》《阿哩》《雪娥养雀》《天上张三姐》《民间故事》《故事选编》《故事集》《婚姻的故事》《陈状元》《凤凰记》《追龙》《仙猴传》《播勒故事》《西京记》《妈妈的女儿》《支格阿龙》《雪族》《继承土地》《杂记》《谐和诗》《彝族民间叙事长诗》《格言》《谚语》《彝族成语》和论述古代彝族文艺理论的专著《彝族诗文论》等。

傣文文艺古籍非常丰富，有诗歌、民间故事和传说、文艺理论及语言文字方面的专著。如《论傣族的诗歌》写成于三百多年前，它从人类起源开始，论述了傣族先民最初的语言表达方式、唱词的出现、文字的产生，以及唱词发展成为有人物形象、故事情节、历史背景，并表达人们美好愿望的诗歌形式。《音韵诠释》则分析了傣文字母的发音方法、拼写规则、韵律等内容。傣文诗歌仅西双版纳有目录可查的就有五百部之多，著名的有《孔雀公主》《兰夏西贺》《十六大勐游记》《四棵缅桂花树》《凤凰情歌》《葫芦信》等，此外还有《字母经》《经文解释和语言学》《傣文典大全》等典籍。

壮文文艺古籍有民歌，其发展始自唐代经历了散歌、组歌到排歌的不同形式，现存壮文民歌本民间比比皆是，从内容到艺术形式，都有重要价值，是古壮字古籍中的主要部分；长诗，明清时期，古壮字长诗得到了充分的发展。除了早期的史诗进一步得到了充实加工以外，出现了大量的哲理诗、历史长诗、叙事诗，据初步统计多达 1000 部以上，其中主要有《布洛陀》《布伯》《莫一大王》《中法战争史歌》《蛇郎》《马骨胡之歌》《石朋与玉莲》《达备之歌》《朱买臣》《嘹歌·贼歌》《布卓》《董永与七仙女》《梁山伯与祝英台》等；剧目，反映神话传说的有《盘古》《雷王》《张四姐下凡》，歌颂民族英雄的有《甘王》《侬智高》《乔老苗》，反映政治斗争和战争的有《百鸟衣》《梅良玉》《三国演义》，反映爱情生活的有《达七》《文龙与肖尼》《李旦与凤娇》，反映家庭生活与家庭悲剧的有《王氏逐夫》《达架》《孔雀东南飞》，反映民族文化生活的《蒙伦》《刘三妹》，此外还有反映农业生产的《冯远》等；说唱本，壮文说唱本很多，主要有《二度梅》《吴忠的故事》《毛红玉音》《唱春蚕》《人圆月也圆》《布伯》等。

纳西族东巴文文艺古籍有内容丰富而神奇的民间神话、传说、故事、史诗、歌谣、谚语、格言、祝祷词等。如《人与龙》《俄英都努杀猛妖》《崇仁潘找药》《多莎敖杜》《丁巴什罗》《都支格孔》《古生土称和命素舍玛》《宝碗》等，都是富有东巴神话特色的优秀作品。纳西族的三大史诗，即创世神话《崇搬图》（创世记）、悲剧长诗《鲁般鲁饶》（牧奴迁徙记）、英雄史诗《东岩术岩》（黑白战争），被誉为东巴文学的"三绝"。此外，还有深刻揭露剥削阶级贪得无厌不劳而获的佳作《富偷穷家牛》，流传广泛，深受纳西族人民喜爱的《达勒阿萨命》，以及别具一格的歌颂劳动、歌颂生产发展、歌颂纳西族和人民团结的《收种庄稼》，讽刺剥削阶级荒唐本性的《买卖年龄》等文艺古籍。

在回鹘文文献中，除了占有相当大比例的宗教经典外，居于第二位的是文艺古籍。回鹘文文学作品的种类很多，有民歌集、诗歌集、传说、故事、剧本等。这其中既有翻译的作品，也有创作的作品。如《弥勒会见记》《乌古斯可汗的传说》《佛教诗歌集》《常啼和法上的故事》《观音经相应譬喻谭》等[1]。察合台文献中有部分文艺类古籍，如《福乐智慧》《真理的入门》《先祖阔尔库特书》《五卷诗》等[2]。蒙古文文艺古籍《格

---

[1] 张公瑾、黄建明：《民族古文献概览》，民族出版社 1997 年版，第 374 页。

[2] 同上书，第 402 页。

斯尔》《青史演义》等文学名著，哈斯宝《红楼梦》节译批注、阿尔纳《西游记》译序和批注等重要文论文献①。白文文艺古籍也很多，如杨黼的《词记山花·咏苍洱境》、各种大本曲曲本、民歌等。

（4）科技类。藏文科技古籍较为典型的有医学文献，藏族医学医史悠久，医理深邃，医德高古，医药丰富，是我国藏族人民在风雪高原上长期与疾病作斗争的经验总结，是我国医药学宝库中的瑰宝。藏医学文献形成于吐蕃时期先为零星，后集大成，著名的医学文献有《藏医医方杂集》《藏医灸方残卷》《医学大典》《月王药诊》《四部医典》《藏医史》《晶珠本草》等；天文历算文献，藏族天文历算的萌芽可以追溯到原始社会时期，在有些藏族神话和敦煌写卷中就谈到星象等。传世藏族历算主要有时轮历，也叫白算或星算，11 世纪从印度引进，到 14 世纪得到藏族学者的广泛承认，重要著作有《时轮经》《无垢光大疏》《白莲法王亲传》《白琉璃》《日光论》《时轮历精要》；时宪历，指清朝使用的历法，即现代所说的汉族地区农历，18 世纪中传入藏族地区。传入方式有两种，一是翻译，其要如《康熙御制汉历大全藏文译本》；二是改编，其要有《马杨寺汉历心要》。

古代彝族在历史上不断总结生产实践经验，形成、积累了许多珍贵的反映彝族科技成果的典籍文献，内容涉及天文、地理、医学、冶炼、建筑以及农牧业生产的各个领域，有很高的科学价值。今存有《十月兽历》《彝族天文史》《定经纬》《历算书》《看天书》《遁月时干支》《太阳的产生》《二十八宿》《宇宙的起源》《天地的产生》《天文简述》《彝族天文起源》《元阳彝医书》《献药经》《干洛彝医书》《双柏彝医书》《看人辰书》《医算书》《启谷署》《医书》《生育历算书》《寻药》《药的产生》《药的配制》《地理书》《地震记录》《念地理山水书》《名山经》《地名简介》《叙高原》《铸铜织锦》《制造器具》《造喜床》《造房》《造灯》《造坛》《造酒》《实勺织锦》《君宅物产记》《创业》《基业记》《万物的产生》《象的产生》《水族释名》《叙果树》《耕牧》等。

科技古籍记录了傣族人民在天文学、医学、数学、生产技术等领域取得的光辉成就。据《苏定》《苏力牙》等文献记述，傣族将汉族的天干地

---

① 张公瑾、黄建明：《民族古文献概览》，民族出版社 1997 年版，第 426 页。

支纪时法和中南半岛通用的小历纪元纪时法融为一体，创造阴阳傣历。傣历平年12月，354天；有闰月的年十三个月，384天。岁首在6月，并使用一种纪元积日数（即傣历建元以来的累计日数）来计算日月行星的运行和安排年月日。傣族医学有很高的医用价值，医书一般叫作"胆拉雅"（药典），所用药物多以当地常见的植物根、茎、叶为主，部分矿物及动物的胆、骨、血、角也可入药，能够治疗当地常发的疟疾、痢疾、吐血、抽风等多种疾病和各种炎症。此外，傣族还有数学专著《数算知识全书》《演算法》和记述农业生产知识的《自然与生产知识全书》《十二月歌》等。

部分东巴经也记载了纳西族先民在社会生产实践过程中创造形成的丰富科技知识，其内容涉及历法、医学、农业、手工业、畜牧业诸多方面。如《病因卜》以占病的形式记载了1月30周天、12生肖、1日12时段以及八方五行等天文历算知识，其他载录纳西族天文历法知识的东巴经还有《董术战争》《碧疱卦松》《辛资恒资》等；《创世记》《崇仁潘迪找药》则记录了纳西族先民传统的药物治病知识以及用针灸和按摩治病的方法。一些东巴经还包括有农作物防病治病和其他农牧业生产知识。

现存的回鹘文献中也有一些医药学方面的材料。土耳其学者阿拉提曾刊布有两卷本回鹘文医学文献（ZurHeilkunde der Uiguren, 1—II, 1930, 1932)[1]。蒙古文科技古籍有《药方》《甘露之泉》《蒙药正典》等医学文献，以及《天文学》等重要天文文献[2]。壮文科技古籍中较为典型的是医书。壮医萌芽比较早，到土司时代，官方开设有医学署，明代达40多处。民间与官方结合，使壮医留下了许多珍贵的文献资料。壮族地区的多发症、常见病，壮医都有壮语名称，并以古壮字记录。壮药达两千多种，常用六百余种，均有壮语名称。壮族民间诊、疗之法甚多，著名验方多达数百，皆以古壮字记之。其医书编成壮歌，在民间广为传唱。

（5）伦理类。西部民族文字伦理古籍流传极广，其中以彝文和傣文伦理古籍最为典型。彝文伦理书主要记载彝族日常生活中应遵守之条律、待人接物之礼俗、道德伦理之故事和彝族先祖教诲子孙之训言。如彝书

---

[1]　张公瑾、黄建明：《民族古文献概览》，民族出版社1997年版，第375页。

[2]　同上书，第426页。

《训迪篇》分别以孝敬父母、家庭团结、邻里和睦、珍惜光阴、勤俭节约、节制饮酒；学习汉文化；反对动辄祭神献鬼、野蛮破坏自然物以及一个人应该如何度过一生为内容，对愚昧、贪婪、懒惰、虚伪和酿酒等行为给予了无情鞭笞。《宿堵实堵吉》则论述了古代彝族"孝敬父母""尊老爱幼""听师长言""做事公道"和"不杀人放火"等十种美德，劝谕人们"恶小也莫为，善小也莫轻，养成好习惯，美德代代传"。伦理类彝书有《劝善经》《太上感应录》《礼仪书》《道理书》《教儿教女书》《教育子女书》《伦理书》《善书》《道德书》《尊敬父母》《师箴文集》《论文化》《审案经》《彝汉教典》《天神劝善论》《教育经典》等。

傣族社会在远古时代就形成了许多团结互助、热情好客、热爱劳动等原始道德观念。进入阶级社会后，由于佛教的传入及政教合一统治制度的确立，傣族伦理思想不仅打上了阶级的烙印，还融入了浓厚的宗教色彩。这时期出现了许多伦理说教的著作，如《训也唱词》《土司对百姓的训条》《教训妇女做媳妇的礼节》《祖父对子孙的教导》《父亲对儿子的训示》等。这些著作大都宣扬"百姓反对土司，和尚反对佛爷，家奴反对主人，儿子反对父亲，这些人都是忘恩负义，不懂道理"的伦理思想。一些伦理著述也保存了一部分傣族人民优秀的传统美德。如新中国成立前西双版纳傣族上层和民间流传的《传家祖训》等。

其他西部民族文字伦理古籍尚有蒙古文、藏文、东巴文、白文、壮文伦理书等，这些伦理古籍研究西部民族的传统伦理道德思想提供了珍贵的第一手文献材料。

（6）哲学类。彝族哲学是古代彝族人民在长期社会实践中对自然知识和社会知识的概括和总结。哲学古籍不仅记载了古代彝族"万物有灵"的唯心主义观点，也反映了彝族人民认识社会、自然的朴素唯物主义思想。这类专著有《物种起源》《天地四方书》《事物循环》《灵魂出现》《通书》《命理》《天地人源论》《简易命理》《论天地》《精灵论》《宇宙史传》《辩论书》《说文》等。彝族先民的哲学思想不仅存在于哲学专著之中，同时也分散在其他如《历史书》《文艺书》《历算书》《作斋经》和《指路经》等彝文古籍之中。

哲学类傣书多记述傣族先民在长期的社会实践活动中形成的对世界万物产生、演化、发展的朴素认识，这类古籍数量不多，比较有代表性的是

《谈寨神勐神的由来》，是一部从人生观、世界观的高度研究评价宗教的著述，它阐明作者对宇宙、人生、宗教和傣族历史的一系列看法，具有丰富的哲学思想内涵和朴素唯物主义的合理观念。其他哲学书还有讲述各种事物及社会现象起源的《夏雅桑哈雅》；论述人类起源和人体构造的《玛弩萨罗》，部分古歌谣、创世史诗、传说故事和佛经也记载了一些古代傣族产生的哲学思想。

纳西族先民所形成的哲学思想主要记载于部分东巴经中，如《创世记》《人祖利恩》都讲到世界万物的本源是变化着的光、气、音、露等物质。《动埃苏埃》中说五个彩蛋变化出天地、日月、星辰、山谷、树木等，还说各种颜色的蛋生出各种犏牛、牦牛、山羊、绵羊、牛和马。此外如《马的来历》《祝婚歌》《古生土称和恒命素受传略》《什罗祖师传略》《庚空都知绍》等也都记叙了古代纳西族人民关于天地万物形成和人类起源的哲学观点。

此外，蒙古文、藏文、白文、壮文、水书等其他西部民族文字古籍也记载了许多本民族先民所形成的传统朴素唯物主义哲学思想。

（7）语言文字类。藏文语言文字文献以佛教方面的为多，比较著名的有《翻译名义大集》和藏汉对照的《瑜伽师地论·菩萨地》，这是吐蕃时期为适应翻译需要而辑存的两种重要的佛教词语对照手册，发现于敦煌文献中。《翻译名义大集》共收词语 9565 条，分 283 个门类，规模之大，词语之广，在当时是第一流的藏梵对照词汇总集。《瑜伽师地论·菩萨地》是同名原著中藏汉词汇对照，收词也有千余条。声明学本是梵文语言学的称谓，后来藏族学者习惯把藏文文法也纳入声明学体系。梵文声明学文献有藏文译本和藏文转写本，最著名的原著是《声律学·宝生论》。古印度论师兴迪著，是一部详述梵语元音、辅音轻重配合规律的书。此外还有藏人注释本，以吐蕃王朝赤松德赞时藏族学者杰奇珠所著《声明八部本释》为最早和最著名。后世藏人十分重视藏文文法的研究。12 世纪以来，各个时期都有重要研究成果刊世，其中最著名的旧释本有 18 种，新释本 32 种，有关正字法名著 30 部，其要有《三十颂、性入法注——珍奇锁钥》《大疏》《丁香账》等。

彝文古籍不仅蕴藏有丰富的语言文字资料，而且有语言文字方面的专著。如成书于嘉庆九年（1804 年）的《昆明西乡彝文单字注释》是迄今发现较早的一部古彝文字书。全书共 86 页，收录 206 部经典名录和七千个单字。云南红河州的彝族山寨发现两部彝文单字汇编，一部存于南盘江北岸彝村，传抄于民国十八年（1929 年），收录两千五百个常用词；一部存于红河南岸彝村，收入六千个常用词，两部彝书都具有彝文字典的雏形。目前已知的彝文单字达一万个以上。

在回鹘文文献中，专门的语言文字作品极少，属于语言文字类的回鹘文文献《高昌馆杂字》则是迄今发现的最为重要的文献①。察合台文献中有部分语言文字类古籍，如《突厥语词典》《库曼语汇编》等②。蒙古文语言文字类古籍有《蒙文语法详解》《蒙文指要》《托忒蒙古文字母》《明灯辞书》等③。傣族先民在历史上不仅创制了多种傣族文字，并撰写了部分讲解傣族语言学和傣文文字学的专著，比较重要的语言文字类傣书有《萨菩阐提》（音韵诠释）、《字母经》《经文解释和语言学》《傣文典大全》《语文诠释》《经文词语诠释》等。其他东巴文、白文、壮文、水书等古籍不仅记述了各民族社会历史发展各个方面的内容，还保留了大量语言文字资料，这些古籍文献为深入研究西部民族文字的起源、构成、含义、音韵、应用等方面的问题提供了翔实的第一手参考凭证材料。

（8）军事武术类。彝文古籍中有部分军事武术古籍，这类古籍记载古代彝族对外战争和内部争斗的史实，以及战争目的、战术思想、战斗武器、战场位置、交战时间、规模大小等历史内容。这类古籍有《阿武记》《水西战史》《水西战》《彝家兵法》《兵马记》等。其他彝文古籍如《西部彝志》《支格阿龙》等也记述有古代彝族战争的内容。古代傣族在本民族内部或与外族之间进行的战争活动，以及傣族群众强身健体活动中产生了一些军事武术类古籍，这类古籍中较为典型的是流传至今的《挡答普》（布阵术），此书详细说明了在战争中如何按照各种不同的形式布阵和修建战壕，并附有蜂窝阵、蜈蚣阵等 20 幅珍贵的阵图。其他重要的军事武术类傣书尚有介绍气功的功能和练习方法的《沙帕滚》，讲解刀、枪、箭法和拳术训练方法的《腊禅真》等。此外，许多藏文、东巴文、白文、

---

① 张公瑾、黄建明：《民族古文献概览》，民族出版社 1997 年版，第 374 页。
② 同上书，第 402 页。
③ 同上书，第 426 页。

壮文、水书古籍也都记录了很多本民族在长期征战和强身健体活动中形成的军事武术方面的重要内容。

（9）译著类。藏族生活在祖国的西部边疆，除了受到中原汉族文化的直接影响外，还受到了来自印度、尼泊尔等国文化的影响，在历史上翻译了大量汉族和其他民族的优秀文化典籍。以吐蕃时期翻译的佛教经典为例，这一时期译自汉地和印度的佛经就有二十七门，六七百种之多。其他译自汉族的重要典籍文献有《尚书》《春秋后语》《战国策》《史记》《西游记》《康熙御制汉历大全藏文译本》《马杨寺汉历心要》等；此外还有译自印度的《罗摩衍那》《时轮经》《无垢光大疏》《白莲法王亲传》《白琉璃》《日光论》《时轮历精要》等。

傣族先民善于学习和吸收外来文化，在历史上翻译了大量其他民族的优秀文化典籍，形成了丰富的傣文译著文献。汉文化对傣族有很深的影响，古代傣族戏剧仅译自汉族京剧和滇剧的剧目就有《石猴出世》《精忠说岳》《薛仁贵征东》《五虎平南》和《轩辕黄帝》等一百多出。其他译注的汉文作品还有《水浒传》《三国演义》《梁山伯与祝英台》《包公案》等名著。随着小乘佛教的传入，傣族文化亦受到了傣教文化和古印度文化的深刻影响，所译典籍中，仅三藏经典就声称有八万四千部，译自印度的长诗《拉玛延那》《波荒板夏》《兰夏西贺》《贺欢板夏千瓣莲花》《章相》《布桑该耶桑该》等深受傣族群众的喜爱。此外，古代傣族和斯里兰卡、缅甸、泰国、老挝、柬埔寨等中印半岛信奉南传佛教的国家文化交流频繁，也翻译了许多这些国家的历史典籍。

古代彝族善于学习，在文化交流方面翻译了大量的汉文作品。如彝书《劝善经》就是以道家《太上感应录》的章句为母题，用道家因果报应思想结合彝族原始宗教观点加以释义与解说，宣扬为善为仁的伦理思想。较好的译著有《〈易〉卦彝译变异》《梁山伯与祝英台》《包承相的故事》《唐僧取经》《天女下凡》《唐王书》等。其他西部民族如壮族、纳西族、白族等都以本民族文字翻译了大量优秀的汉族文化典籍。

（10）心理学类。西部少数民族心理学类古籍保存下来的寥寥无几，所知者仅有傣文《沙都加》一部，此书长达二十七万六千多字，详细分析了男人、女人、老人和各种人物的心理活动，是迄今所见到的第一部研究傣族心理学的重要傣文古籍。

2. 文书。文书是西部少数民族在处理少数民族事务、表达思想意图、传达社会信息而形成的一种档案文件材料，现存西部少数民族历史文书种类丰富，按其内容性质可划分为政务文书、法规文书、经济文书、谱牒文书和信函文书等类型。

（1）政务文书。今存西部少数民族文字政务文书以藏文文书最为典型。藏文政务文书的起源可追溯到吐蕃政权时期。7世纪，松赞干布建立吐蕃政权，派大臣屯米桑布扎等人携带重金，前往天竺和西域诸国修习佛法和声明之学，创制了至今我们仍在使用的藏文，并以藏文颁布了一系列的政务文书，建立了"吐蕃基础三十六制"的吐蕃社会管理体制和法律条文。20世纪初在敦煌石室中发现了大量的吐蕃王朝时期的文书档案，政务文书方面的有吐蕃大事记年，吐蕃赞普传记及各小邦邦伯、家臣表等，在河西吐蕃文书中还有一批吐蕃文字的公私文书属于公元8—9世纪吐蕃地方政权统治河西地区间公文副本和吐蕃职臣之间往来的书信手稿。

元朝时期（1271—1368年），中央设置宣政院管理全国佛教事务及西藏地区军政事务，封西藏喇嘛八思巴为国师并在中央兼宣政院事，赐王印。又在藏族各聚居区分设三个宣慰使司都元帅府，分管西北、西部各藏族地区和西藏地区。元朝时期形成的藏文政务文书十分丰富，如西藏档案馆珍藏的有1304年《萨迦帝师仁钦坚赞给洛本果顿和仁钦白桑的封文》、1337年《萨迦帝贡嘎坚赞封夏鲁地区的益西贡嘎为万户长的封文》等。

明代，噶举派法王帕莫主巴统治西藏地区。明王朝承袭元朝土司制度，将西藏地方仍作为一个行政区域进行管理。在此期间形成的藏文档案极多，政务类文书保存于西藏档案馆的有永乐五年（1407年）正月十五日《谢新年致颂事致尚师哈立麻敕书》、永乐五年（1407年）四月二十六日《答谢遣国师进佛舍利祝贺诞辰事致大宝法王书》等。

清朝统一中国后，在中央设理藩院（1960年改理藩部）管理西藏、蒙古等地事务。对西藏地区正式册封了喇嘛教格鲁派两个大活佛为达赖喇嘛（1653年）和班禅额尔德尼（1713年），乾隆十六年（1751年）设立西藏地方政府"嘎厦"，设"嘎伦"4人管理，嘎伦等主要官制由清中央政府任命。并任命驻藏大臣（1728年）会同地方办理西藏地区行政事务。清代藏文、满文、蒙古文等藏族政务档案极其繁多，主要集中在西藏自治区档案馆和中国第一档案文献遗产馆。

民国时期，北洋政府和国民党政府在中央设有管理蒙藏事务的专门机构，北洋政府于 1921 年 5 月成立蒙藏事务处，隶属内务部，9 月改为蒙藏事务局，直隶于总统，为管理蒙古、西藏地方事务的机关，1929 年 2 月，国民党政府设蒙藏委员会，隶属行政院，掌管蒙古、西藏地方行政和各种兴革事项。1934 年国民党政府决定在拉萨设立蒙藏委员会驻藏办事处，作为中央派驻西藏地方的专门机构。现存民国时期藏文政务档案极为丰富，主要保存在西藏自治区档案文献遗产馆和中国第二档案文献遗产馆，较为典型的有藏历水鸡年（1933 年）十二月：《噶厦为热振出任摄政司伦等照旧奉职事循例呈报中央政府致西藏办事处电》、藏历木猪年（1935 年）十月十二日《热振等贺蒋介石兼任行政院院长电》、藏历火牛年（1937 年）《热振等吊唁九世班禅圆寂致护送专世赵守玉电》等。其他地区保存的藏文政务档案尚有藏历水牛年（1913 年）《青海河南蒙旗王府关于维修拉卜楞寺嘉木祥寝宫饬僧俗遵循的训令》、藏历金鸡年（1912 年）《五世嘉木祥整顿寺规的佛谕》、藏历木牛年（1925 年）二月二十五日《青海右宁寺土观活佛为赴京谒见总统及政府要人致拉卜楞寺雍曾函》等。

傣文行政文牍是傣族土司在统治傣族地匹的过程中所形成的诏书、委任状、指令、布告、公约、呈文、节日祝文和宣誓文等文件。这些文件记述了傣族地方政权和历代封建政府对傣族地区进行政务管理的具体情况。现存行政文牍有《车里宣慰使封叭的委状》《车里宣慰使司署议事庭、景洪叭伴及古大叭伴及保举刀孟刚任宣慰使的呈文》《镇压悠乐山起义布告》《宣妹和议事庭与各勐订的公约》《车里宣慰加封召勐随同委状颁发的诏书》《文书汇集》《开门节、关门节宣慰复各勐土司的祝词》《对缅王饮誓水文》等。

彝文文告保存下来的较少。据贵州省大方县毕摩介绍："水西家办了东南西北中五所大学校，在政治方面还用本少数民族的文学行文。"康熙《云南通志》卷 37 记载："乾罗罗，婚嫁尚侈，诸种人所不及。……多不通华言，官府文书必书爨字于后，乃知遵信。"目前收集到一份清代云南总督府于乾隆五年（1740 年）十二月二十一日粘贴的木刻彝汉文对照《通告》。《通告》长 110 厘米，宽 92 厘米，右边直书汉文 16 行，794 字；左边直书彝文 11 行，442 字。《通告》的年款上斜钤长方形朱文印一枚，印文模糊难辨。西部地区其他东巴文、白文、壮文、水书政务文书也时有发现，但数量不多，有待于进一步发掘研究。

（2）法规文书。法律是统治阶级对广大人民群众进行统治和控制的重要工具之一，西藏政教合一的封建农奴制地方政权掌握在僧俗封建领主的手中，新中国成立前西藏农奴制地方政权建立的藏文法典除了沿用吐蕃王朝的王法、佛教的教法外，还参用了元朝和蒙古族的法律规范以及明清时期制定的法律，有二十余种反映农奴主、农奴主阶级意志，保护农奴主、农奴主阶级利益的法律规范。其主要有吐蕃时期制定的《神教十善法》《入教十六净法》；元朝时期制定的《元朝的法典》《蒙古族的法典》；明、清时期制定的《十五法典》《十三法典》《十六法典》《十二法典》《正直明镜鉴》《蒙古法律六十条》《哲蚌寺的法律条文》《拉萨大祈愿法令的坐次法规》《甘丹寺的僧侣参加拉萨大祈愿法会之法律》《噶厦办事规则二十三条》《山谷共同文纲》以及《山南地区的夏季法契约》等，这些法典作为阶级社会的产物反映了不同时期的藏族社会的阶级情况，对研究藏族社会政治、经济、宗教、文化、法律等方面的历史状况有重要的史料价值。

蒙古族在历史上形成了许多法规文书，如15世纪到16世纪有《图们汗法典》《俺答汗法典》《俺答汗宗教法规》等问世。17—19世纪是回鹘蒙古文和托忒蒙古文并行时期，这一时期形成了《卫拉特法典》《白桦法典》等重要地方法典文献①。傣族最早的傣文法规是西双版纳第四代召片领萄建的外孙芒莱制定的《芒莱法典》。这部法典在西双版纳一带长期保有法律效力，对研究傣族法律史和初期农奴制社会生产关系有宝贵的史料价值。傣族农奴制地方政权颁布的各种法律条文品种繁多，有《土地法》《政治和管理制度》《判罪罚款和奖赏法》《召片领判事条例》《事务准则》《判事法规》等，此外各勐有勐规，寨有寨规，佛寺有寺规，宗教有教规，这些法规组成了农奴主政权专制统治的法律网。

壮族各地有不少《传扬歌》，专门传播做人的道理，被称为壮人的"道德经"，其中以明代一部最为著名。《传扬歌》被当作习惯法使用，各地还配以乡规民约，力图用传统道德安定社会，教育后代。倘遇民间刑

---

① 张公瑾、黄建明：《民族古文献概览》，民族出版社1997年版，第426页。

事、民事大案，《传扬歌》、乡规、民约都无法了结时，便需写讼牒呈报官府开堂断案。《传扬歌》是用古壮字创作的；乡规民约则有汉文、古壮字两种；讼牒在宋代大约以古壮字为主，明清时代懂汉文的人多了，有的也用汉文书写。

（3）经济文书。西部少数民族进入阶级社会以后，许多少数民族都以本少数民族文字形成了大量的反映各个少数民族土官、贵族、僧侣和群众经济活动的档案文件材料。藏文经济文书产生于吐蕃王朝时期，较为典型的如新疆南部古城堡遗址出土的吐蕃军旅在天山南麓屯戍、设置驿站、派官员组织当地居民耕种土地、经营放牧、管理军民的档案文件材料。元朝时期形成的藏文经济文书有元政府在乌思藏设置十三万户府，派员前往清查户口、建立驿站、厘定赋税经济文书以及元中央政府为肯定西藏各地封建主对所属庄园的占有而颁布的封地文书等。

明代以后产生形成的藏文经济文书更为丰富，比较典型的有明洪武三十年（1397年）《第一任乃东王朝大司徒绛曲坚赞指令玉曲巴不得在加茶地放牧的令文》、永乐五年（1407年）八月十七日《赏赐孛隆逋瓦桑儿加领真等国师礼单》、永乐六年（1408年）正月初一《致如来大宝法王书及赏单》等；清乾隆六十年（1795年）四月二十七日《松筠等遵旨减免百姓差徭告示》、道光十年（1830年）三月十六日《惠显等为严禁寺院贵族和文武官员私派差役事致噶厦札》、道光十年（1830年）四月二十七日《惠显等为那曲雪灾事给噶厦札》、藏历木虎年（1854年）八月十一日《噶厦为征收诵经金事给雪卡谿堆和浪卡孜宗堆令》等；藏历水牛年（1913年）《四世嘉木祥关于毛兰木法会与二月法会分配布施物品训令》、藏历水牛年（1913年）《拉卜楞寺某昂欠放债账册》、藏历木虎年（1914年）《拉卜楞寺某昂欠借条》、藏历水鸡年（1933年）《嘉木祥拉章关于浪格塘等村缴纳地租账册》、藏历水鸡年（1933年）《接收布施账册》等。

傣文经济文书多记述傣族地方土司、历代封建王朝以及寺院对傣族人民的经济剥削情况，其种类有各种负担账、官田册、头田册、收租清册、契约等。这些文书对研究傣族农奴制社会经济状况有翔实的史料价值。如傣历1191年（1829年）《宣慰使为征派招待天朝官员费用的指令》和《勐遮等八勐向清王朝缴纳银粮的负担账》，记载了清统治者在傣族地区征收赋税的情况；《景洪坝宣慰田及官田》《耿马九勐十三圈的头田登记册》，反映了傣族封建领主制下的土地占有关系；《百姓负担账》《西双版纳各勐负担账》则记录了傣族土司、头人对傣族人民的经济剥削以及傣族群众在各种赕佛、祭勐神活动中所有经济负担的状况。傣文经济文书保存下来的很多，比较有价值的还有《宣慰田、头人田及收租清册》《孟连土司门户册》《议事庭长修水利令》《曼蒙与曼昂签订的田界契约》等。

彝文经济文书主要有账簿和地契两种类型，账簿、地契系古代西部各地区的彝族上层和彝族群众在经济活动和宗教活动中产生的，是研究古代彝族社会经济状况的可靠原始记录材料。今存彝文账簿和地契时有发现，如贵州毕节彝文翻译组就收集到《阿木佃田契约》等六份清代乾隆、嘉庆时期彝族土目与佃农所立的彝文田契，这些彝文田契内容丰富、原始性强，对研究清代水西地区彝族社会形态有重要的档案凭证作用。西部彝族地区的彝文账簿、地契时有发现，大多尚未译为汉文。楚雄州档案馆保存有从武定征集来的一份《账簿》、一张《作斋账单》。楚雄彝族文化研究所收藏有从双柏、武定收集到的六本《账簿》、一份《作斋牺牲账》；从禄劝收集到的一本《粮食收支账》、两本《作斋负担账》、两份《地契》。贵州毕节彝文翻译组除保存的六份彝文田契外，还收集到一份金沙县彝族买地《契纸》和两份威宁县彝族《斋账记》。北京图书馆也收藏有一本《张家的赋册》。彝文账簿、地契经济史料价值很高，尚需进一步整理、研究。

现存的回鹘文经济类文献主要是契约文书，有两百多件，分藏于世界各地，其中主要有《高昌馆来文》《阿体卖奴隶（善斌）给买主写的临时字据》《阿体给买主写的正式字据》《摩尼教寺院文书》等①。纳西族除了用东巴文撰写了大量的东巴经外，还用东巴文记录钱物收支账目，书写契约，在日常生活中也产生了部分东巴文账簿和地契经济文书。

（4）谱牒文书。藏族在历史上产生形成的藏文谱牒文书为数众多，内容涉及面极广，以《西藏王统记》（亦称《王统世系明鉴》）为例，该世系为萨迦·索南坚赞著于1388年，内容包括：藏族人种的由来，吐蕃

---

① 张公瑾、黄建明：《民族古文献概览》，民族出版社1997年版，第374页。

史前传说史，吐蕃史，吐蕃王朝崩溃后诸小王割据史；重点叙述了松赞干布、赤松德赞、赤热巴巾等"藏王三杰"的事迹以及汉藏交往关系，对研究西藏王族史、社会发展史有很高的史料价值。其他著名的藏文谱牒文书还有阿旺·贡噶索南著的《萨迦世系》、降巴·贡噶坚赞著的《德格土司世系》，还有无名氏著的《朗氏家族史·灵犀宝鉴》等。

彝文家谱也叫"族谱"，是记载家支世系或家族中显赫人物事迹的谱牒。彝族家谱一般由祖先起源传说、祖宗迁徙路线、先祖父子连名制、家族分支发展、祖先功勋业绩等内容构成。西部各彝区都保存有彝文家谱。四川省凉山州编译局收藏有三份《毕摩家谱》和二十多份彝族家谱，盐源县民委收集了数十本凉山地区的彝文家谱，目前正在翻译出版。凉山州少数民族学者还整理刊录了《龙云及纳吉氏族谱系》《岭氏邛部宣慰司谱系》《热柯氏族首领热柯阿鲁子族谱》《巴且家族系谱》等。贵州省毕节彝文翻译组收集了许多黔西北地区的彝文家谱，有《君域根源》《叙母系》《叙播勒》《彝族大谱》《德彼族谱》《克博世家》《犰谱系》《扯勒世系》等。云南彝文家谱分布面广，数量较多，仅楚雄彝族文化研究所就珍藏有《阿本颇谱》《杨氏家谱》《且保谱系》《神祖谱》《毕摩谱系》等三十余份彝族家谱，楚雄州档案馆也保存有《抵德氏家谱》等三份从武定收集到的谱牒。

傣文谱牒也称族谱，主要记述土司世系源流、在位时间、功勋业绩和配偶、儿女、封地、疆域、俸禄等情况，对土司地区的典章制度、重大历史事件，与境内外邻近土司的友好纷争关系也多有述及，其内容涉及傣族社会历史的各个方面。傣文谱牒以土司家谱为多，且均有准确纪年，所录史实较为可靠，可查考的有《车里宣慰世系》《西双版纳召片领世系》《西双版纳四十四世纪末》《先王世系》《勐泐王族世系》《版纳勐龙土司世系简史》《勐养历代叭龙简史》《芒市历代土司简史》《多氏家谱》《盏达土司刀思氏家谱》《盈江刀氏土司家谱》《孟连宣抚史》《耿马罕氏土司世系简谱》《景谷土司世系》《双江土司二十八代世系》等，这些谱牒均有珍贵的史料价值。

（5）信函文书。这是少数民族土司或绅民为表达思想意图、传达社会信息而产生的书面文字材料，信函文书有处理少数民族事务的，也有处理私人事务的。西部少数民族以本少数民族文字产生的信函文书很多，处理少数民族事务的如元代藏文《萨迦班智达贡噶坚赞致乌思藏善知识大德及诸施主信》《萨迦班智达贡噶坚赞致乌思藏善知识大德及诸施主信》；藏历土牛年（1394年）《贡噶坚赞贝桑布给西夏鲁百姓官员等信》；永乐五年（1407年）二月初二日《请于灵谷寺举办道场事致哈立麻书》；清嘉庆年间《班禅大师为收到礼品事致三世贡唐仓丹贝仲美活佛的信》、藏历鼠年（1408年）六月十九日《宗喀巴复成祖书》；藏历火龙年（1916年）十一月十五日《哲蚌寺达温康村为收到银两和奉送礼品事致拉卜楞寺措卡哇活佛的信》、藏历土蛇年（1929年）七月二十六日《青海果洛康干部落头人旺金为麦桑部落开战事致嘉木样佛父贡保东珠的求援信》等。此外，嘉庆二十年（1815年），崩龙族攻陷芒市，傣族土官波左用傣文写信给山头人，恳请他们给予支援，亦为公务文书。至于私人信函文书内容琐碎繁杂，此不赘述。

3. 石刻。西部少数民族大多居住在山区，由于书写材料匮乏，常常把各种社会信息刻写在石质载体上，从而产生了数量丰富的西部少数民族文字石刻档案文献遗产。现存较早的西部民族石刻文献是古代突厥文碑铭。从目前保留的古代突厥文来看，古代突厥文的使用时间可以定于7—10世纪之间，这一时期形成了许多刻写在各种石头上的古代突厥文碑铭文献。这些碑铭文献按地区标志可分为北蒙古碑铭（即一般说的鄂尔浑碑铭），除毗伽可汗、阙特勤、暾欲谷、翁金、阙利啜、色楞格墓、哈喇巴喇哈逊、苏吉等较著名的碑铭之外，还有辉特－塔米尔河流域的10块碑铭、伊赫－阿斯赫特的两块碑铭、肯特碑铭以及在杭爱山和沙漠地带发现的小碑铭；叶尼塞河流域碑铭（分图佤和米努辛斯克两个小群，已发现七十余种）；勒拿－贝加尔地区碑铭群（已在摩崖上发现37处铭文，另有若干铭文刻在小日用品上）；阿尔泰地区碑铭（数量不多）；新疆碑铭（包括吐鲁番古建筑墙壁上4处铭文和米兰、敦煌发现的几宗重要文献）；中亚碑铭群（包括七河流域和费尔干纳地区的碑铭）；东欧碑铭（包括顿涅茨河、多瑙河流域发现的铭文）等碑铭群①。西部石刻文献遗产按其形式可划分为碑刻、摩崖，以及石经墙、石经片和石经墩等类型。其中，碑刻按其用途的不同又可划分为：

---

① 张公瑾、黄建明：《民族古文献概览》，民族出版社1997年版，第353—354页。

（1）墓碑。西部少数民族文字墓碑保存下来的很多，其中以彝文墓碑最为丰富。如贵州省毕节县分别发现乾隆十七年、二十九年、四十八年的《安氏墓碑》《杨氏墓碑》《杨氏祖碑》及嘉庆十六年的《李氏墓碑等》。这些墓碑有彝文几十个字至几百个字不等，是研究黔西北彝族历史的重要碑刻档案。云南省也发现有众多的彝文墓碑，如楚雄州武定县有嘉庆年间的《李氏祖坟墓碑》《那氏祖坟墓碑》等，红河州弥勒县有康熙年间的《普明德墓碑》、嘉庆十八年的《马公墓碑》、道光十七年的《张氏墓碑》、光绪二十二年的《普氏墓碑》等，石屏县有《郭氏墓碑》，罗平县有康熙四十三年的《小拢戛彝文墓碑》。

云南省盈江县发掘到一批汉、傣文碑刻，其中有众多的土司墓碑。如新城西北十余里芒蛙寨发现建于 1907 年的干崖宣抚司刀盈廷的傣文墓碑。

云南省大理白族自治州也发掘到部分白文墓碑，如喜洲西面弘圭山麓明景泰四年（1453 年）的《故善士扬宗墓志》、喜洲弘圭山麓明景泰六年（1455 年）的《故善士赵公墓志》、喜洲弘圭山麓成化十七年（1481 年）的《故处士扬公同室李氏寿藏碑》等。

此外，西藏山南琼结吐蕃赞普墓葬群扎赤德松赞墓侧也发现一方《赤德松赞赞普墓碑》，赤德松赞赞普为赤德松赞普之幼子，蔡邦氏梅朵尊所生，又名德松赞普赛那来·井云，798—815 年在位。此碑叙述赤德松赞赞普一生业绩，对研究古代吐蕃历史有一定的参考价值。

（2）寺祠碑。寺祠碑是西部少数民族在修建寺庙、神祠等活动中以石刻撰的碑文，内容大都记载寺庙、神祠的修建过程和捐助善款人员的名单。西部现存少数民族文字寺祠碑很多，藏文寺祠碑著名的有西藏山南扎囊县桑耶区桑耶寺大殿正面墙下，建于赤松德赞赞普时期（755—797 年在位），779 年的《桑耶寺兴佛证盟碑》，有藏文 21 列；原存拉萨西北郊堆龙德庆楚布寺原址（今楚布寺已毁，碑尚存）建于赤松德赞赞普（755—797 年在位）时期的《楚布江埔建寺碑》，有藏文 68 列；拉萨河对岸西部若玛岗立于赤德松赞赞普在位之时（798—815 年）《噶迥寺建寺碑》，有藏文 57 列；阿里普兰境内希德村与角若村交界处建于吐蕃时期的《普兰观音碑》。白文寺祠碑有云南大理市挖色区大城村明代初期的《应国安邦神庙碑记》。傣文寺祠碑有云南西双版纳勐腊县城南 2 公里处曼崩寨边傣历 1125 年（1763 年）的《曼崩寨铜顶塔傣文碑》、景谷傣族自治县水平乡普俄村大仙人脚佛寺山门东侧清乾隆五十年（1785年）的《大仙人脚佛寺碑》和西盟佤族自治县勐梭乡勐梭大寨佛寺旁的《大寨傣文碑》。彝文寺祠碑有云南武定县东坡乡矣赤丹村公所矣木古彝村的《矣木古山神碑》、武定县发窝乡分多村公所康希德彝村民国二年（1913年）的《康希德山神碑》等。

（3）日历碑。西部少数民族文字日历碑保存下来的不多，其中较为珍贵的如保存于云南南涧县虎街山神庙内的彝文《十二兽日历碑》、楚雄县属罗摩哨（在哀牢山东麓）山神庙内的彝文《母虎日历碑》。此外，在云南景东县属者干地区（哀牢山西麓）东屏哀牢山的一个高峰也发现一块供置于山神庙中的彝文《母虎日历碑》。山神庙房宇破落，石碑已断为两截，现仅存上半截。残存碑题"母虎日"三字和十二兽两行起首的"虎""猴"各一字。散落在地面的碎碑片中，有一片碑石上还可辨认出一个"猪"字。西双版纳景洪县大勐笼公社大塔山南侧遗存有一方立于傣历1162年（1801年）的《大勐笼傣文九曜碑》。

（4）源流碑。古代西部少数民族常常把家族世系源流和迁徙发展历史刻写在石碑上，以垂示子孙，从而产生了大量的西部少数民族文字源流碑，这些源流碑真实地记录了各少数民族家世的家族渊源、分支发展、迁徙路线以及当时的生产生活状况。重要的西部少数民族文字源流碑有贵州大方县长石区柿树乡箐脚立于清"壬午年（1823年）八月二十三甲子日"的《额旺把祖源碑》、大方县瓢井区中箐彝族乡天宝村立于清道光二十六年（1846年）的《杨氏宗源纪念碑》；云南寻甸县城西北106公里处联合乡多素村内立于光绪五年（1879年）的《安姓籍贯源流碑》、罗平县旧房基乡戈丫村西"道光二十二年（1842年）三月初三日立"的《戈丫彝文源流碑》等。

（5）诗文碑。现今保存下来的西部少数民族文字诗文碑为数不多，其中以原存于大理市庆洞村圣源寺，现移至大理市博物馆的白文《"词记山花——咏苍洱境"诗文碑》最具代表性。此碑为明代白族诗人杨黼所撰，刻于"大明景泰元年（1450年）"，碑文对研究明代白文诗词创作风格和少数民族审美思想提供了珍贵的第一手实物材料。

（6）纪功碑。这是西部少数民族为庆祝所完成的重大任务和取得的重要成就而以本少数民族文字刻写的纪念性碑文。如蜀汉时期的《妥阿哲纪功碑》发掘于贵州大方县响水区青山彝族乡，有彝文 177 字，其内容记载蜀汉时期罗甸国彝族君长妥阿哲（汉文史志称济火、火济）"助帝长者（诸葛亮）征运兵粮络绎不绝"，佐武侯擒孟获，"到了建兴丙午年，封彝君国爵以表酬谢"的历史史实。重要的西部少数民族文字纪功碑还有拉萨西城，布达拉山对面建于赤松德赞赞普（755—797 年在位）时期的藏文《恩兰·达扎路恭纪功碑》，正面有藏文 68 列、左面藏文 16 列、背面藏文 74 列，确凿刻石日期为唐代宗广德元年（763 年），是现存吐蕃碑刻中年代最早的一方。

（7）会盟碑。会盟是西部少数民族在历史上为维持部落或少数民族之间的联盟关系而经常举行的重要活动。现存最为著名的西部少数民族文字会盟碑是 823 年立于拉萨的《唐蕃会盟碑》。801 年，在唐蕃的一次冲突中，唐将生擒吐蕃统帅论莽热，吐蕃内部又发生冲突，因而，吐蕃向唐提出了和解意向。在此情况下，唐朝为稳定周边局势，遂于 821 年和吐蕃会盟长安，822 年又会盟于逻些（拉萨）。《唐蕃会盟碑》以汉藏两种文字刻就，碑文赞美了汉藏的友谊，追溯了唐蕃的历史，记述了会盟的经过，具有重大的政治意义和深远的历史意义，是汉藏人民团结友好的历史见证。藏文会盟碑还有西藏谐拉康赤德松赞赞普（798—815 年在位）所立《谐拉康盟书刻石碑》有藏文 62 列、谐拉康院内赤德松赞赞普颁赐娘·定埃增的盟书誓文刻石《谐拉康盟书誓文刻石碑》等。其他重要的会盟碑还有今存云南曲靖第一中学，立于大理国段秦顺在位时的明政三年（971 年）的白文《三十七部会盟碑》等。

（8）修路建桥碑。修路建桥碑是古代西部少数民族在开凿道路、修建桥梁之时，为纪念工程竣工，赞颂修建绅民的功德而刻写的碑文，碑文内容对当地少数民族社会历史情况亦有述及。这类碑刻最具代表性的是彝文修路建桥碑，如原存于贵州大方县鸡场区和黔西县林泉区分界的大渡河桥北头的《水西大渡河建桥碑》碑石高 1.78 米，宽 0.73 米，建于明万历二十年（1596 年），有彝文 1972 字。其他彝文修路建桥碑有原在贵州大方县长石区柿树乡慕都河畔立于清乾隆二十四年的《何家桥碑》、贵州纳雍县姑开区发窝乡通往赫章县古达区古道上立于清嘉庆四年（1799 年）的《苏万荣夫妇修路碑》、贵州大方县长石区松鹤乡的蚂蚁河桥左建于清嘉庆七年（1802 年）的《蚂蚁河桥碑》等。

（9）山神碑。西部现存的西部少数民族文字山神碑数量较少，其中最为典型的有两块，一块是云南武定县东坡乡矣赤丹村公所矣木古彝村村旁所供奉的一石虎座基前所矗立的彝文山神碑。此碑有彝文 30 字，主要内容为祈求虎神保佑全村人丁兴旺、六畜平安和五谷丰登；另一块是武定县发窝乡分多村公所康希德彝族村山神树前供立的彝文山神碑。该碑左右两侧刻写汉文对联，左联是"祈求山神验"，右联是"保护子孙昌"，横批"祷神如在"。碑面镌刻彝文 105 字，内容亦为祈求山神庇佑全村，福施人畜之意。彝文落款为"民国二年（1913 年）二月十五日重修"。①

（10）山界碑。西部少数民族地区发掘到的山界碑大都残损不全，比较完整的一块是武定县发窝分多村公所咪哩莫彝村后坟山地发现的《咪哩莫彝文山界碑》。碑文有彝文 137 字，译文如下：先祖慕雅祜是我们乍氏族的始祖，发祥于吉朵世索，二代祖是慕祜勒期（祜阿期）、乍氏族因得力于马樱树的护佑而繁荣，所以我们又自称是马樱树裔孙。祖先代代贤能，到沙增之世，祭祖行分支，子孙迁居四方，居住地域宽，子孙分布广，氏族昌荣和瑞、子孙兴旺吉祥。置家业，用自己的金银购置才算富有。住在他亨和硕作黑的本家子孙，都有思祖源，永记妣恩的孝心。为了恪守祖先置下的产业，看守祖坟山上的树木不被乱伐，共同商议，特予立碑明界。本家祖坟山四界为：上至石埂；下至荒地；左至深箐；右至直箐（界内为祖先购置的祖茔圣地，一草一木为本家所有，任何人不得砍伐）。大清皇帝咸丰六年三月初十日立。

（11）乡规民约碑。西部少数民族先民为护林保水、规范行为和扬善罚恶曾建立过一些乡规民约碑，以维护集体利益和社会公德。如云南武定县发窝乡大西邑村中，彝族村民在历史上曾刻立过一块《大西邑彝族村乡规民约碑》，碑石高 1.5 米，宽 0.6 米，有彝文百余字，碑文劝诫全村彝胞共同遵守公山封山规约，保护山林水源；团结护村，抵御外人侵占，保护乡土完整。碑石于"文化大革命"中被移作沟桥用石，后裂碎而不存。目前发掘到的乡规民约碑数量较少，这些碑刻对了解古代彝族的社会生活情况极富史料价值。

---

①　华林：《云南少数民族文字历史石刻档案述评》，《西南民族大学学报》（人文社科版）1997 年第 3 期。

（12）焚书台碑。焚书台是西部少数民族先民为死者焚烧书籍所建造的。西部少数民族文字焚书台碑传世极少，贵州织金县以那架区落圈乡新立村罗文发祖上的焚书台保存有一方完好的焚书台碑。焚书台呈长方形，用毛石砌成，长4.17米，宽3.1米，高1.1米；碑石高0.25米，宽0.3米，碑中有"乙丑年冬月二十七日"字样，据罗姓中80余岁老人介绍，此焚台建成至今（到其孙子这一代为止）有17代。以25岁为一代计算，应为明嘉靖四十四年（1565年）的乙丑年冬月二十七日落成，碑中有彝文62字，现录译文如下：阿布我生于乙丑年冬月二十七壬辰日，到二轮甲子的乙丑年冬月二十七甲申日，我已满六十一岁了。这一天，我祭奠了从远祖布额以来的所有祖灵，同时建成了焚书台作为生日纪念。碑文提供了古代彝族丧葬习俗的具体情况，是研究彝族先民宗教民俗情况的珍贵石刻档案。

（13）圣旨碑。云南省迪庆藏族自治州德钦县喀瓦噶波雪山发掘到一块珍贵的立于明天顺五年（1461年，即藏历第八饶迥铁蛇年）的《法王皇帝圣旨碑》，碑石已断为数块，破损严重，经认真拼凑，现已基本复原。碑文为藏文楷书，200余字，阴文。残碑上发现一枚镌刻有"圣称四川左布政之印"九个篆文的汉文大印印迹。碑文反映了明朝优待噶玛噶举派的态度和当时噶举派、萨迦派和格鲁派的一些情况，有极其珍贵的历史参考价值。除上述碑文类型外，云南新平县新化乡雨勺村还发掘到一块彝文水文碑，碑文内容有待于进一步译注考察①。

摩崖石刻是镌刻在岩壁之上的记事文字。西部许多少数民族彝族都以本少数民族文字产生过摩崖，其中以彝族形成的彝文摩崖最为丰富。彝族先民除使用碑刻书史记事外，还把本少数民族的历史事件、家族源流镌刻在岩石上，以载史事，垂示子孙。如云南禄劝县有著名的《镌字岩彝文石刻》，记录了武定凤氏土司从罗婺部世袭首领阿而到阿思十二代作斋祭祖、拓土征战、建功封赐的史实，为明正统至景泰年间所刻。较早的摩崖为贵州六枝特区的《拦龙桥碑记》，镌刻于南宋开庆己未年（1259年），有彝文589字。大方县还发现明嘉靖二十五年的《千岁衢碑记》、乾隆二

---

① 肖黎煜、华林：《珍贵的西南少数民族文字石刻历史档案》，《档案学通讯》2007年第4期。

十一年的《长寿桥碑记》，织金县有明嘉靖三十八年和三十九年的《卷洞门岩刻》《宣慰岩石刻》，普定县有《彝文反字岩》，关岭县发掘出清代的《红岩彝文摩岩》。云南弥勒县保存有古老的彝文岩刻和摩岩画，禄劝县还发现宝贵的彝文《护林保水告示》石刻。四川普格县县城后面的螺髻山海子边岩石上阴刻有彝文一篇。西昌附近的北山也发现了罗洪家阴刻的开拓土地的彝文题记多处。这些珍贵的彝文摩崖亟待保护抢救和整理利用。

　　其他西部少数民族文字摩崖尚有西藏林芝县米瑞区广久公社第五生产队赤德松赞赞普（798—815 年在位）继位后不久所建的藏文《工布第穆萨摩崖石刻》，有藏文 21 列；谐拉康右侧山后建于吐蕃时期的《谐拉康摩崖刻石》，有藏文 12 列。云南洱源县邓川城西石窦香泉边石壁上刻于"元至正三年（1370 年）"的白文《邓川大元国奉训大夫都元帅段信苴宝摩岩》。原存云南丽江白沙西岩壁上哥巴文《麦宗墨崖》和丽江县五区上桥头村古吊桥北半里路旁刻写于明万历四十七年（1619 年）的纳西族标音文字《古吊桥纳西文摩崖》等。

　　西部少数民族文字历史石刻除碑刻和摩崖外，还遗存有奇特的藏文石经墙、石经片和石经墩。在青海省黄南州泽库县城西 80 公里处的和日寺中，有许多刻满藏文的石经墙、石经片和石经墩，其中有两处石经墙分别刻的是 3966 万余字的大藏经《甘珠尔》和 3870 余万字的《丹珠尔》，这些石经经历不断刻凿直至 1951 年才算刻完。青海省甘德县东吉多卡寺有石刻藏文《大藏经》，其数量之多，质量之高极为罕见，据统计，此石经的内容远远超过《甘珠尔》和《丹珠尔》的内容，所刻经片有十万多块，石片大小不一，有大如桌面的，也有小似椅面的，厚约一厘米，石面光滑，字迹清晰。此外，四川省也发现了这种藏文石经，这些珍贵的藏文石经墙、石经片和石经墩有待于进一步发掘、研究和利用。

　　4. 金文。金文泛指刻在器物上的文字。西部少数民族文字金文以彝文金文较为典型，彝文金文在西部地区时有发现，但数量不多，是一种比较珍贵的档案史料。《铜戈铭文》发现于四川省出土的一件距今 2400 多年的铜戈兵器上，三个刻画符号译为"诺苏（彝族）使用的铜戈"。《铜戈铭文》是不是彝文目前尚未定论，但和彝文有渊源关系是可以肯定的。大方县保存有铸刻于明成化二十一年（1485 年）的《明成化钟铭文》。

钟体高 135 厘米，口径 110 厘米，重约 300 公斤。钟面有彝汉铭文八幅，共有彝文 129 字。《铭文》记录了明代贵州宣慰使安贵荣（称"阿基君长"）之妻奢脉率子贤嗣于祖宗祠堂铸钟以安祖灵之史事。

1269 年八思巴奉元世祖忽必烈之名创制新国字以后，八思巴蒙古文便成了元朝官方文字，留下了许多珍贵文献。这些八思巴蒙古文中，还发现了朱奴辛斯克金字银牌和纽克斯克金字银牌，以及刻有八思巴蒙古文的铜钱等珍贵金文档案文献①。

傣族先民在历史上常把一些需要长期垂记之事以傣文镌刻在金属器物之上，也产生了一定数量的傣文金文，如西双版纳景洪县嘎栋区曼广龙寨"菩塔萨卡（佛历）1000 年（455 年）"的《景洪庄列塔记事银版铭文》、勐海大佛寺祖腊历 9 年（647 年）《勐海大佛寺记事银片铭文》、勐海县勐海乡曼南嘎村傣历 334 年（972 年）的《勐海曼南嘎旧佛寺记事银片铭文》等。

云南大理白族自治州保存有珍贵的《段政兴资发愿文金文》。段政兴资为大理国第十七王，1147—1172 年在位。他曾铸观音铜像一尊，铜像背部铸有《段政兴资发愿文金文》，共四十二字，前部分为汉语，后 20 字为一首白文五言诗，对研究白文的起源和白文诗词格律有重要的查考价值。

历史上曾产生过部分藏文金文档案文献遗产。明永乐十二年（1414年），皇帝召宗喀巴入京，宗喀巴派得意弟子释迦也失代为前往，被明朝封为大慈法王。永乐皇帝还下令在南京印制《甘珠尔》《丹珠尔》。结果制成铜印版模，印制了数套红油墨楼梯折叠式的《甘珠尔》《丹珠尔》（合称《藏文大藏经》），封题为金字汉藏对照。南京铜版《藏文大藏经》是《藏文大藏经》的第一个版本，影响至巨至深，有力地推动了西藏印刷事业的发展，使前藏、后藏、阿里、康区、甘肃、青海、蒙古等地的木刻印刷和铁字铸造技术得以发展起来，印书院也相继建立。此外，西藏地区还保存下来了建于吐蕃时期存于桑耶寺的《桑耶寺钟》有藏文 11 列；山南雅垄河谷中心昌珠寺的《昌珠寺钟》，有藏文 10 行，近已不存；拉萨东郊叶尔巴寺内的《叶尔巴钟》，有藏文 6 行，钟现已毁。

---

① 张公瑾、黄建明：《民族古文献概览》，民族出版社 1997 年版，第 424 页。

5. 印章。西部少数民族文字印章传世极多，较为典型的有藏文、傣文和彝文印章。藏文印章的起源据欧朝贵、其美著《西藏历代藏印》记载，早在 7 世纪藏王松赞干布时期就已使用藏印，元朝建立以后，中央王朝对西藏以萨迦派为首的宗教领袖加以掌封赐印，藏印的使用进一步扩大。明清时期，随着藏族地区"政教合一"体制的逐步形成和发展，加之中央政府重视对藏族上层人士的封赐，印鉴便成为西藏宗教上层领袖的宝物。藏文印章数量丰富，种类繁多，现以拉卜楞寺藏印为例说明藏印的类型。拉卜楞寺创建以来的三个世纪中，以寺主嘉木样为首的活佛转世系统多达百余个，得到历代皇帝封赐的高僧不乏其人。现今保存下来的清朝、民国中央政府封赐的印鉴连同嘉木样活佛的私人印章共十余枚，就质地而言，有金、银、铜、象牙、石、木等多种，其中既有满、藏合璧的，也有满、汉、藏合璧的。印章上的藏文多为正楷体，清晰易辨，端庄大方。其要有藏历土猴年（1848 年）道光皇帝颁赐三世嘉木样活佛满、汉、藏合璧的《扶法禅师之印》，民国三年（1914 年）中华民国政府颁发给第四世嘉木样活佛满、汉、藏合璧的《广济静觉妙严禅师嘉木样沙特巴呼图克图之印》，民国二十三年（1934 年）中华民国政府颁发给第五世嘉木样活佛满、汉、藏合璧的《辅国阐化禅师嘉木样呼图克图之印》等。除藏文印外，尚有如元泰定帝赐封男藏卜白兰王的用八思巴字拼写的《白兰王印》等其他少数民族文字藏印。

傣文官印是傣族土官权力的信物，具有很强的权威性和凭证作用。傣族古代官印有两种类型，其一是历代封建王朝中央颁发给傣族土司的汉文印信。如明清王朝颁发的"车里宣慰司"铜方印，满汉全璧的"干崖宣抚司钱"；其二是傣族土官机构内部使用的一种以动物图案为钱文的肖形圆印和以傣文为钱文的长方形木印相配合的官印，这套印信系统在西双版纳土司政权内部发展得尤为完善。如西双版纳最高长官"召片领"除使用进行颁发的"车里宣慰司铜方印"外，还使用自刻或赠送的鱼形圆印；召片领司署官员如召景哈、总叭、召夏、纳干等（即四大卡贞、八卡真等）使用傣文或汉文长方形木印和鹿、狮子、孔雀等动物肖形贺印；勐级官员亦使用傣汉文长方和贺形狗印。一般上呈用方印，下达用贺印，长方形印盖在正文落款处日期上，贺印盖在正文最后二字上，表示到此结束，以防添改。西双版纳发掘到丰富的傣文官印，德宏地区傣文土司官印保存下来的较少，江县档案馆收集到一颗"盏达宣慰使司关防"即，此印木质，长方形，长9.5厘米，宽5.8厘米。其印文为汉、傣两种文字，傣文正中横书，汉文左右两侧直行，篆书"盏达宣慰使司关防"。值得注意的是清廷颁发给滇西地方文武官府的部分印章分别刻有汉、傣、满三种文字，如"永昌府印"系铜质方印，8.5厘米见方，右为汉文篆书，二行，中为傣文，一行，左为两行满文篆书。此印"当是乾隆三十年底，削其'军民'二字，改铸的铜印"。现可知者尚有"云南永昌府腾越厅同知关防""云南腾镇总兵官关防"等汉、傣、满文合璧官印。以上官印未获见实物，仅从干崖土司改藏地方性档案中的鉴印所知，有待进一步发掘、研究。

西部少数民族地区还发掘到部分彝文印章。如昭通发掘到铸于东汉年间的彝文铜蛙印；贵州彝族地区"意外地发现一颗彝文铜印，可逐字对译为：'夜郎旨首相印'"。彝文古印无论是探索彝文的起源还是研究彝族"君长"对彝区的统治都有极其宝贵的价值。

6. 竹简、木刻、骨文、皮书、布书、瓦书和陶文等。西部古代少数民族传世民族文字档案文献遗产尚有为数不多的木刻、竹简、骨文、皮书、布书、瓦书和陶文遗存至今，这部分少数民族文字档案文献遗产虽然数量不多，却以载体材料独特、年代久远和原始性强堪称西部少数民族文字档案文献遗产中的珍品，对研究西部少数民族历史文献载体材料的发展演变以及少数民族文字产生与运用都有宝贵的凭证、查考价值，以下分别进行论述：

（1）竹简、木刻。竹简、木刻也可称为竹木简牍，现存西部少数民族文字竹简、木刻较为典型的有藏文竹简、木刻。吐蕃木牍大部分出土于新疆南部罗布泊南岸的米古城遗址（今属婼羌县辖），另一部分出土于于阗以北的万顷流沙妆中的慕土塔克地区。此遗址中还发现了相当数量的卜骨，为羊胛肩骨卜辞。此外，在青海省海西州都兰县热水村的古墓葬中也发现过吐蕃时期的藏文简牍，是用墨写在柏木片上的。1976年文物出版社出版的《新疆出土文物》一书中对出土的吐蕃简牍有专门介绍。被劫运国外也有不少介绍文章及研究论著，如斯坦因所劫藏于英国大英博物馆部分的介绍论述见于《西域》和《亚洲腹地》两本书中。1985年文物出版社出版的《吐蕃简牍综录》，又是王尧先生关于吐蕃文献的一部专著。

书中辑录了至今出土的绝大部分吐蕃简牍共 464 支，包括斯坦因所得藏于英国大英博物馆的 380 支和由新疆博物馆发掘所得 78 支吐蕃简牍，书中有藏文原文抄录和拉丁字母转写，并附有汉文译文及研究考释，还附有选自藏于新疆维吾尔自治区博物馆的若干木简附片和羊胛骨卜辞的图版。在敦煌写卷《吐蕃历史文书》中也有很多关于木牍文书的记载。这些吐蕃简牍的内容有关于经济（土地、粮食、赋税）、军事、氏族部落、地名、文书、宗教及其他一些方面的情况。

　　藏文木刻档案文献遗产中最为珍贵的是木刻雕版。印刷术从 13 世纪就由内地开始传入藏区，但真正意义上形成藏族自己木刻雕版印刷体系的首推 17 世纪在云南丽江由土司木增主持雕刻的《甘珠尔》大藏经。后因战乱，木刻雕版迁运到西康省理塘寺印刷成书，故又称为"理塘朱版"，理塘朱版是藏区刊印《甘珠尔》的最早版本，标志着藏族的雕版印刷事业已经发展到成熟阶段。藏文木刻雕版版本多以印经院所在地命名，藏区比较著名的印经院有纳塘寺、德格、拉萨、塔尔寺、拉卜楞寺、卓尼禅定寺等。所用雕刻的印刷木料都是秋天伐来刚落叶的桦木，把桦木顺纹路劈成长块，经过水煮、烘干、刨制等工序制成两面都光滑平整的木板，再在木板上刻写藏文正楷（藏文为"窝金"）字体，校对无误后即可开始印刷。印版规格大小不一，最长的有 85 厘米左右，主要作为供奉之用；常见的是 60—70 厘米的，称为箭杆本（意为一箭杆的长度）；中等为 40 厘米左右，称为一肘本（意为成人一肘之长）；最后一种长约 20 厘米。版本的大小因经书内容多寡而定，即使同一部书，各印经院也没有统一的刊印标准。

　　此外，藏文木刻还有部分木刻牌位。如西藏布达拉宫红宫殿内供奉着乾隆皇帝的肖像，像前竖立着一块精雕细刻的藏、汉、满、蒙古四种文体的"当今皇帝万岁、万万岁"的金字牌位，是藏历十二绕迥的铁鼠年，清康熙五十九年（1720 年），康熙皇帝派宗室平逆将军延信护送到拉萨赐给第七世达赖喇嘛的。当时达赖喇嘛即将皇帝牌位供奉在自己的寝殿"萨松朗杰"中至今已有 280 余年的历史。从七世达赖喇嘛格桑嘉措以来，各世达赖喇嘛都定期向皇帝万岁牌位和乾隆皇帝肖像前朝拜，表达臣属关系，可见当时西藏地方对清朝中央的恭顺和爱戴之情。

　　彝族先民在历史上曾经产生过大量的彝文木刻与竹简。彝文巨著

《西部彝志》卷九"勿阿纳的叙述"记载："慕俄格一家，大握其权柄，木刻与竹简，积累如柴堆，阿额在中部，也杀牛聚宴。"发掘于贵州省大方县鸡场区和黔西县林泉区分界的大渡河桥北头明万历二十年（1596年）镌刻的《水西大渡河建桥碑》说："慕卧格一家，祖创有规章，子孙可以遵循去作。洛波有九峰，慕作有七千寨；于底有五大坝；斗堵有七旷野；热卧地势高；以着地也大。以上所有地方之间，是征赋收租之地。男的管征赋，女的管收租，在大河上运行。木柯卧乍山下有宽广的庭院，木刻、竹简（是为水西彝族'则溪'政权用以通知租赋的命令和记载收取租赋数额的账本）多如柴堆，载纳家的租赋，记租赋的来路。"

彝文木刻是指刻写在树木、木块、木条或雕版之上的彝文文字。由于年代久远，《西部彝志》卷五所记述"哎君不知年，纪年树上看"的"纪年树"树木文早已枯灭无考。现存木刻所知者有彝文祖宗牌位、祭祀木条、咒语牌、雕刻版。

（2）祖宗牌位。云南省石林县的彝族撒尼支系每户都在家中设立祖宗牌位（彝语称为"那司"）。通常只置两代人的祖灵，家中死了人，新增祖灵时，须把老一代的祖灵送到野外的"祖宗洞"中去。"祖宗洞"的祖灵与放置在家中的祖灵形状不一样。它用青冈木精雕细琢成一个"房屋模型"，内装有亡灵遗物，外面有用彝文刻写的亡灵姓名，有的还刻有家谱。这些文字有的是阴刻，有的是浮雕。这种祖宗牌位（或称为"祖灵"）的供奉在彝族地区较为普遍，如与石林相邻的弥勒县境内的彝族也常在木牌上用彝文刻写亡者姓名及生卒年月，作为灵牌供祭。彝文祖宗牌位是为彝族先民原始祭祖仪式之遗迹，反映了古代彝族祖先崇拜的宗教哲学思想，是一种数量较多、极有研究利用价值的重要彝文木刻档案。

（3）祭祀木条。四川省凉山彝族地区的毕摩在举行盛大的原始宗教仪式时，其中有一重要项目是制作数块一米多长的木条，每一块木条上用彝文写上相应的内容，配合进行各项宗教仪式。云南省石林、弥勒和宜良等地的撒尼彝族在举行原始宗教祭祀活动时，常把参加祭祀的人数刻在与锯片长宽的一根木条上，一个人以一锯齿来表示，以告诉神灵前来参加祭祀的人数及祭祀的规模。他们认为，这样可以使神灵欣喜。这种木条属于刻契记事的性质，可视为彝文祭祀木条的补充。

（4）咒语牌。四川省凉山地区的彝族毕摩使用的法器中有一种咒语牌，这种咒语牌中间画有鬼像，周围、背面刻写咒语。咒语牌主要在举行驱鬼治病的仪式中使用。

（5）雕刻版。彝文雕刻版保存下来的有三种类型：一是彝文文献木刻雕版，这类木刻雕版数量极少，仅有北京图书馆珍藏的《劝善经》印本雕版，以及云南省元江县洼垤乡邑慈悲村农民何长安家祖传的《色尾处莫》水墨印刷刻板。《色尾处莫》水墨印刷刻板原有 40 块，现存 25 块，每块刻板长约 26 厘米，宽约 18 厘米，正反两面都刻有彝文，每面有 2 页，残存 25 块共 100 页，总计 15000 余个彝文字。二是有些毕摩和彝族富户家里正房板壁上的彝文雕刻，内容为尊敬祖先神灵，孝敬尊长父母的彝文警句。三是雕刻于书案或书籍上的彝文，如云南省禄劝县民委征集收藏有一个精工制作的彝文专用木书箱，书箱长 38 厘米，宽 26 厘米，高 27 厘米，书籍正面及两个侧面均有阳刻彝文和图案。正面分列一副彝文对联，意译为"知识神哺育，才识神守护"；左侧图案为一白鹤傲立于蓝天白云下远视波涛滚滚的大海，旁边彝文题词意译为"知天白鹤"；右侧图案为一雄鹰伫立于古木枝头云端间，彝文题词意译为"通天黑鹰"。这一彝文对联、图案、题词雕刻反映了彝族群众将知识与神灵齐观敬重的虔诚之情，对研究古代彝族对鹰、鹤、雁的图腾崇拜亦具有珍贵的民俗学价值。关于彝文竹简彝文文献和汉文史志都有过详细的记载，因而古代彝族在历史上曾大量使用过竹片作为载体材料用于书史记事是毋庸置疑的。新中国成立后许多少数民族学学者均对彝文竹简进行过具体调查，如吴承柏同志在云南宣威一带作过专题调查，并撰写过《毕摩与彝文》一文，这篇文章对彝文竹简作了比较详尽的描述。除吴承柏同志的调查材料外，中央少数民族学院首届彝文文献专业班的师生到宣威、会泽一带调查彝族历史文献时，也得到过彝文竹简的线索。而在彝文竹简调查中真正取得突破的当推云南省楚雄彝族文化研究所的朱琚元同志，在他所撰写的论文中提道："（我）于 1985 年得悉云南宣威县有彝族毕摩藏有彝文竹简，未待前往实地考察，即闻该毕摩所居彝村失火，彝文竹简连其他抄本遭火焚尽；其后我在武定万德亲睹一副用于占卜抽签的陈旧竹简，一面分别刻有彝文序号，另一面则书写对应的彝文解语。"西部彝族地区民间的彝文竹简有待于进一步查明、抢救与利用。

（6）骨文、皮书、布书、瓦书和陶文。历史上彝族先民都以彝文产生过骨文、皮书、布书、瓦书和陶文。彝文骨文泛指刻写在兽禽骨头之上的彝族文字，由于骨文多产生于彝族祭师毕摩的占卜活动，故又称为"卜骨文"。占卜是毕摩借助神力，寻问吉凶，推断祸福，进行决断的一种手段。据何耀华主编《中国各少数民族原始宗教资料集成·彝族卷》考录，古代彝族的骨卜有鸡骨卜、羊骨卜和胛骨卜三种。鸡骨卜，毕摩作此卜时，先诵经，以清酒少许洗净鸡嘴及足。然后宰之取其左右两股骨头齐头并排，用细麻线束紧，骨上方横放竹条一根，以极细的竹签插入骨上之小窍孔。窍孔本为血脉神经之孔，多寡不一，可插竹签数目也不定。一般可插四五根。插入后视其方向及洞口深浅，再翻查鸡卦经以定吉凶。羊骨卜，又名炙羊膀，彝语称"约格及"。羊肩胛骨中部有一条凸起的骨楞，自然将其分成甲、乙两部分，占卜时用手抬着羊骨关节部分之把，以火草烧甲部，边烧边诵经。诵毕，用手指擦去骨面的黑烟，骨头上即显出横直细裂纹，再翻转看其背面裂纹方向而定卦之吉凶。胛骨卜，做法是将所宰牛、羊、猪之肩胛骨取出，细观骨上显示的纹路以断卦象。再根据《卜卦经》有关卦象的规定而定吉凶。为配合祭祀，毕摩常在卜骨上刻写文字，从而产生了卜骨彝文。彝族骨文实物非常罕见。据彝族群众提供线索，云南省弥勒县东山彝区遗存有骨文，为此中国社会科学院少数民族研究所武自立先生专门前往调查，经考证当地确实保存有彝族"骨文"，这一重大发现填补了彝族文献领域的一大空白。武自立先生调查时拍下的珍贵彝文档案文献遗产材料"骨文"实物照片已被收入《中国少数民族古文字图录》一书①。

　　彝文皮书是写在牲畜、野兽皮上的文字材料。古代彝族在历史上以牲畜、野兽皮作为书写材料仅见于民间传说，迄今未发现彝文文献和汉文史志的有关记录。但现实生活中还是发现了少量的彝文皮书。1872 年，法国一个名叫威廉·梅斯利的军官住在贵阳时，从咸宁州弄到了一份用红颜色勾画的人像作边饰的，写在羊皮上的彝文手稿。四川凉山彝族地区的彝文"灵姆"经书就有写在皮子上的。贵州省毕节地区彝文翻译组重点征集的 1300 余册彝文书籍大多用羊皮、牛皮、鹿皮、麻布等装封；咸宁县民委收藏的彝文古籍中也存有多部皮书。

---

　　①　傅懋勣：《中国民族古文字图录》，中国社会科学出版社 1990 年版。

从西部各彝区的民间传说来看，古代彝族社会的确出现过用彝文写在纺织品上的布书。但由于布帛容易腐烂，我们现在已无法看到完整的彝文历史帛书实物了。目前能见到的所谓布书，只是有些彝家堂屋横梁上悬挂的绘有彝族八卦图同时写有彝文的红布和财门布，此外，西部彝族地区保存下来的许多彝文古籍都以布帛作封皮，其上写有彝文书名。

彝文瓦书是用石灰浆在板瓦凸面雕书"福、禄、寿、喜"等彝文字，作为正屋厦沿盖瓦，这类瓦书在云南省武定、禄劝县的彝村偶有所见。

彝文陶文则指刻写在陶瓦、陶砖之上的彝族文字，如云南省巍山蒙舍诏遗址就发现印有彝文的陶瓦、陶砖。该遗址在巍山县城西北十多公里处的山龙山于山上，《蒙化志稿》卷载：细奴逻于"唐太宗己酉贞观二十三年即位……高宗庚戌永徽元年，建都蒙舍川山龙山于山筑山龙山于城"，康熙《蒙化府志·山川志》又云："山龙山于城在山龙山于山之云隐寺旁，细奴逻所筑，今基址犹在，宽五百余丈。"1959 年，云南省博物馆曾派专人到山龙山于山进行考察，出土了大量的石柱础、花砖、瓦当、滴水和有字瓦。有字瓦呈黄红色，大多为筒瓦，长约 1 尺，宽 4 寸，厚 5 寸。瓦的沟头有花纹，中间有字，字有两种：一种是汉文，如"宽顷""田总""页""苜""君保"等；一种是流传于哀牢山的老彝文。1984 年 10 月云南省社会科学院楚雄彝族文化研究所的同志到山龙山于山考察，从部分残瓦上鉴定出"蒙氏城""大门""天、马""关鸡的地方""半空""块、片""虎""（一）""草"。"一个月""胆量""吉祥""不""金子""牛""甜""君王皇帝""绿色"等 20 余个老彝文的字和词。此外，当地群众还不断地从遗址上挖掘出边长 1.2 尺、厚 2 寸的方砖，砖面上刻有彝族特有大八卦图。其他彝族地区，如滇东北和黔西北也发掘到铸刻有彝文和彝族八卦图的残瓦和方砖。

除彝文残瓦外，白文残瓦也在 20 世纪 30 年代以来陆续发现。1938年 11 月至 1940 年 6 月，吴金鼎、王介忱、曾昭等三位先生在点苍山下考古，在多个文化遗址中，发现和收集到了有字瓦片二百多件。这些有字瓦片多出于南诏建筑遗址中，故其时代应属南诏（738—937 年），晚者可至大理国（937—1253 年）。后来，云南省博物馆的几位同志和孙太初先生在姚安、巍山发现并收集到有字瓦片一百多片。此后，在羊苴咩城、龙口城、龙尾城、大厘城、一塔寺、金梭岛、邓川德源城、弥渡白崖城遗址等也陆续发现有字残瓦,一面是细布纹,另一面印有文字。这些文字多数学者都认为是当时的白文①。

(四) 少数民族汉文档案文献遗产

西部少数民族汉文档案文献遗产是指汉文化传入西部少数民族地区后,少数民族土官和群众使用汉文形成的档案文献。主要有文书、石刻、金文、印章四种类型。

1. 文书。西部少数民族汉文文书种类丰富,其主要构成部分是公务文书。西部少数民族土官在处理本少数民族政务活动中都产生了大量的公务文书档案,这些文书文种极多,内容涉及各少数民族社会政治、经济发展的各个领域。现存西部少数民族汉文公务文书以四川省档案馆保存的最具代表性,这些档案种类繁多,按其内容可划分为如下类型。

(1) 政务文书。政务文书是历代封建王朝在统治西部少数民族地区的过程中,西部少数民族上层贵族写给封建中央政府和地方官吏的反映本少数民族事务的文书档案,主要文种有表、奏、疏和移、牒、书等类型。清光绪二十四年 (1898 年) 四月二十一日,四川省冕宁县彝族土司李赞元等呈写《野夷抄杀地方乞恳宪台办理禀状》,禀状陈述了冕宁彝族地区当地编户彝民百姓遭受野彝劫杀勒索之事,恳请官府查办以靖地方。这类文书还有乾隆二十七年 (1762 年) 四月三十日《彝目噜觉等关于安土司受贿压孤诉状》、乾隆三十二年 (1767 年) 八月二十三日《土百户宝福保关于辖地彝汉纷争告状》、嘉庆七年 (1802 年) 九月二十一日《土司安世爵关于恶彝吞骗聚众事报状》、道光二十八年 (1848 年) 四月四日《彝目受保等千户不法索派供状》、咸丰三年 (1853 年) 十月二十一日《头人赵世芝关于无辜垫赔税谷事禀文》、同治二年 (1863 年) 三月十三日《夷兵约租等关于保路通商查出勒索商民事禀文》、光绪七年 (1881 年) 六月二十八日《夷兵陈有春、二铁等关于公文被抢事禀文》、光绪十八年 (1892 年) 闰六月十五日《熟夷文生等关于彝汉纷争禀状》等。

(2) 承袭文书。历代封建王朝中央政府在西部少数民族地区广泛推行"羁縻"政策,设置了健全的土司职官体系,承袭文书就是西部少数

---

① 参见华林《西南少数民族档案管理学》,中国民族出版社 2001 年版,第 28—73 页。

民族土目袭替土司职位时产生的文书档案，档案种类有禀文、禀状、呈状、亲供状、诉状、宗图册、甘结状、领状、清册、报状、辞状、供状、结状等。西部少数民族汉文承袭文书自成体系、内容丰富，既反映了历代封建王朝在西部少数民族地区设治经营情况，也提供了西部各地少数民族土司任职承袭、政务管理、配偶子女、辖户税收、疆域范围的具体状况。四川档案馆珍藏的清代冕宁少数民族土司承袭文书内容涉及面广，文书种类十分齐全，主要有前任土司故后，原土司嗣为"约束彝民"恳请袭职的"禀文"。如乾隆二十六年（1761 年）十一月十八日，建昌道冕宁县属坝显土司安兴茂故后，当地彝族伙头花阿保等向官府题写禀文，恳请准允原土司安兴茂之子安邦佐承袭父职。此外，四川省档案馆所保存的其他重要彝族土司承袭文书还有乾隆三十六年（1771 年）三月《土百户鸟布叱关于应袭土职宗图、履历、年貌、户口等清册》、乾隆四十二年（1777年）八月初三日《土百户马化麟关于贪夺职权事甘结状》、道光二十三年（1843 年）九月初五日《彝目勒丫耆宿沙呷叱等关于长受夺袭土千户之职事告状》等。

（3）经济文书。西部少数民族汉文经济文书是古代西部少数民族社会进入封建经济发展时期，西部少数民族土官在经济管理活动中产生的文书档案。现存西部少数民族汉文经济文书原件大都撰成于清代，有禀文、呈文、户口册等文种，乾隆六十年（1795 年）十月初十日《彝目腊用保等责成彝民呷保将不守彝规出卖旱地赎回限约》、道光年间《冕宁县白路土百户汉夷户口册》、咸丰十年（1860 年）二月二十八日《彝碉长吴德元关于彝民采办石曹尖事禀状》、光绪七年（1881 年）九月《彝百户达永章等关于采金彝民为金匪所抢事禀文》等。

（4）军事文书。军事文书是西部少数民族统治者在协助历代封建王朝镇压西部少数民族人民反抗斗争或平定其他少数民族上层叛乱活动中形成的文书档案。四川档案馆保存有许多西部少数民族汉文军事文书，较为典型的有道光十九年（1839 年）三月三十五日《重庆南纪坊侯应魁为领取阵亡彝兵侯天禄恤赏银结状》、同治二年（1863 年）《冕宁县古路桥彝目洪锡嘏抵御"发匪"、野彝侵袭禀文》、同治二年三月初六日《冕宁县彝目何元甫为保哟租调办彝兵剿贼事保状》、同治二年四月十九日《冕宁县百户金得禄为约租调办彝兵剿贼事保状》、同治二年七月初一日《冕宁县曾小坝彝目王即、曾临丰等关于出卖棉花作发匪戮毙尸骸埋葬资银之事甘结》等。

（5）司法文书。司法文书是西部少数民族土官在协助各代封建中央政府和地方官吏或独立处理西部少数民族地区土司之间，土司家族内部之间，封建领主之间，佃农、农奴与领主之间，以及佃农、家奴之间的刑事、民事诉讼案件时产生的文书档案。主要文种有禀文、诉状、告状、缴状、报状、悔状、存状、恳状、悔结、限状、呈状、结状及保领书等，司法文书内容极为丰富，如人口掳掠、买卖文书有雍正十二年（1734年）二月二十日《彝民阿羊、千户三他关于恶棍明欺孤弱，诓骗人口告状》、乾隆十年（1745年）二月十四日《彝人那路关于家人黇遭掳绑报状》、乾隆二十四年（1759年）十月初十日《彝人那扯别关于亲子出当，赶逼冤命告状》、嘉庆十八年（1813年）七月十二日《彝民王有贵为虎彝藐法绑抢事告状》、道光十六年（1836年）二月初八日《彝人双叽为掳绑奴女、殴伤情惨事告状》、咸丰八年（1858年）二月十四日《倮彝布叽呷为掳掠凶害，受伤叩究事告状》、同治七年（1868年）六月《彝民罗角角等关于野彝掳抢人口供状》等。

（6）鸦片问题文书。鸦片作为一种药品和毒品在西部少数民族地区有很长的种植生产历史，古代许多西部少数民族土官和历朝开明地方官吏充分认识到鸦片对西部少数民族群众的毒害作用，极力主张在西部少数民族地区杜绝鸦片的种植现象，从而形成了部分禁烟问题文书，四川省档案馆保存的鸦片问题文书典型的有清道光十七年（1837年）二月初三日《彝民咱朗别等关于汉民沈老二（石奇秀）夫妇在其佃租地中妄栽罂粟报状》、道光二十三年（1843年）二月二十六日《彝目黄万钟关于彝民殷正仕将所种鸦片挖绝改种粮食保状》、道光三十年（1850年）六月十一日《彝民李华王容关于借钱偿还所卖鸦片银两借约》、道光□年二月二十三日《彝民殷正仕关于姚姓汉人租佃山地撒种鸦片供状》、咸丰十一年（1861年）九月《彝目胡攀魁、沙忠玉等关于冕山阜安彝区罂粟地改种粮食禀文》等①。

---

① 国家民委民族问题五种丛书：《四川彝族历史调查资料、档案资料选编》，四川省社会科学院出版社1987年版。

此外，西部及北京、天津、南京、中国台湾等地的文化机构都保存有大量的西部少数民族汉文档案文献遗产，如北京图书馆珍藏有200余件清代武定彝族那氏土司那德洪、那嘉猷、那显宗于顺治、雍正、乾隆、嘉庆、道光、同治年间呈写的禀复呈文稿、民间诉讼状文、具结保证书、土司出征记录、土司衙内行号簿、立嗣承继材料和乡规民约等文书原件，内容涵括政治、军事、经济、司法、袭替、禁烟和少数民族关系诸多方面，为研究云南土司制度，尤其是彝族封建领主土司制度的组织结构、权力运作、公文处理以及对本少数民族群众进行政治统治、经济剥削等历史情况提供了翔实的第一手文件材料。

除公务文书外，各西部少数民族土司、绅民在处理个人、家庭或家族事务中也形成了为数极多的私人文书档案，这些文书档案按其使用性质划分主要有三类。

第一，谱牒类。著名的西部少数民族汉文历史谱牒有彝族《云南蒙化左族家谱》《云南武定那氏历代家谱事》《云南南涧罗氏家谱》；傣族《云南盏西土目孟氏家谱》《云南芒市方氏土司家谱》；白族《云南太和段氏族谱》《云南鹤庆永氏族谱》《云南大理史城董氏族谱》；景颇族《云南盏达土司刀思氏家谱》《云南普关阎氏家谱》；纳西族《云南沐氏宦谱》；壮族《广西龙胜龙脊乡廖氏家谱》《广西龙胜龙脊乡萧氏家谱》；苗族《广西龙胜杨氏族谱》等。

第二，契约、账簿类。西部少数民族在经济活动中产生的私人契约，账册极其丰富，仅纳西族，在清代和民国形成的就有合同、当约、领约、田契、房契、卖约、借约、账簿等多种文书类别，这些契约、账簿对了解西部少数民族经济发展状况和社会经济形态均有极高的档案查考价值。

第三，信函类。现存西部少数民族汉文信函大多内容庞杂，仅有部分信函有一定的利用价值。如云南南华县沙哽、担兰村彝族，刘芳圃保存有一份老父于清光绪十四年（1888年）所写的《诫谕诸儿侄书》，书文讲述了该村彝族从奴隶制经济向封建制经济的历史转变过程，告诫子孙勤于经营，善保祖业。

2. 石刻。西部少数民族汉文石刻亦分碑刻和摩崖等，其中，现存碑刻据普查主要有如下类型。

（1）墓碑，如彝族的《云南蒙化左氏土知府左文臣墓碑》《云南武定那德洪墓碑》《云南沾益土知洲安于蕃墓碑》，白族的《云南大理高生福墓志铭》《云南鹤庆把事扬氏墓碑》《云南洱源古酉长段公墓志铭》，傣族的《云南盈江孟氏土目墓碑》《云南盈江刀氏土司墓碑》《云南景岱土司墓碑》，回族的《云南下关杜文秀墓志》，壮族的《云南砚山昭勇将军李应珍墓碑》《广西太平州李府二姑太墓碑》，傈僳族的《云南腾冲余氏墓志》，普米族的《云南西参府军务总办扬泗清墓志》，景颇族的《云南盈江山官李腊利祖墓碑》，纳西族的《云南永宁阿云迁墓志》，仡佬族的《广西巡政厅诬球姜何氏墓碑》等。

（2）寺观碑，如彝族的《云南重修巍山青霞观碑记》《云南凤仪法藏寺铭》《云南南诏封点苍昭明镇国灵帝神位碑》，白族的《云南大理重修佛图塔记》《云南剑川昭应寺碑记》《云南大理兴金寺德化铭并序》，纳西族的《云南白沙金刚大定二刹碑记》《云南玉龙北岳庙碑记》《云南丽江觉显塔寺碑》，傣族的《云南户撒显阁寺碑记》《云南勐混景恩塔碑记》《云南景谷营盘文笔塔碑记》，壮族的《广西永康州鼎建崇圣祠碑记》《广西扶绥修整瓶山观音洞碑记》《广西凌云重建迎晖寺碑记》《广西凌云创建文昌后殿碑》等。

（3）建设碑，如彝族的《云南宜良响水沟水利水规碑》，白族的《云南鹤庆黑龙潭碑记》《云南宾川永宁桥建桥碑》，傣族的《云南金平永善桥碑记》，回族的《云南云龙飞龙桥建桥碑》，壮族的《广西平果布尧屯砌造通村城墙碑》等。

（4）乡规民约碑，较为典型的有白族的《云南蕨市坪规碑》《云南剑川保护公山碑记》《云南鹤庆公立乡规碑》，彝族的《云南宜良植树护林碑》《云南万户庄乡规碑》，壮族的《广西龙胜龙脊地方禁约碑记》《广西靖西武平立录乡规民约碑记》《广西平果陇尧村规约石碑》，侗族的《广西龙胜平等侗乡民众规约》，瑶族的《广西龙胜改革风俗碑》等。

（5）界址碑，如彝族的《云南武定土官李家唐疆界碑》，傣族的《云南龙陵赖土舍疆域碑》，瑶族的《云南师宗上笼嘎蓝靛瑶村界址碑》，壮族的《广西龙胜分司批明陈、寥二姓河界告示碑》等。

（6）宗祠世系碑，这些碑刻以白族的《云南凤仪董氏本音图略叙》《云南祥云大波那张氏沿革碑》《云南剑川世袭土官司施氏残碑》《云南喜洲积善赵氏宗祠碑序》最具代表性，仡佬族的《广西罗城大梧村孙主堂断祠记》《广西罗城大梧村谢姓二冬宗祠碑》《广西罗城大梧村吴姓二冬祠堂规则碑》，壮族的《广西环江下南乡谭家世谱碑》《广西万承浓内张氏土目宗祠碑》，纳西族的《云南木氏历代宗谱碑》也有很高的历史价值等。

（7）诗文碑，如彝族解元那文风于西山所题《云南西山赠吴道人诗二首》，纳西族诗人杨竹庐、桑映斗所题《云南丽江马龙潭寺诗文碑》等。

（8）纪事碑，如著名的彝族《云南南诏德化碑》，此外有纳西族的《云南丽江石鼓征战碑》，傣族的《云南思茅抚彝碑》，壮族的《广西部丹土州准下教村民韦柏等归内牌照碑》《广西万承土州土官家族头目等分占官田碑》，瑶族的《广西都安安定司世侯潘公凤岗纪功碑》等。

（9）教化碑，如壮族的《广西太平府批准恩城义学年租款项碑》《广西安平土州那这、那造等村重修庐山严庙置产办学碑》《广西恩城分县重修维新书院碑》《广西养利州并页公祠田租归瀛洲书院管收碑》《广西泗城创建云峰书院碑》等。

（10）告示碑，比较具有代表性的如壮族的《广西果化州土官陋规蠲免碑刻》《广西部丹土州免除下甲河村差役牌照碑》《广西恩州土州革除蠧目及禁各项陋规碑》《广西安平土州永定规例碑》《广西太平府详定万承土州夫役名额告示碑》等。

（11）圣旨碑，如白族的《云南凤仪免除董氏土官差役圣旨碑》《广西太平土州奉天承运碑》等。

（12）诉讼碑，如壮族的《广西罗城龙岸乡上地村诉讼碑》（两块）等。

（13）卜卦碑，如纳西族的《云南玉龙北岳卜卦碑》等。

（14）纪念碑，如彝族的《云南纪念李文学神位碑》等。

（15）姓名碑，如壮族的《广西大新土官现年头目姓名碑》等。

西部少数民族在历史上常把本少数民族发生的重大事件、家世源流、土司业绩等内容以汉文镌刻在摩崖上，留下了许多珍贵的少数民族汉文摩崖，较为典型的有：记录家族世系的《云南武定军民府彝族土官知府凤（氏）世袭角色》；赞颂个人功勋业绩的《云南楚雄白族护法明公德运碑摩崖》；题记诗文词律的《云南白沙岩脚纳西木氏土司诗文碑摩崖》《广西大新后岩掌形石痕唱和诗摩崖》《广西安德照阳关岩石石刻对联》；记载历史事件的《云南弥勒彝族纪义汉文岩刻》等。西部很多重要的传世少数民族汉文摩崖尚待进一步发掘和利用。

3. 金文。金文是镌刻在器物之上的文字，其特点是纪实性强，能长久流传于后世。历史上西部少数民族也形成过汉文铭文档案史料，可数量较少，因此更显其价值之珍贵。如现存彝族汉文金文档案主要有：

（1）《南诏铁柱题记》，该铁柱位于云南省弥渡县太花乡铁柱庙村铁柱庙殿中石龛上，柱高 3.3 米，周长 1.03 米，为五节铸成。《题记》刻在铁柱南面中部，长 0.91 米，宽 0.09 米，系直行阳文正书。铁柱《题记》为："维建极十三年（唐懿宗咸通十三年，即 872 年）岁次壬辰四月庚子朔十四日癸丑建立。""建极"为南诏十一代王蒙世隆的年号。《南诏野史》说："（唐咸通十三年）四月庚子，南诏世隆于白崖诸葛武侯所立铁柱之地铸立尊柱八尺。其地界白崖，弥渡、蒙化三境之间。"①

（2）《明成化钟》，现存于贵州省大方县文化馆。《明成化钟》不仅铸刻有彝文，而且还有汉文。钟体共有彝汉铭文八幅，上、下各四幅，每幅高 0.19 米，长 0.54 米，其中仅上三幅的文字基本完整，彝文占一半弱，汉文占一半强。《明成化钟》对研究明代贵州宣慰使安贵荣的历史情况及佛教对彝族上层贵族的影响，有较高的史料价值。

傣族在历史上镌刻在金属器物之上的汉文金文在各傣族地区时有发现，但数量不多。如孟连县博物馆珍藏有用于卜卦的铁台以及土司印制户口册而铸刻有汉文的钢模；西双版纳州档案馆也收藏有上面刻写和尚、佛爷在宗教方面的祝福语和召片领委任书的银箔，这些珍贵的傣族汉文金文在历史研究和文献载体研究方面及傣族金属冶炼、文字铸刻技术研究方面都有很高的历史价值，有待于进一步发掘、整理和利用。西部少数民族汉文金文档案数量不多，载录内容对西部古代少数民族许多珍贵的社会历史情况均有涉及，具有很强的纪实性，是研究西部古代少数民族历史发展的不可多得的宝贵史料。

4. 印章。西部少数民族汉文印章是西部各少数民族地方政权以汉文刻制而成的在本少数民族内部使用的一种印信档案，较为有代表性的如白

---

① （明）杨升庵辑：《南诏野史》。

族大理国地方政权形成的《大理国督爽印》，此印见于云南省博物馆藏大理国保天八年（1136 年）写经《诸佛菩萨金刚等启请仪轨》经卷上。印是用朱红色打在写经经卷上，形状呈方形，边长 64 厘米。

西藏藏族地方政府在历史上也使用汉文产生过部分印信档案，如民国时期形成的《西藏达赖驻重庆办事处印》，汉藏合璧，直纽铜印，高 12 厘米、方、边长 6.2 厘米，藏罗布林卡；《班禅额尔德尼驻京办公处之钤记》，银狮纽铁印，高 8.1 厘米，方、边长 5.7 厘米，藏扎什伦布寺；《西藏班禅驻重庆办事处印》，汉藏合璧，直纽铜印，高 2.1 厘米，方、边长 6.1 厘米，藏扎什伦布寺；《西藏班禅驻绥办公处关防》，汉藏合璧，直纽铜印，高 9.8 厘米，条、边长 9 厘米 ×6.1 厘米，藏扎什伦布寺；《西藏班禅驻川办公处关防》，汉藏合璧，直纽铜印，高 9.8 厘米，条、边长 9 厘米 ×6 厘米，藏扎什伦布寺；《西藏班禅行辕总务处之章》，直纽铜印，高 4.5 厘米，方、边长 2.6 厘米，藏扎什伦布寺①。

傣族土司地方政权除使用历代封建中央政府颁发的土司官印和自制的傣文印信外，还有用一种傣族土司政权和土官自行刻制的汉文印章，现今保存下来的有《车里宣慰使司议事庭印》，系木质长方坛形印，印长 101 厘米，宽 17 厘米，背长 86 厘米，厚 38 厘米，无纽，是民国末期用印；《文昌嗣禄府印》，此印木质，75 厘米见方，背有半圆形木柄，高 3 厘米，印右侧墨写"大清光绪二十八年（1902 年）腊月"，现存盈江县新城区政府署；《刀保图条章》，木质，汉字行书，直行，文曰"刀保图笺卅一·五·一五"九字，系盈江土司刀保图民国时期用印，今存盈江县新城区政府署。

（五）少数民族图像档案文献遗产

少数民族图像档案文献遗产是指新中国成立前，各个历史时期的少数民族先民以绘画、雕刻和铸造等方式记录各少数民族在其社会历史发展过程中产生的社会生活、生产劳动、宗教祭祀，以及舞蹈艺术等方面历史图像，并具有记录历史、传达意图和艺术欣赏价值的一种形象档案文献遗产。少数民族在历史上形成的图像档案文献数量众多，题材丰富，分布广泛，主要有画册、画卷、岩画、木画、照片，以及各种石质、木质和金属

---

① 欧朝贵、其美：《西藏历代藏印》，西藏民族出版社 1991 年版。

造像诸多类型，在载录西部少数民族历史，形象反映各少数民族生产生活的真实状况方面做出了重要历史贡献。

1. 纸质图像档案文献遗产。纸质图像档案文献包括插图、古画册和画卷等。如古画册是以纸质为载体材料，并用手工绘制而成的图画汇集，少数民族古画册各地均有发现，较为典型的有建水民研所搜集到的两本清代彝族《工艺美术图案集》，各收载彝族民间工艺图案、绘画 55 幅，图案色彩丰富，构思独特，极富少数民族特色。丽江东巴文化研究所珍藏有全本东巴跳祭舞的舞谱和画册，如舞谱《嗟模》描绘了动物舞、工匠舞、神舞、灯舞、花舞、法杖舞、弓箭舞等 40 多种不同的舞蹈。这类舞谱还有《跳神规程》《东巴跳舞规程》等。画册则有《鬼牌画册》《佛卷》等，常用于各种东巴祭祀仪式中。

2. 石质图像档案文献遗产。石质图画档案文献是少数民族镌刻、绘制在石质载体之上的图像档案文献，按载体形式又可划分为崖画、石壁画、画像石、画像砖和石窟造像等类型。西部少数民族在历史上形成的崖画在各少数民族地区都有遗存，具有年代久远，崖画画点分布广泛，内容涵盖范围广的重要特点。如新疆岩画主要分布在阿尔泰山、准格尔山区、天山北坡。而在天山南坡、帕米尔高原、昆仑山、喀喇昆仑山也都有分布，但画点比北疆少。具体分布在乌鲁木齐市和乌鲁木齐县、青河县、富蕴县、福海县、阿勒泰市、布尔津县、哈巴河县、吉木乃县、和布克赛尔蒙古自治县、额敏县、塔城市、裕民县、托里县、伊吾县、巴里坤县、木垒县、奇台县、吉木萨尔县、阜康市、米泉县、昌吉市、呼图壁县、玛纳斯县、博乐市、温泉县、伊宁县、巩留县、昭苏县、霍城县、特克斯县、尼勒克县、新源县、哈密市、鄯善县、尉犁县、拜城县、温宿县、喀什市、塔什库尔干塔吉克自治县、叶城县、皮山县、且末县、阿合奇县、和静县等 40 多个区县。除反映狩猎、放牧、采集、舞蹈、宗教和战争内容外，最为显著的是许多岩画中都彩绘女性生殖器的图形，反映了母系氏族社会时期对女性的生殖崇拜。这些彩绘岩画至今有 5000—10000 年的历史，充分展现了原始先民在母系氏族社会到父系氏族社会的活动历史①。再以云南省现存崖画为例，迄今为止，云南省发现崖画的县有沧源、耿

---

① 苏北海：《新疆岩画》，新疆美术摄影出版社 1994 年版，第 22—25 页。

马、怒江、元江、路南、弥勒、邱北、宜良、西畴、麻栗坡等县，共计
23 个画点，1500 多个图像，这些岩画最早的可以追溯到东汉魏晋时期，
主要表现为狩猎、放牧、农业、战争、祭祀、交媾、舞蹈、杂技、服饰、
建筑、村落、车辆和船只等生产生活内容，常使用黑、白、红三种颜色，
红色调以牛血调和赤铁矿作为绘画原料。这些岩画以其原始性、神秘性和
独特的艺术风格，展现了云南少数民族先民的生产生活画面，对研究各少
数民族原始先民的社会状况、审美心理和艺术风格均有极高的史料价
值[1]。此外，广西左江流域以及青藏高原等地都发现了大量的少数民族古
老岩画，这些岩画历史悠久、原始性强，有待于进一步发掘、整理、研究
和利用。

3. 木质图像档案文献遗产。木质图像档案文献种类较多，有木牌画、
木器图像、木壁画和木刻雕像等。木质图像档案文献大都产生于各少数民
族的原始宗教祭祀活动，如彝族在举行驱鬼祭仪时，都要在木牌上画鬼
像，背面刻写彝文咒语；景颇族在每年的春播前要举行一次重大的祭地鬼
活动，以两根木桩代表地鬼夫妇，男桩自上而下以红黑两色共画有与景颇
族男子生产活动有关的工具和动物及其他图像 18 种；女桩上绘有与景颇
族女子的生产、生活有关的物件图像 10 种，既表达了人们祈求丰收的愿
望，也反映了景颇男女分工合作的生活画面。丽江纳西族在祭祀活动中大
量使用木牌画，其中又分为尖头木牌画，主要画护法神、日月星辰、龙
王、大鹏、狮子、各种敬神之宝物、神像以及在地狱中的鬼怪精灵；平头
木牌画，主要画地狱中的鬼魂和非正常死亡之形象。这些木质图像档案文
献遗产对了解各少数民族原始宗教仪式和宗教艺术均有历史参考价值。

4. 布帛图像档案文献遗产。布帛图像档案文献包括卷轴画和经画等
类型。以傣族经画为例，傣族信奉小乘佛教，素有创作经画的历史习俗。
经画按载体的不同又分为壁画和布画两类，其中，布画傣语叫作"赕
听"，系赕佛的施主请画工制作，然后再赕给佛寺。布画的作者多为以绘
制经画为副业的农民，水平参差不齐，但作品富于乡土气息。尺寸多是三
幅布宽，约为 1.6 米×2.5 米。大的布画挂在列柱之间，另有甚小者则制
成幢帽，插于佛龛附近。布画以土布为底，涂上一层白垩土，略加磨光才

---

① 张增祺：《中国西南民族考古》，云南人民出版社 1990 年版。

画。先勾轮廓，然后再用半透明的颜色（或涂料）着色，所绘画面色彩古朴鲜明。经画的内容，多数是贝叶经中的故事，主要来源于佛本生经、地狱变相、民间传说和其他经书四个方面。

5. 金属图像档案文献遗产。金属图像档案文献又包括金属器皿画和金属造像等种类。少数民族制作的金属器皿画中最具代表性的是铜鼓画。铜鼓遍体用青铜铸成，分为鼓面和鼓身两大部分。鼓面正圆，中间有凸出的光体，光体向外放射出多角花纹称光芒。光体和光芒合称太阳纹。其中有一圈圈带状花纹，称晕带或晕圈。铜鼓身分三段，上部称鼓胸，又叫胴；中部是腰，下部是足。铜鼓大多刻画有装饰性图案或花纹，如万家坝型铜鼓鼓身装饰有弦纹、云雷纹等，鼓内壁装饰有鲜鱼纹；石寨山型铜鼓鼓身主要装饰有牛纹、鹿纹、船纹（包括渔船、交通船、战船、游戏船、竞渡船、海船和祭祖船等）。这些图案花纹生动写实，再现了少数民族先民生产、生活和宗教祭祀等方面的真实画面①。

第二节　西部民族档案文献遗产特点与价值

一　西部民族档案文献遗产的特点

西部少数民族档案文献遗产作为民族历史传统文化的沉淀有如下鲜明的特点。

1. 数量丰富。得益于得天独厚的历史条件、民族条件和地理环境，西部地区保存下来的少数民族档案文献遗产为数众多。以西部少数民族文字档案文献为例，迄今为止，内蒙古自治区各级地方档案馆收藏有从元代开始，用蒙古、满、汉、藏等多种文字形成的西部少数民族古籍文献计213万多卷，其中蒙古文书写的古籍就有88951卷。满文档案遗产有200万（件）册，涉及西部少数民族的有50万（件）册以上。回鹘文文献除我国收藏的一部分外，大部分都流失到了国外。近一个世纪以来，各国学者研究、刊布了数以千计的回鹘文文献②。今天保存下来的佉卢文献大都流失国外，以斯坦因在新疆德尼雅、安得悦和楼兰遗址所获最为丰富，多

---

① 李昆声：《云南艺术史》，云南教育出版社 1995 年版，第 80—99 页。

② 张公瑾、黄建明：《民族古文献概览》，民族出版社 1997 年版，第 392 页。

达 757 件，已由波义耳、拉普森等合作转写刊布①。藏文古籍仅西藏自治区古籍馆珍藏的就有 90 个全宗 300 多万册（份）。国内各地保存下来的东巴经有 2 万余册，流失海外的东巴经有 2 万多册。国内分布的彝文纸质古籍现有 5 万余（件）册，另有部分彝文古籍散失海外。傣文纸质、贝叶古籍有 8 万余（件）册。普通水书有 560 余种。西部少数民族文字碑刻有数千余方，其中仅彝文碑刻就有近千块。西部少数民族文字摩崖有数百处。各种西部少数民族文字印章有数千枚。这些西部少数民族文字档案文献数量丰富，内容涉及西部少数民族社会历史发展的各个领域，是西部少数民族档案文献遗产的核心构成部分。

2. 种类繁多。西部少数民族档案文献遗产按文字符号可划分为维吾尔文、蒙古文、藏文、彝文、傣文、东巴文、白文、壮文、苗文、瑶文和水书等档案文献；按载体形式可分为石刻档案、摩崖档案、器物档案、竹木档案、布帛档案、羊皮档案、兽骨档案、陶片档案、贝叶档案、纸质档案；按内容可划分为政治、历史、经济、军事、天文、历法、医药、文艺、哲学、伦理、宗教、民俗、译著和语言文字诸多类别；按文件名称可划分为诏、题、奏、疏、法规、令、条例、布告、公约、呈文、书、移、咨、信、账簿、契约、家谱、盟约等；按现存方式可划分为古籍、文书、石刻、印章、金文等类别。

3. 内容涉及面广。西部少数民族档案文献遗产是各民族在长期社会实践活动中产生形成的，汇集了众多西部少数民族先民在社会历史发展过程中各个领域所创造的历史文明与文化结晶。如云南清代德宏土司在治理傣族地区的历史过程中产生了为数众多的汉文文书，文书内容涉及政务、经济、军事、任职、诉讼、鸦片、宗教等诸多方面。留存至今的政务类文书有同治十三年（1847 年）《腾越绅众为"马嘉里事件"致李珍国信函》，民国三十五年（1946 年）《猛卯安抚司控告设治局横征强派的呈函》《方克光呈报卢汉及滇西边区开发意见》，民国三十八年（1949 年）《陇川土司龚绥关于地方选举致陈时策函》等；袭替类的有光绪十七年（1891 年）《易武土把总关于保举曹文彬袭倚邦土职保结》《倚邦土职族舍关于土官曹瞻云于寨内遇匪行刺身亡是实结状》，民国十九年（1930

---

① 张公瑾、黄建明：《民族古文献概览》，民族出版社 1997 年版，第 613 页。

年)《盏达思鸿升要求复土司职的报告》（2 份，附《龙云等的批复》），民国二十六年（1937 年）《南甸宣抚司呈报袭职清册》《亲供》《陇川宣抚司加衔宣慰司历代世职宗册图》等；经济类的有嘉庆十七年（1812 年）《刀德高的当约》，道光二十六年《刀富国的当约》《西双版纳倚邦土司关于预卖公费茶立约》，光绪三十二年《干崖土司发给刀洛勐口粮田执照》，民国八年《干崖土司借契》，民国二十八年（1939 年）《盏西地区征收屠宰数》等；军事治安文书尚有嘉庆十九年（1814 年）《盏西土目关于昔董仇杀给腾越当局禀》，同治九年《盏西团坡防守地方合同》，民国三十七年（1948 年）《瑞丽山官头人致畹町当局及警察局的公函》，民国三十八年（1949 年）《方克胜呈报畹町帮会冲突的代电》等；司法诉讼性的有咸丰六年（1856 年）《神护关杨姓田土讼案》，咸丰九年（1859 年）《神护吴杨姓讼案》，同治九年（1870 年）《盏西一村人说错话后的认罪保结》，光绪三十四年（1908 年）《昔马杨氏典卖田地中人作梗的讼案》，民国元年（1912 年）《怕撒山字为保护寨子给盏西抚夷孟氏的报告》等。这些文书古籍数量丰富，内容涵盖德宏傣族地区社会历史发展的各个领域，是研究清代云南傣族社会发展情况的重要文献材料。再以少数民族谱牒为例。原勐海土司署文书官帕雅龙欠宛贡珍藏有一份《车里宣慰世系》，《世系》载录了 763 年间车里宣慰司刀世家族世系源流、土司在位时间、历史业绩、辖境变更及子女配偶情况，并附录西双版纳发生的重大历史事件、开朝皇帝划绘宣慰使管辖的疆域、宣慰使司职官制度和各级官吏接待礼仪、宣慰署运转制度、税银礼金征收制度以及西双版纳土司与各地土司睦邻关系等方面的内容，史料翔实，有很高的历史查考价值。

4. 有较强的原生性。西部少数民族档案文献遗产的原生性首先表现为形成者的原生性。西部少数民族档案文献是由少数民族本身形成的，具体而言，是由少数民族土官（土司）、贵族、文书、巫师、和尚、民间歌手、师爷以及其他民族知识分子在处理各种民族事务活动中撰制而成，是一种原始档案文献。其次，形制的原生性。以载体材料为例，各民族所采用的档案载体材料有棉纸、草纸、宣纸、贝叶、石质、兽皮、麻纸、树叶、兽骨、木板、竹片、布帛、陶片、青铜器皿等类型，如傣族基于本民族文化传统和当地植被环境，大量使用贝叶作为书写材料；藏族、彝族等主要居住在山区，石质材料随处可得，因而所产生的碑刻、摩崖档案文献极其丰富。这些档案载体材料繁多，体现了鲜明的民族原生性特点。最后，载录的原生性。西部少数民族档案文献是少数民族自身形成的，所记录的大多是他们的思想、观念与当时发生的重大事件和存在的历史事实，准确地反映了各少数民族社会实践活动的真实历史面貌，朴实可靠，是一种真实记录西部少数民族社会历史发展状况的权威性档案文献材料。

二 西部民族档案文献遗产的研究价值

1. 对历代封建王朝在地区设治经营情况有重要研究价值。历代封建王朝重视对西部民族地区的开拓经营，采用"羁縻"政策，任用少数民族土官对各民族地区进行管理。如《干崖宣抚司刀氏傣文家谱》记载："忆我始祖郗忠国，祖籍为南京上元县人。明洪武三年，皇帝命郗忠国随从由云南永昌来的大军征讨思机法叛乱，于是思机法从勐卯（瑞丽）逃往阿哈姆（缅甸）避难。郗忠国因军功，皇帝授郗忠国为干崖长官司世职。"① 家谱从干崖第一代土司郗忠国于明洪武三年（1370 年），领兵征敌有功被封为干崖长官司世职，记述到咸丰六年（1857 年）护印官刀如玉率族人与杜文秀将领大寿平争战之时，约 487 年间的历史，所录史实较之盈江县档案馆保存的刀氏家谱更为具体详尽。《遮放土司世袭史》，记述多氏家族一世祖多怀们于明正统元年（1436 年）从征勐卯有功被授陇川宣抚司副使之职，居遮放，至傣历甲戌年（光绪二十六年，1900 年）司官多立德"崇尚佛法三宝，遵循佛祖的十戒治理地方"之时，共 464 年间遮放土司的家族发展史②。这些傣族土司谱系提供了历代封建王朝在少数民族地区设治经营情况的原始材料。

13 世纪初，元朝统一中国，西藏地方作为元朝的一个行政区域，设置"乌思藏纳里速古鲁孙等三路宣慰使司都元帅府"，隶属于宣政院。从元世祖忽必烈封八思巴为帝师始，元代每朝皇帝必尊奉一位帝师，遂成定制，均颁发给金册、诏书和宝印。如西藏档案馆珍藏的 1295 年《扎巴斡色帝师法旨》说："西夏鲁寺管辖之世俗百姓：皇帝御赐衮布贝金册和诏

---

① 德宏州史志办编：《德宏史志资料（第十一集）》，德宏州民族出版社 1988 年版，第184—185 页。

② 同上书，第80—90 页。

书。依委任之规定，我亦委他为你等之首领。你等要遵从衮布贝之言，按时完成国法之事（节选）。"历任帝师作为中央朝廷命官，执行朝廷意旨，行使西藏地方主权。此外，元朝中央王朝对西藏以萨迦派为首的宗教领袖加以掌封赐印。传世藏印极为丰富，主要有元代《三"萨"印》，藏历土猴年（1848 年）道光皇帝颁赐三世嘉木样活佛的满、汉、藏合璧《扶法禅师之印》，民国三年（1914 年）中华民国政府颁发给第四世嘉木样活佛的满、汉、藏合璧《广济静觉妙严禅师嘉木样沙特巴呼图克图之印》等。这些藏印具有较强的权威性，是见证历代西藏地方与中央政府关系发展历史的珍贵档案材料。

2. 对西部少数民族社会历史发展情况有重要研究价值。西部少数民族档案文献对各民族社会历史发展情况载录极为丰富。如《慕格山出土文献》是唐代形成的民族文字外贸文献，由旅居中国的粟特商人书写而成，约形成于 7—8 世纪。《慕格山出土文献》共有 89 件，包括 84 件粟特文文书（其中 5 件背面也写有汉文文书）、2 件阿拉伯文文书，此外还有 3 件汉文文书。这些文书有的写在纸上，有的写在羊皮上，有的写在木简上。内容为契约、政治性和经济性文书。1934 年在塔吉克斯坦的慕格山附近遗址出土。《慕格山出土文献》为粟特商人所撰，历史悠久，原始性强，是研究中原唐朝与周边地区政治经济关系的重要文献材料[①]。盈江县档案馆珍藏有干崖土司刀氏家谱一册，凡 24 页，页 23 行，"盖在光绪年间刀安仁时续修而成"。《家谱》首先记述了"始祖郗忠国，祖籍南京上元县人。明洪武三年，皇帝命郗忠国随从由云南永昌来的大军征讨思机发叛乱……郗忠国因有军功，皇帝始授郗忠国为干崖长官司世职"，到 21 世纪祖刀盈廷于光绪十四年年老告替止干崖刀氏土司家族的世系源流；其次，《家谱》对各代土司的承袭、婚配、辖地以及对地方的管理状况亦作详细记录。干崖刀氏土司崛起于明朝初年，兴盛于明清两朝，历时五百余年。这本家谱为探讨干崖刀氏土司家族发展史和干崖傣族地方发展史，提供了可靠的第一手材料。东巴经《鲁般鲁饶》由两部分组成，前半部讲述处于奴隶社会阶段的纳西族先民于 3 世纪从所居住的定筰（四川盐源）地迁徙往金沙江上游地带的历史过程；后半部记述了他们进入金沙江上游

---

① 张公瑾、李冬生：《中国少数民族古籍集解》，云南教育出版社 2006 年版，第 299 页。

地区的生产生活状况。从经书所反映的婚姻父母做主，门阀、贞操观念的产生和使用的金银饰物、生产工具以及青年集体逃婚后男女成双成对地建家立寨的社会历史情况看，纳西族已经发展进入了封建社会初期。经书的内容印证了汉文史志关于纳西族迁徙发展历史的记载，对研究纳西族奴隶社会向封建社会的过渡提供了可靠的档案佐证材料。

3. 对西部少数民族宗教的形成发展情况有重要研究价值。西部少数民族大多信仰原始宗教、佛教和道教等，许多民族都以本民族文字形成了宗教经书，这些经书除记录本民族宗教的起源发展、教规教义外，内容还涉及社会历史发展的各个领域。《吉祥轮律仪》为回鹘文密宗文献，1907年斯坦因发现于敦煌，现藏伦敦大英图书馆，编号 Or. 8212—109，册子式，共 63 叶（126 面），1430 行。文中夹写有汉字和婆罗米文。关于该文献的作者、译者和抄写年代，书中记载道："此为纳若巴大师讲说之真义，由萨迦僧人大法师法幢写，哈密尊者阿奢梨遵佟巴大师之令翻译，至正十年（1350 年）虎年六月初四我三鲁克沁城之后学萨里都统奉阿速歹王子之令抄写。"内容可分为四部分：第一部分为"死亡书"之节本，讨论"处于生死之间及由此得到再生之方法"；第二部分为"四种次序成就法"；第三部分为纳罗巴"六法"学说；第四部分为"对吉祥轮律仪的六种礼拜"。《吉祥轮律仪》"由萨迦僧人大法师法幢写"，是研究回鹘佛教及语言的珍贵材料[①]。

壮族自古盛行祖先崇拜，老人归天后要请布摩念唱超度经文喝泰，所念经书有《请土地》《报德经》《悼念经》《亿恩经》《寻路经》和《送祖经》等。内容主要表达对逝者和祖宗的悲痛哀悼和一片缅怀之心。布摩在念《寻路经》时，还要追述归祖途中远古时代狩猎的情景。超度经书不仅对研究古代壮族原始宗教信仰情况有重要的史料价值，同时也提供了壮族先民迁徙发展和生产生活状况的真实历史情况。此外，《太平经》《灵宝经》《三皇经》《阴符经》《太上感应经》等对研究古代壮族道教，《金刚经》《地藏经》《无量经》对探讨古代壮族佛教情况都有极其珍贵的史料价值。

4. 对西部少数民族文学艺术有重要研究价值。西部少数民族能歌善

---

① 张公瑾、李冬生：《中国少数民族古籍集解》，云南教育出版社 2006 年版，第 180 页。

舞,在漫长的历史进程中,勤劳智慧的各族人民创作了大量文艺作品,其种类有神话、民间传说、诗歌、谚语格言、散文、小说和文艺理论等。如东巴教的舞蹈是一种宗教舞蹈,也是纳西族的传统古典舞。东巴舞蹈反映纳西族人民的生活剪影,保留了民间舞蹈的精华,且造型鲜明,气氛庄重,有很高的艺术欣赏价值。东巴在《舞蹈教程》《舞蹈的来历》等经书中,用图、文兼有的东巴文记下了纳西古乐舞蹈的类别及跳法。舞谱自成体系,以图画象形文字与符号标记,对舞蹈的姿势、动律、场位、路线、特殊造型、技巧和乐舞器用法等都作了细致的描述,是国内西部少数民族中极其罕见的舞蹈专著,有很高的发掘利用价值。

古代彝族不仅产生了如叙事长诗《阿诗玛》、歌谣《云南彝族歌谣集成》、剧目《阿佐进阴间》、英雄史诗《支格阿龙》等优秀的文艺作品,近年来,贵州彝族地区还发现了论述彝族古代文艺理论的彝文专著《彝族诗文论》。该书为南北朝时期著名毕摩举奢哲所著,通过阐述"历史与诗歌""论诗歌与故事""经书的写法""医书的写法""谈工艺制作"五方面的内容,系统地阐述了古代彝族文艺理论思想,是研究古代彝族文艺创作理论思想的珍贵档案文献。

5. 对西部少数民族科技状况有重要研究价值。西部少数民族先民在长期的生产生活实践中,逐渐形成了大量关于天文、历法、植物、动物、医药、农业、手工业、畜牧业、矿产等方面的知识,记载在科技档案文献之中。如壮医萌芽比较早,到土司时代,官方开设有医学署,明代多达40多处。民间与官方结合,使壮医得以发展,并留下许多珍贵的壮文医书。壮文医书多载录壮族地区的多发症、常见病和民间诊、疗之法,收录壮药多达两千种,常用六百余种,著名验方数百余个。云南南华县属彝村哈苴何家小村山神庙供奉有一块珍贵的《十二兽日历碑》,该碑长0.3米,高约0.2米,厚0.03米,碑题译为"母虎纪日谱"。碑题下刻两列日序或日谱,自左而右排列两行,以彝文镌刻"虎、兔、龙、蛇、马、羊、猴、鸡、狗、猪、鼠、牛"12兽名,用以推算日序。这是迄今发现的对研究古代彝族著名十月太阳历有重要参考价值的最完整的一块彝文日历碑。西双版纳景洪县大勐笼大塔山遗存有一方《大勐笼傣文九曜碑》,石碑标题译为"祈祷二十八尊佛,战胜一切敌人"。碑文中有"傣历1162年(1801年)庚申年×月×××2西日周2"以及"官家百姓全体""协商""五百五十钱"等字。石碑的碑首刻有四幅用以推算时间的九曜位置图，此图推算出的时间正好是碑文中所标志的傣历 1162 年。据考证此碑是为纪念西双版纳各族人民共同抵御外敌入侵，重建家园而在寺庙中捐资修建的，碑首的九曜位置图对研究傣族的天文历法知识有宝贵的科研价值。此外，云南新平县新化乡雨勺村还发掘到一块彝文水文碑，碑文内容有待于进一步译注考察。①

6. 对西部少数民族文字的起源与发展情况有重要研究价值。如傣族先民所撰《音韵诠释》就是一部专门讲解西双版纳老傣文的字母、发音和拼写方法的傣文语文学专著。该书把老傣文 41 个基本字母划分为 8 个元音字母和 33 个辅音字母，并对这 41 个字母按发音方法与发音部位分别加以说明。书的最后一部分专讲拼音与拼写方法。值得注意的是书中所使用的音韵术语都借自印度的巴利语，而且傣文 41 个基本字母的数量与顺序也与巴利语字母完全一致，这说明傣族语言文字曾受印度文化很深的影响。该书对于研究傣语傣文的演变和发展情况有重要的查考价值。可资研究的傣语文专著还有《字母经》《经文解释和语言学》《傣文典大全》《语文诠释》《经文词语诠释》等。再如东巴经是纳西族用一种古老而独特的文字符号记载下来的，人们称这种文字为"东巴文"，它是当今世界上罕见的仍流行于民间的活象形文。近百年来，国内外的若干学者曾先后收集和研究过这种文字。现今，国内东巴文学者搜集整理出的单字约有一千三四百字。东巴象形文及《东巴经》不仅对于研究纳西族社会历史和语言文学有重要的史料价值，对研究世界语言文字的起源、发展与完善也是极为珍贵的原始参考材料。

除上述方面外，西部少数民族档案文献遗产还涉及哲学伦理、文化教育、军事武术、心理学、民风民俗诸多方面，有极高的史料价值。

---

① 张公瑾、黄建明：《民族古文献概览》，民族出版社 1997 年版，第 288 页。

第 三 章

西部现存民族档案文献遗产
散存状况与问题

第一节　西部现存民族档案文献遗产散存状况

我国西部分布有 40 多个少数民族，这些少数民族在历史上产生了古朴的民族文化，形成了极其丰富的民族档案文献遗产。从分布区域看，西部民族档案文献遗产主要分布在内蒙古、新疆、甘肃、青海、宁夏、陕西、西藏、四川、重庆、贵州、云南、广西 12 个省区。从保存状况看，大多散存在各省区的文化机构或政府部门，如档案馆、图书馆、博物馆、民委（或民宗局）古籍办、民族研究所、文化馆、群艺馆、史志办、海关和政协等。此外，尚有大量珍贵的民族档案文献遗产散存民间。西部各民族地区保存下来的少数民族档案文献遗产极为丰富，依据课题前期研究工作和补充调查，以及相关文献材料的记录补充，民族档案文献遗产的分布保存情况如下。

一　维吾尔族档案文献遗产散存状况

（一）维吾尔族档案文献遗产各单位散存状况

1. 维吾尔文档案文献遗产。维吾尔族档案文献遗产主要分布在新疆维吾尔自治区。据统计，新疆全区已搜集、登记造册或掌握情况的民族古籍、文书等有近 4 万册（件），各单位搜集、登记造册的有 23338 册（件），已掌握的民间收藏的有 15000 多册（件），其主体是维吾尔族档案文献，核心是维吾尔文字档案文献。从收藏单位情况看，保管最多的是民宗委古籍办系统，仅新疆自治区民宗委古籍办就有 6169 册（件），并且多数为 100—500 年的民族档案文献。各地州市古籍办收藏 4752 册（件），其中，伊犁州民宗委古籍办有 700 册，巴州民宗委古籍办 74 册，博州民宗委古籍办 140 册，昌吉州民宗委古籍办 400 册，克州民宗委古籍办 380 册，阿勒泰地区民宗委古籍办 451 册，塔城地区民宗委古籍办 326 册，哈密地区民宗委古籍办 398 册，吐鲁番地区民宗委古籍办 200 册，阿克苏地区民宗委古籍办 256 册，喀什地区民宗委古籍办 800 册，和田地区民宗委古籍办 474 册，乌鲁木齐市民宗委 144 册，克拉玛依市民宗委 9 册。此外，各级图书馆、博物馆等收藏 2710 册（件），其中，仅新疆社科院图书馆收藏的就有 2000 余册。自治区博物馆珍藏有大量少数民族文字形成的文书、简牍，除维吾尔文外，还包括汉文、卢文、梵文、吐蕃文、阿拉伯文和波斯文等多种文字书写的档案文献遗产[1]。自治区图书馆收藏有部分回鹘文、察合台文、波斯文、阿拉伯文等古籍文献，其他还有一些用汉文记录的维吾尔族档案文献。

除新疆外，中国民族图书馆现藏有维吾尔文档案文献 300 余册（件）。其中，古籍类有 193 册，各种契约 97 件。按文种可分为察合台维吾尔文、波斯文、阿拉伯文、阿拉伯文 – 波斯文古籍。馆藏重要维吾尔文档案文献有《和卓传》《穆圣传》《麦西来甫诗集》《帝王书》《道德准则》《铁匠书》《工艺经》等[2]。甘肃酒泉市文化馆保存有一块回鹘文《大元肃州路也可达鲁花赤世袭碑》，碑文用汉文和回鹘文书写，立于元顺帝至正二十一年（1361 年），内容记录了一个唐兀族家族自西夏灭亡后，至元朝末 150 年间六代 13 人的官职世袭及其仕事元朝的情况[3]。1933 年，在武威县北 30 里石碑沟一带出土了一块回鹘文《亦都护高昌王世勋碑》，现仅存原碑下半段，高 1.8 米，宽 1.62 米，约为全碑的五分之二，现藏甘肃省武威县文庙石刻室。

2. 维吾尔族汉文档案文献遗产。维吾尔族汉文档案文献主要分布在新疆、甘肃等省区。如新疆各大图书馆收藏的涉及维吾尔族内容的汉文文

---

①　易雪梅、金颐：《西北地区古籍文献资源存藏现状概述》，《社科纵横》2008 年第 9 期。

②　《馆藏维吾尔文古籍概述》，中国民族图书馆，http：//www.celib.cn/。

③　张公瑾、黄建明等：《民族古文献概览》，民族出版社 1997 年版，第 375—376 页。

献约 40 万册，其中许多都具有民族档案性质。如新疆自治区图书馆总藏书量近 130 万册，古籍图书 8 万余册，包括了大量维吾尔族在各个历史时期形成的汉文档案。此外，在中国科学院新疆分院文献信息中心征集到 12 万多册，新疆社会科学院图书馆、自治区博物馆珍藏的 1 万余册，以及各地州图书馆、博物馆系统收藏的维吾尔族古籍文献中，都蕴藏有丰富的维吾尔族汉文档案文献遗产。新疆、甘肃等收藏的维吾尔族汉文档案文献中，最具特色的是敦煌遗书。敦煌遗书是指在甘肃省敦煌县莫高窟出土的多种文字的古写本及印本，多为维吾尔语、藏语、回语和汉语等形成，以维吾尔语形成的最为丰富。敦煌遗书包括 5—10 世纪间几百年的古代文献，内容为佛教等宗教经典、经史子集等古书古写本、古织绣绢画和契约等。其中文书、经卷写本时间上迄晋安帝义熙二年（406 年），下至宋太宗至道三年（997 年），尤以唐、五代为多。书写文字包括汉、藏、回鹘、于阗、龟兹、突厥、粟特和梵文等。汉文遗书主要是佛教等宗教典籍，还有部分历史、科技、文艺古籍，以及一些公私文书。现存敦煌遗书总数有 50000 余件，汉文文献在 40000 件以上，这些重要文献分别为新疆、甘肃、青海等省区的图书馆、档案馆、博物馆或民族研究所珍藏。如青海省博物馆珍藏的"敦煌经卷"系隋或唐初写就，是佛经《羯摩经》抄本。全长 17 米，共 16790 余字，是一部有关佛教戒律和忏悔内容的经典①。敦煌市博物馆珍藏有敦煌藏经洞出土的文书、写经和汉简等，其中，卷轴式写本有 315 卷。敦煌遗书收藏最多的是国家图书馆，收藏主体是清末从敦煌运京的敦煌文献。现今，所藏总数为 16500 号左右，主要为汉文，也有少数藏文、回鹘文等民族文字遗书，有数百号。此外，还有确切纪年最早的写本《律藏初分》，以及《尚书》《春秋》《舞谱》摩尼教经典和《姓氏录》《法华经玄赞》等敦煌遗书中的稀世精品。

（二）维吾尔族档案文献遗产民间散存状况

1. 纸质档案文献遗产。新疆、青海和甘肃各省区民间都散存有纸质维吾尔族档案文献遗产，其中以新疆民间散存的维吾尔族纸质档案文献最为丰富，据民宗局登记材料统计，新疆各地民间收藏的纸质档案文献有 15000 多册（件），其中，各地清真寺和相关机构收藏约 11319 册（件），

---

① 馆藏珍品，青海省博物馆，http：//www.qhmuseum.cn/。

各地区民间的民族群众也都保存有部分维吾尔族档案文献遗产，这些珍贵的维吾尔族古籍、文书有待于进一步普查征集。

2. 石刻档案文献遗产。维吾尔族历史石刻、石绘档案主要分布在新疆、甘肃和青海等省区，其中最为典型的是新疆岩画文献。新疆岩画具体分布在乌鲁木齐市和乌鲁木齐县、青河县、富蕴县、福海县、阿勒泰市、布尔津县、哈巴河县、吉木乃县和阿合奇县等40多个区县。主要反映狩猎、放牧、采集、舞蹈、宗教和战争内容等。这些彩绘岩画至今有5000至10000年的历史，充分展现了西部原始先民在母系氏族社会到父系氏族社会的活动历史。新疆还遗存有许多维吾尔族碑刻铭文，如甘肃酒泉市发现一块回鹘文《大元肃州路也可达鲁花赤世袭碑》，碑石高2.36米，宽约0.91米，现藏酒泉市文化馆。1933年左右，在武威县北30里石碑沟出土一块回鹘文《亦都护高昌王世勋碑》，现仅存原碑下半段，高1.8米，宽1.62米，现藏甘肃省武威县文庙石刻室。甘肃省酒泉市西南的文殊山石窟现存有《有元重修文殊寺碑》，此碑高1.24米，宽0.74米。正面为汉文，背面为回鹘文。此碑立于326年，立碑人为喃答失太子。西北民间还遗存有许多突厥语族文字小碑，这些小碑的文句通常很短，多为"呜呼，吾今离开了吾之部落"等内容，间或也有谈到本人生前事业的。此外，还有一些著名的碑刻散存在蒙古国。如可汗碑《阙特勤碑》立于今蒙古国和硕柴达木地区科克辛－鄂尔浑河岸，乌兰巴托以西400公里。《九姓回鹘可汗碑》为古代突厥文、汉文、粟特文三体碑铭，立于唐元和九年（814年），1890年发现于今蒙古国鄂尔浑河畔的哈拉巴喇哈逊（黑虎城）遗址[①]。1965年，在吐鲁番英沙古城遗迹发现《回鹘文木柱文》，系西州回鹘王国前期建寺奠基发愿文。木柱立于西州回鹘王国前期，约18世纪以前，内容记述比丘尼乌枕南和公主库图鲁格推尊等功德善行，修建寺院和佛塔的事。同时出土的还有回鹘文占卜木简、回鹘文写本佛经残卷、桦树皮汉字文书、晋人《三国志》抄本等。木柱现藏于新疆维吾尔自治区博物馆。

3. 口述档案文献遗产。维吾尔族民间蕴藏有丰富的口述档案文献遗产，其类型有创世神话、歌谣、叙事长诗、历史传说、民间故事和谚语

---

① 张公瑾、黄建明等：《民族古文献概览》，民族出版社1997年版，第338—415页。

等。如民间歌谣是维吾尔族人民在长期生产、生活中创作的有曲调和旋律的，可以演唱的韵文，多和说唱艺术相结合。维吾尔族说唱形式主要有达斯坦、柯夏克等。达斯坦有长篇和短篇，长篇有故事情节，短篇通常反映新鲜事物或爱情。其他重要口述档案文献有创世神话《库马尔斯》；神话故事《卜古可汗的传说》《儿子们的责任》《巫婆的后果》；历史传说《乌古孜可汗》《季帕尔汗（香妃）》；人物传说《喀喇布格拉汗》《乌古斯汗》《射摩的传说》《英雄艾里·库尔班》；族源族名传说《维吾尔人》《十姓回鹘与九姓乌古斯》《刀郎人》《塔兰奇》；地名传说《塔克拉玛干》《阿克苏》；动植物故事《燕子与蛇》《牛的传说》《生肖》《哈密瓜》；生活和童话故事《聪明的姑娘和残暴的可汗》《桑树下的阴影》《下宝石的鸡》；叙事长诗《塔依尔—祖赫拉》《艾里甫—赛乃姆》《箱子里的漂亮公主》《机灵鬼》；寓言《狐狸的分配》《老鼠的会议》；谚语《飞鸟凭双翼，男人靠骏马》《懒汉迈门槛，犹如过达板》等。

二 蒙古族档案文献遗产散存状况

（一）蒙古族档案文献遗产各单位散存状况

1. 纸质档案文献遗产。这类档案文献的主要构成部分是蒙古文档案文献。根据《中国蒙古文古籍总目》统计，全国收藏蒙古文档案文献的档案馆、图书馆、博物馆、图书资料室共有 100 余家。这些文献包括从 13 世纪到新中国成立前七百多年的各种蒙古文版的文书、抄本、印刷本、影印本和碑文拓片等①，数量极为丰富。以档案馆保存的蒙古文文书为例，元代文书主要藏于西藏自治区档案馆，明代和清代文书档案主要藏于中国第二历史档案馆、辽宁省档案馆、西藏自治区档案馆。清代初期和民国时期的文书档案在全国范围内均有收藏。在内蒙古自治区，蒙古文文书主要保存在内蒙古自治区档案馆、阿拉善左旗档案馆、鄂尔多斯市档案馆、土默特左旗档案馆、突泉县档案馆、莫力达瓦达斡尔族自治旗档案馆、呼伦贝尔市档案馆等。据不完全统计，全国保存的蒙古族文书档案约

---

① 《中国蒙古文古籍总目》编委会：《中国蒙古文古籍总目》，北京图书馆出版社 1991 年版。

有 20 万卷 100 万件①。如内蒙古自治区档案馆系统收藏有以蒙古文、藏文、满文或汉文等产生的文书档案 213 万多卷。其中，蒙古文历史文书始自元代，共有 151292 卷（册、件）。清朝蒙古文文书有 7497 卷，零散文件 111353 卷，共计 118847 卷（册、件）。民国时期蒙古文文书有 199 卷，31043 件。革命历史文书 862 件②。在图书馆系统，收藏较为齐全的是中国民族图书馆，该馆搜集的蒙古文古籍有近 200 种 1000 册（函）。其中，宗教古籍有 70 种 100 多函，主体为佛教文献，包括两种占卜文献。此外，还包括部分历史、文艺、科技等古籍文献。从文种上看，蒙古文古籍有 126 种，占全部古籍的 74.6%，其次蒙汉合璧文献 17 种，再次蒙藏合璧 13 种，以及满蒙汉合璧 6 种，满蒙合璧 4 种，满蒙汉合璧、蒙日合璧、蒙维合璧各 1 种③。此外，内蒙古自治区社会科学院图书馆收藏 6280 种，内蒙古图书馆 2100 种，内蒙古师范大学图书馆 1625 种，内蒙古大学图书馆 1524 种，内蒙古民族大学图书馆 215 种，内蒙古日报社资料室 383 种，赤峰市民委档案办 336 种，鄂尔多斯市档案馆收藏 279 种，通辽市蒙医研究所收藏 109 种；新疆维吾尔自治区民委蒙古文档案办收藏 246 种，辽宁省阜新县蒙古语文办 168 种，中央民族大学图书馆 108 种，北京图书馆 813 种④。青海省有 51 个省市级综合档案馆，共保存有蒙古文档案文献 104 卷⑤。

2. 金石和印章等档案文献遗产。蒙古文金石档案文献主要由各级博物馆、寺院或档案馆等收藏。如甘肃省博物馆珍藏有一块八思巴文银字符牌，这块元朝银字圆牌是 1965 年从甘肃兰州收集到的。符牌为铁质圆形，牌面的字镶嵌在铁板上，正反面都有虎头文样，正面有八思巴蒙古文五

---

①　国家民委全国少数民族古籍整理研究室：《中国少数民族古籍总目提要·蒙古族卷》，中国大百科全书出版社 2013 年版。

②　四海：《内蒙古自治区档案馆馆藏蒙文历史档案概述》，中国档案学会：《少数民族档案史料评述学术讨论会论文选集》，中国档案出版社 1988 年版。

③　《中国民族宫图书馆馆藏蒙古文古籍概述》，中国蒙古学信息网，http://www. surag. net/。

④　宝音：《蒙古文古籍整理与研究综述》，《内蒙古民族大学学报》（社会科学版）2012 年第 5 期。

⑤　牛创平：《青海省少数民族档案史料概述》，中国档案学会：《少数民族档案史料评述学术讨论会论文选集》，中国档案出版社 1988 年版。

行。此符牌为元代王公军情急务遣使者所用信物，可以通行中国和蒙古四大汗国①。1984年，新疆伊犁市附近的查干哈达首次发现卫拉特蒙古族奇特的佛经文献《金刚经石经》，该石经现保存在新疆维吾尔自治区博物馆。内蒙古大学图书馆也珍藏有部分蒙古族碑刻，如《博克多察罕喇嘛碑文》，由察罕喇嘛大弟子赤烈伊希嘉措、恩和台吉等提倡并树立；《阿勒坦汗法典碑文》，从所剩近200汉字可知写的是阿勒坦汗和钟根哈屯之子博达锡里生平事迹，蒙文上明确记载该碑"由达永固实于羊年（1583年）撰写"等字样；《摆腰台吉庙碑文》，刻碑时间为1580年，碑文说明此处寺庙属于摆腰台吉。《博克多察罕喇嘛碑文》由察罕喇嘛大弟子赤烈伊希嘉措、恩和台吉等提倡并树立。《阿勒坦汗法典碑文》，从所剩近200汉字可知写的是阿勒坦汗和钟根哈屯之子博达锡里生平事迹，蒙文上明确记载该碑"由达永固实于羊年（1583年）撰写"等字样。青海省博物馆珍藏有"扎萨克印"（"扎萨克"是蒙古语音译，意为"支配者""尊者"），此印是蒙古29旗旗印之一，它是清朝政府管理青海蒙古各部，以及蒙古各旗在青海游牧的历史见证②。

（二）蒙古族档案文献遗产民间散存状况

1. 纸质档案文献遗产。从20世纪80年代末开始，我国政府投入大量人力、财力，在全国范围内对现存蒙古族古籍进行登记、编目，对口碑古籍资料和散落在民间个人手中的古籍文献进行普查、搜集，从目前掌握的数据看，蒙古族文献古籍和口碑古籍总量达15000多种，文书档案12万多件，收藏范围涉及全国10省区市③。其中，有大量蒙古族文献散存民间。蒙古族崇敬本民族文化，把佛经等档案文献奉为上尊信物加以收藏，因而民间有"高贵富人收藏珍贵文献，下等富人拥有牲畜家当"的比喻。新中国成立前，大部分蒙古族档案文献收藏在宫廷、寺庙和贵族手中④。现今，除各文化机构和政府部门收藏有丰富的蒙古族档案文献外，

---

① 《甘博典藏》，甘肃省博物馆，http：//www.gansumuseum.com/。

② 《青海省博物馆服务指南》，中国网，http：//www.china.com.cn/。

③ 《我国将再次全面普查抢救蒙古族古籍资源》，新华网内蒙古频道，http://www.nmg.xinhuanet.com/。

④ 宝音：《蒙古文古籍整理与研究综述》，《内蒙古民族大学学报》（社会科学版）2012年第5期。

民间也散存着大量珍贵文献。这些民间散存的蒙古族档案文献如今尚未有准确统计。再以青海省民间散存蒙古族档案文献遗产为例，从《中国少数民族古籍总目提要·青海卷》的词条编纂情况看，日前青海省掌握有蒙古族古籍 512 种，但由于青海省少数民族古籍的版本载体较为复杂，收藏分布极为分散，民间散存的大量的蒙古族文献经典、口碑古籍还没能完全掌握①。由此可见，内蒙古自治区和相邻省区各地民间散存的蒙古族档案文献遗产十分丰富，这些珍贵的档案文献亟待普查、征集与集中保护。

2. 石刻档案文献遗产。民间散存的蒙古族石刻档案文献有位于陕西省韩城的《安西王忙哥剌鼠年令旨》。该碑刻写于 1276 年，令旨原文和汉语白话译文并刻一石，八思巴蒙古文原文为 23 行，内容是按照祖传的旨意，免除寺庙僧侣的地税、商税以及其他一切差赋。这是元世祖忽必烈之三子安西王忙哥剌的令旨，也是现今发现的最早的一部八思巴蒙古文文献。《蒙古石刻天文图》位于内蒙古呼和浩特市旧城五塔寺金刚座舍利宝塔的后山墙上，为清朝雍正三年（1725 年）钦制石刻。石刻以北极为天文图中心，清楚地标明了北极圈、南极圈、夏至圈、冬至圈和赤道，并且还准确地注明了 24 个节气，以及 12 宫天干和 12 生肖等蒙古文名称。居庸关东西门壁上有 1345 年，用八思巴蒙古文、梵文、藏文、回鹘文、西夏文、汉文刻写而成的《居庸关东西壁题记》。主要内容是歌颂印度阿育王宣扬佛教的功德和忽必烈弘扬佛法，整治国家的政绩功德。《敦煌六字真言石刻》位于甘肃省敦煌莫高窟，以梵文、藏文、回鹘文、八思巴蒙古文、西夏文、汉文并刻佛教秘密莲花部的根本真言：唵嘛呢叭咪吽六字。立于元至正八年（1348 年）。《忻都王碑》全称为《大元赐追封西宁王忻都公神道碑铭》，立碑于 1362 年，现在甘肃省武威县西北石碑沟。回鹘式蒙古文《兴元阁碑文》，记录兴建蒙古帝国首府哈剌和林城兴元阁寺之事，许有壬撰文，立于 1346 年。《阿尔塞石窟回鹘蒙古文题记》位于内蒙古伊克昭盟额托克旗阿尔巴斯苏木，石窟中的壁画和题记是元末明初的作品。八思巴字蒙古语《薛禅皇帝龙年圣旨碑文》系元世祖忽必烈汗为保护宗教而颁发给陕西五路西蜀四川提点李道谦的圣旨，石碑存于陕西周至。八思巴字蒙古语《薛禅皇帝牛年圣旨碑文》现存甘肃泾州，牛年

① 《青海省今年将建设少数民族古籍保护中心》，新华网，http://news.xinhuanet.com/。

（1277 年或 1289 年）六月三十日颁发于大都①。回鹘式蒙古文《云南王藏经碑文》，碑现存于云南省昆明市筇竹寺，蒙文碑文表明该碑是云南王阿鲁给筇竹的令旨，写于至元六年（1340 年）一月二十五日。民间散存蒙古族档案文献遗产还有待普查。

3. 口述档案文献遗产。蒙古族民间散存口述档案文献遗产具有数量丰富，种类多样的特点，按其体裁可分为神话、传说、英雄史诗、民间故事、民俗歌谣、民歌等大类。现存蒙古族口述档案文献主要有族源神话传说《天女之惠》，祖先传说《额尔古涅—昆》；祭祀歌谣《萨满祭歌》《招魂歌》《狩猎祭》；英雄史诗《江格尔传》《格斯尔传》《勇士谷诺干》《宝木额尔德尼》《英雄希林嘎拉珠》；创世神话《布里亚特博的起源》；历史传说《天女之惠》《化铁熔山》；叙事长诗《嘎达梅林》；解释地震和日食、月食现象的神话《卧渔托地》《日食和月食》；风物传说《兴安岭的传说》《金锦白塔的传说》《盐的传说》《阿尔山温泉的传说》《五当昭的传说》《母亲湖的传说》；叙事长诗《嘎达梅林》；民间故事《巴特尔镇压蟒古斯》《巴拉根仓的故事》《宝钥匙》《山的儿子》《虎姑娘》；民歌《翁吉剌惕歌》《游牧民歌》《太咕歌》《送亲歌》《宾图王》《万梨》等。蒙古族民间口述档案文献遗产类型丰富，原始性强，是蒙古族档案文献遗产的重要构成部分。

三 藏族档案文献遗产散存状况

（一）藏族档案文献遗产各单位散存状况

1. 藏文档案文献遗产。藏文档案文献保存最完好的是西藏自治区档案馆，所存藏文档案文献是 1959 年西藏平叛、改革中收集到的拉萨地区原西藏地方政府各机构和部分贵族、官员、寺庙、拉章和上层喇嘛保存的文书档案，共 90 个全宗 300 多万卷（册）。其中，有元朝中央政府与西藏地方政权形成的文书档案数十份；明代中央政府在管理西藏地方过程中，西藏地方政权形成数百份历史文书；以及西藏地方政权与清代中央政

---

① 张公瑾、黄建明等：《民族古文献概览》，民族出版社 1997 年版，第 435—463 页。

府、民国中央政府往来的大量文书档案等①。西藏图书馆收藏藏文古籍共
1.5 万函，10 万余册。其中，最珍贵的是民族文化宫回送的 1300 函。此
外，西藏社会科学院图书馆珍藏有 6 万册（函）；西藏大学图书馆藏书量
为 22 万册，以藏文图书为主；西藏农牧学院图书馆，西藏自治区党校图
书馆等也珍藏有部分藏文古籍②。西藏藏文古籍出版社在 1989 年成立之
时，筹建小组先后从拉萨、日喀则、那曲、仁布及区外一些地方搜集到藏
文文献 300 余部③。西藏自治区博物馆、文物管理委员会等单位还保存有
部分藏文印信，如西藏自治区博物馆珍藏有明永乐十年的"司徒之印"
（银，高 12 厘米、边长 9.5 厘米）、明万历年间的"朵儿只唱图记"（象
牙，高 6.3 厘米、边长 5.2 厘米）、明永乐时期的"也失藏卜印"（象牙，
高 7 厘米、边长 4.3 厘米）、清乾隆"居美朗吉印章"（铁、金、木，高
13.2 厘米、边长 5 厘米）、清代"五世达赖喇嘛之印"（檀香木、铁，高
8.8 厘米、边长 11.2 厘米）和"七世达赖喇嘛之印"（金，重 8257 克，
高 10.4 厘米、边长 11.3 厘米）等。甘肃省各级档案馆也保存有藏文档案
文献④。如敦煌市档案馆从馆藏档案文献中发现了一批藏文经书，属莫高
窟藏经洞经书——敦煌藏文写经。甘肃省图书馆"西北地区文献阅览室"
收藏有藏文写经 32 卷，藏文梵夹式写经 319 件 1120 页⑤。青海省民委自
1984 年古籍办成立以来，先后搜集、整理、出版了档案性质的藏文古籍
有 20 多部。敦煌市博物馆藏有卷轴式藏文写本 237 卷，汉文 78 卷，藏文
梵夹式写经 8482 页。武威市博物馆收藏有藏文文献 409 函约 10 万页，以
手写《大藏经》为主。另有敦煌藏文文献 4 件。青海省各省市级档案馆，
共保存有藏文档案文献 915 卷⑥。四川阿坝藏族羌族自治州民委古籍办等
单位搜集到藏文古籍 3000 余卷。甘孜藏族自治州编译局征集到 3000 多

---

① 卓嘎：《西藏自治区档案馆馆藏档案简述》，《少数民族档案史料评述学术讨论会论文选
集》，中国档案出版社 1988 年版。

② 阿华：《论藏文文献的开发和利用》，《中国藏学》2000 年第 4 期。

③ 《留住昨天的记忆——藏族古籍抢救、搜集、整理、出版纪实》，《中国民族》2004 年第
1 期。

④ 《西藏博物馆》，百度百科，http://baike.baidu.com//。

⑤ 易雪梅、金颐：《西北地区古籍文献资源存藏现状概述》，《社科纵横》2008 年第 9 期。

⑥ 牛创平：《青海省少数民族档案史料概述》，《少数民族档案史料评述学术讨论会论文选
集》，中国档案出版社 1988 年版。

卷。甘孜州各级档案馆收藏有 32 件，其中，甘孜州档案馆有 1 件，康定县档案馆保存了 30 件，色达县档案馆有 1 件①。四川省民族研究所藏学研究室复制、整理了 20 多种濒于失传的藏文典籍。云南省迪庆藏学研究所收集到《格萨尔王传》手抄本和刻本 30 余部，藏文文书 1000 余件等。迪庆州档案馆、中甸县档案馆、维西县档案馆、德钦县档案馆、德钦县公安局和中甸县文化局等收藏有 3000 余件②。

中国民族图书馆收藏有藏文古籍 8000 函，门类齐全，手抄本之数量极为丰富。国家图书馆善本部收藏有藏文古籍约 3000 函，其中有纳塘、北京等版本的大藏经，还有明末清初的珍本；中国社会科学院民族研究所图书馆，现有藏文古籍 2500 多部；中央民族大学图书馆藏文典籍室藏书量达 1800 函左右，其中有伏藏及佛教初传西藏时译制的大藏经和较齐全的藏传佛教高僧文集；中国藏学研究中心图书馆收藏有约 2000 函的藏文典籍，其中有纳塘版、德格版、卓尼版、北京版、雪印经院刻印版等较全的藏文大藏经版本；雍和宫现收藏的藏文典籍中，有篙祝寺番经厂的大量藏文典籍，约有数千函；法源寺收藏有藏文典籍 1000 余函；中国藏语系高级佛学院图书馆和故宫也藏有不少藏文典籍，这两处的藏文典籍尚在整理编目中，但根据现有收藏估计起码有 1000 函以上③。

2. 藏族汉文档案文献遗产。藏族汉文档案文献大多保存在档案馆，如西藏自治区档案馆保存的档案中有清朝皇帝颁发给达赖、摄政等政教领袖的诏敕文书，有顺治九年（1652 年）清朝廷派使臣迎接第五世达赖喇嘛阿旺、罗桑嘉措赴京，予以盛大接待的有关文件；康熙五十二年（1713 年）第五世班禅罗桑益西被封为"班禅额尔德尼"的文件，康熙五十九年（1720 年），清军分由青、康两路入藏，击败准噶尔军以及依照原例举行第七世达赖坐床大典并赐"宏法觉众"的封号等文件；雍正元年（1723 年）赐予七世达赖金册等文书④。甘肃省档案馆珍藏有唐代

①　泽仁邓珠等：《西川甘孜藏族档案史料述评》，《少数民族档案史料评述学术讨论会论文选集》，中国档案出版社 1988 年版。

②　徐丽华：《云南藏文古籍概述》，《中国藏学》2002 年第 2 期。

③　先巴：《藏文典籍及其收藏》，《收藏》2010 年第 1 期。

④　卓嘎：《西藏自治区档案馆藏档案简述》，《少数民族档案史料评述学术讨论会论文选集》，中国档案出版社 1988 年版。

《金刚经》《大宝积经》写卷及隋唐以来各代碑文旧拓本。清康熙四十四年（1705 年）至宣统三年（1911 年）的诉讼案卷、地契、图册、佛教度牒，以及民国时期的部分藏族文书。中国第二历史档案馆珍藏有西藏地方政府、官吏、喇嘛等在民国时期形成的汉文文书，有民国二十年（1931年）三月二十七日《西藏驻京办事处为达赖喇嘛礼葬赴藏特派员谢国梁事致蒙藏委员会呈》、民国二十一年（1932 年）三月十九日《班禅请颁西垂宣化使名义文件以资信守事致行政院电》、民国二十一年（1932 年）七月二十二日《西藏驻京办事处为请迅予批复三大寺宣言书致行政院呈》等。此外，甘肃省图书馆所藏地方文献中保存有清代雍正十一年（1733年）的《番例条款》、民国十六年（1927 年）《青海贵德县畜牧调查表》、民国十六年（1927 年）《青海乐都县寺院调查表》、民国十七年（1928年）张丁阳撰《拉卜楞设治记》、民国二十年（1931 年）龚子英撰《青海史抄》（原件汉藏合璧）等藏族文书①。

（二）藏族档案文献遗产民间散存状况

1. 纸质档案文献遗产。西藏自治区、青海省、甘肃省、四川省、云南省等民间都散存有许多藏族档案文献，这些藏族历史档案主要为宗教寺院珍藏，部分为民间宗教人员或其他民族群众收藏。如西藏拉萨布达拉宫珍藏着大量藏文古籍，从佛教经典到医学、天文历算，十明（十类学问）学科无所不有。其中，仅藏文经书就有 108 函 2500 余卷，特别是金字缮写的《甘珠尔》《丹珠尔》和藏文《大藏经》，堪称不世珍品②。拉萨哲蚌寺大殿二楼的甘丹拉康珍藏着丰富的藏文经典，有近 10000 函。最为珍贵的有云南木天王用金汁抄录的《甘珠尔》经文，共 170 部；清康熙时形成的木刻经文以及康熙十四年第巴罗桑图为达赖祝寿而在一整张长纸上抄写的《甘珠尔》经文等。色拉寺内有大量藏文经书以及各类佛像、唐卡、经书、法器、供器等，其中以保存在措钦大殿甲央拉康内的《大藏经》最为珍贵。这部大藏经系明永乐八年（1410 年）所印，共有 108 函，是用石朱刻印的。在措钦大殿的另一个佛殿土其拉康内，保存着 200 余函

①　甘肃省档案馆、中国藏学研究中心：《甘肃省所存西藏和藏事档案史料目录》，中国藏学出版社 1997 年版。

②　《西藏布达拉宫》，百度百科，http://baike.baidu.com/。

用金汁手抄的《甘珠尔》《丹珠尔》经书。萨迦寺保存有 6000 多函藏文典籍，以及大量的佛像、印章和法器等。在大经堂的通壁大经架上，放着用金汁、朱砂等手抄《甘珠尔》《丹珠尔》等经书。二楼藏书室"贝竹康"内，珍藏有许多历史、医药、历算、天文、地理、文学等藏文古籍①。此外，夏鲁寺、甘丹寺、扎什伦布寺等也收藏有大量的藏文古籍。

甘肃省据普查约有藏文档案文献 17886 种，73507 部（函本）。仅甘南藏族自治州拉卜楞寺就收藏约 60000 部（册），可分为全集、密宗、医药、声明、传记、天文历算、工巧、数学、诗学等十多类。其中全集类177 种和 21320 部（册）哲学类 15411 部（册），传记类 1931 部（册），声明类 249 部（册），文法诗学类 561 部（册），天文历算、工巧类 280部（册），医药专著 495 部（册）。此外，甘肃凉州散存有《藏文大藏经》409 函，吐蕃写经 4 件，吐蕃木牍 4 块，丝织品藏文祈愿诵词 1 件，特殊版本的写经 16 叶，手写本《莲花生大师本生传》1 部②。敦煌莫高窟出土的自十六国至元代的古代写本（少量为印本）总数计达 5 万件以上，其中有 7000 余件为古代吐蕃文写卷。青海也是收藏藏文典籍较多地区之一，截至目前，全省搜集并登记了藏文古籍 3.8 万部书籍。其中塔尔寺、佑宁寺、隆务寺收藏最多。1827 年，塔尔寺第五世赛多耶西土登嘉措创建了塔尔寺印经院。此后历经扩建，成为一座颇具规模、卷帙浩繁的印经院，藏有 30000 块各种典籍的印版和部分佛画印版③。据四川省统计，现存藏区的藏族古籍有 29 万册（函）。已经搜集、整理藏文古籍 10.5 万余册、印版 12 万块、藏画 4900 余幅。其中还有大量留存于民间的纸质、石刻和口述档案文献有待进一步搜集整理。如四川省甘孜藏族自治州的德格印经院建于 1726 年，所藏书版有 217500 块，刻字约有 2.5 亿。除书版外，藏书仅《甘珠尔》《丹珠尔》两部大藏经有书 4569 种。此外，还有许多佛教著作、译著，以及历史、科技、文学艺术、建筑、雕塑和记载地震的文献④。

---

① 邓侃：《西藏的魅力》，西藏人民出版社 2000 年版。

② 先巴：《藏文典籍及其收藏》，《收藏》2010 年第 1 期。

③ 同上。

④ 邓珠：《四川甘孜藏族档案史料述评》，《少数民族档案史料评述学术讨论会论文选集》，中国档案出版社 1988 年版。

云南省民间散存藏文档案文献主要分布于德钦、中甸、维西、贡山和宁蒗等县，大部分珍藏在寺院之中。如格鲁派藏文经书主要保存在松赞林寺、东竹林寺等寺院。松赞林寺所藏经典主要有《甘珠尔》17 部，523 帙；《丹珠尔》77 部，450 帙；其他《般若十万颂》《释迦牟尼赞》等共 94 部，112 帙。东竹林寺藏书的内容大致与松赞林寺相同，只是数量少一些。德钦寺和红坡寺的藏书较东竹林少，但《大藏经》《般若经》和常诵经书却基本一样。其余的小寺院，如书松尼姑寺、扎加寺等格鲁派寺院，所藏典籍仅有《般若八千颂》或《般若十万颂》及一般常诵经咒；东竹林寺收藏有一口铜缸，上有铭文 35 偈，共 318 字，其内容主要赞颂佛、法、僧三宝和祈祷世界和平①。噶举派经卷主要分布云仙寺、阿批寺等寺院。如云仙寺共藏有《丹珠尔》《般若十万颂》《纳若六法》等 36 部，348 帙；念诵仪轨方面除各教派共有念诵经典之外，保存有该派经典《法行明》《金刚亥母颂》《怙主白那坚》等，还有历法、医学著作和宗教舞谱之类的典籍②。此外，中甸、德钦、维西、宁蒗和贡山等地民间都散存有藏文古籍。如德钦奔子栏噶玛培初就有一部藏文写本《奔子栏卓青歌集》；在纳古、羊拉、拖顶，流传着几部《格萨尔王传》的抄本，从内容看有《姜岭大战》《大食财宗》《卡切松石宗》《辛巴与丹玛》《象雄珍珠宗》等写本；在德钦还有一部较为罕见的《格萨尔王传》版本，即《汉岭传奇》；在维西县塔城民间还收藏有一部赤金写本《般若颂》；云南藏区的藏传佛教信众中，大户人家供奉的经典有《大藏经》《般若十万颂》《般若八千颂》《皈依颂》《度母经》等③。

2. 金石印章档案文献遗产。如拉萨布达拉山对面有建于赤松德赞赞普（755—797 年在位）时期的藏文《恩兰·达扎路恭纪功碑》，正面有藏文 68 列、左面藏文 16 列、背面藏文 74 列；拉萨有立于 823 年的《唐蕃会盟碑》。山南琼结吐蕃赞普墓葬群赤德松赞墓侧有《赤德松赞赞普墓碑》；山南扎囊县桑耶区桑耶寺大殿正面墙下，有建于赤松德赞赞普时期（755—797 年在位），779 年的《桑耶寺兴佛证盟碑》，有藏文 21 列。拉

---

① 先巴：《藏文典籍及其收藏》，《收藏》2010 年第 1 期。
② 徐丽华：《云南藏文古籍概述》，《中国藏学》2002 年第 2 期。
③ 同上。

萨西北郊堆龙德庆楚布寺原址（今楚布寺已毁，碑尚存）有建于赤松德赞赞普（755—797 年在位）时期的《楚布江埔建寺碑》，有藏文 68 列。拉萨河对岸西南若玛岗有立于赤德松赞赞普在位之时（798—815 年）的《噶迥寺建寺碑》，有藏文 57 列。阿里普兰境内希德村与角若村交界处有建于吐蕃时期的《普兰观音碑》。云南迪庆藏族自治州德钦县喀瓦噶波雪山也发掘到一块立于明天顺五年（1461 年，即藏历第八饶迥铁蛇年）的《法王皇帝圣旨碑》。藏文摩崖有西藏林芝县米瑞区广久的，赤德松赞赞普（798—815 年在位）继位后不久所建的藏文《工布第穆萨摩崖石刻》，有藏文 21 列。谐拉康右侧山后有建于吐蕃时期的《谐拉康摩崖刻石》，有藏文 12 列。此外，青海省黄南州泽库县的和日寺中，有许多刻满藏文的石经墙、石经片和石经墩，其中有两处石经墙分别刻的是 3966 万余字的大藏经《甘珠尔》和 3870 余万字的《丹珠尔》；甘德县东吉多卡寺有石刻藏文《大藏经》，此石经的内容远远超过《甘珠尔》和《丹珠尔》的内容，所刻经片有十万多块。四川省也发现了这种藏文石经。在藏文金文方面，西藏有建于吐蕃时期存于桑耶寺的《桑耶寺钟》，有藏文 11 列。山南昌珠寺存有《昌珠寺钟》，有藏文 10 行。拉萨叶尔巴寺内有《叶尔巴钟》，有藏文 6 行，钟现已毁。民间散存藏文印章大多保存在布达拉宫、罗布林卡寺、萨迦寺、扎什伦布寺、昌都绛巴林寺等单位。

3. 口述档案文献遗产。藏族地区蕴藏有丰富的口述档案文献遗产，如藏族说唱音乐有仲谐、折嘎、嘛玛尼等数种，其中，仲谐意为讲故事的歌，由民间艺人或僧人演唱，内容多为长篇民间故事或叙事诗，如《格萨尔王传》《藏岭·尼麦贡觉》等；折嘎是流浪艺人乞讨，或游方僧人化缘时表演的一种说唱音乐，唱词有的讲述故事，有的即兴编词，多为颂赞主人的吉利话；嘛玛尼是一种古老的说唱形式，演唱者多为尼姑或民间艺人，他们张挂起描绘佛经故事的轴画，向群众说唱画中故事[1]。口述档案文献最著名的是英雄史诗《格萨尔王传》，内容有 60 多个部分，广泛流传于西藏、甘肃、青海、四川、云南等省区藏族地区，是闻名世界的中国"三大史诗"之一。其他还有叙事长诗《斯玛珍与禾天木》，散文体神话《女娲娘娘》《大地和人类的诞生》《人类的起源》《女山神》，史事和人

---

① 《藏族音乐》，百度百科，http://baike.baidu.com/。

物、文化起源传说《格萨尔王》《唐东杰布的传说》《文成公主的故事》《江萨翁妮的传说》《布桑客》《端阳赛马节的来历》《藏族歌舞的传说》，风物传说《种子的起源》《牦牛王》《取树种》《七兄弟星的传说》等。此外，还有动植物故事《兔子报仇》《狡猾的红狐狸》《猴子与大象》《猫喇嘛讲经》等。

四　彝族档案文献遗产散存状况

（一）彝族档案文献遗产各单位散存状况

1. 彝文档案文献遗产。彝文档案文献主要分布在云、贵、川、桂四省区。云南省彝文档案文献收藏机构众多，如云南省民委古籍办收藏有彝文古籍1200册；云南省图书馆有32册；云南省博物馆37册，彝文碑刻拓片数十幅；云南省社会科学院图书馆20余册；云南民族学院图书馆有326册。昆明市石林县档案馆征集到58册，石林县民委文史研究室88册，石林县图书馆59册；禄劝县民族宗教事务局107册，内容包括：历史、占卜、天文、地理等11个门类。禄劝县民宗局古籍办保存有368部，县档案馆也征集到部分彝文古籍，这些彝文古籍大多是清代、民国年间形成的。该县的文化局保存彝文文物12件①。

楚雄彝族自治州保存彝文古籍最多的是楚雄彝族文化研究所，分别收集、复印了古彝书1000余卷，拓印彝文碑刻60余幅；州民委古籍办有30多册；州档案馆收集到58个卷宗约150册；图书馆收集、抄录1200余册。武定县民委收存有226册，元谋、禄丰县各有100余册，双柏县有80余册。曲靖市共收集彝文古籍、碑文、神像图共161本（其中碑文6块、神像图2本），其中，宣威市有122本，罗平县有32本（彝文碑5块），会泽县4本，沾益县2本（彝文碑1块），马龙县1本，陆良县1本。玉溪地区档案馆征集到14册；玉溪地区民委有15册。峨山县民宗局80年代收集到76册，通海县民委保存72册；华宁县档案馆8册，新平县民委收藏10余册，新平县档案馆100余册，元江县民委13册，档案馆10册。红河州民族研究所征集到彝文古籍77卷，复印件57本，新抄本57册，影印件12件85张。红河县民族局有8卷，红河县图书馆3卷，弥

――――――――――――

① 资料来源于课题组实地调研材料。

勒县民族局 3 卷，弥勒县文管 8 卷，州群众艺术馆 3 卷，州文管所 2 卷，个旧市文管所 3 卷，开远市文管所 6 卷，泸西县民族局 12 卷，元阳县民族局 50 卷，元阳县彝学学会 2 卷，建水县博物馆 4 卷，石屏县文管所 6 卷（件）①。昭通市民委收集复印了彝文书 30 余部。威信县民委有 27 部，镇雄县 55 部，有 47 部比较完整。永善县文化馆有 2 部。宁蒗县少数民族语言文字工作委员会收集了 102 套，300 余册彝文书。2002 年宁蒗县成立民族研究所，征集到彝文经书 121 册，共 900 多幅图谱②。

贵州省博物馆收藏有彝文古籍 2500 余册，省民族研究所 100 多册，省民族学院 500 多册。毕节摩文翻译组收集、复印了 4100 多册。大方县民委收集到古彝书 284 部。赫章县民委有 71 部，共 250 多册。威宁县民委收集到 50 册，六盘水市民委 30 册，水城县民委 90 余册，盘县民委 20 册。纳雍县民委收集 30 余册，六枝民委也收了几十册。金沙、织金等地也都收集到了不少彝文书③。四川省彝文古籍主要分布在凉山彝族自治州。凉山州彝文编译局收藏有 319 套，共 1500 余册。凉山州博物馆 60 余册，西昌师专 30 余册。此外，雷波县民委有 85 套，昭觉语委 100 多卷。凉山州各彝族县均收存有大量彝书，并都向州编译局移交过一部分。乐山市峨边彝族自治县民委搜集到 77 卷，马边彝族自治县 112 卷。广西壮族自治区图书馆收藏有 2 本，省博物馆 1 本，隆林县民委 2 本，县文化馆有 5 本④。此外，北京图书馆珍藏有 560 余册，中央民族学院有 64 册，民族文化宫文物室有 57 本。广州中山大学保存有 50 册，南开大学有 1 册。

2. 彝族汉文档案文献遗产。如四川省档案馆珍藏有上千份凉山地区清代彝族汉文文书，其中，仅整理出的清代冕宁县彝族文书就有 320 余份，按其内容划分为机构、土司、禁令、案例、用兵、彝汉关系、人口买卖、开矿、借贷与商业、宗族家庭、婚姻、习俗，以及和藏族等民族的关系等。多数文书形成于清朝康熙至光绪年间，最早的为康熙六十一年（1722 年）六月初四日《陈士位等告状》，较晚的是光绪三十四年（1908

---

① 龙保贵：《红河州彝文文献古籍分布情况和类型》，《中国藏学》1994 年第 2 期。

② 资料由云南省民委古籍办普学旺同志提供。

③ 华林、刘大巧、许宏晖：《西部散存民族档案文献遗产集中保护研究》，《档案学通讯》2014 年第 5 期。

④ 资料来源于课题组实地调研材料。

年）《冕宁县移交清册》。再如云南省档案馆收存的彝族汉文文书散存在部分全宗之中，如在民国时期"云南省政府·秘书处卷宗"中就保存有清代和民国时期"云南临安府崇道、安正二里彝族普安邦、普文理争袭案卷"的大量文档，其中有清光绪二十八年（1902年）十月初九日《云南临安府正堂王关于勒令崇道、安正二里普文理之妻缴出土舍关防及原领号纸札文》、光绪三十四年十二月二十九日《署云南临安府事统领贺关于将崇道、安正二里应袭土舍普安邦亲供宗图各结造具呈府事札文》等。除档案馆外，图书馆珍藏的彝族汉文档案文献也十分丰富，如国家图书馆保存有200余件清代武定彝族那氏土司那德洪、那嘉猷、那显宗于顺治、雍正、乾隆、嘉庆、道光、同治年间呈写的禀复呈文稿、民间诉讼状文、具结保证书、土司出征记录、土司衙内行号簿、立嗣承继材料和乡规民约等文书原件，内容包括政治、军事、经济、司法、袭替、禁烟和民族关系诸多方面，为研究云南土司制度以及对本民族群众进行政治统治、经济管理情况提供了翔实的档案原始材料。

（二）彝族档案文献遗产民间散存状况

1. 纸质档案文献遗产。彝族地区散存民间最为珍贵的是彝文档案文献，其中，仅云南省就有上万卷（份、册）之多。如昆明市石林县长湖镇海宜村彝族毕摩金玉明家保存有26册，西街口乡寨黑村彝族毕摩毕华玉家保存有37册；月湖镇老挖村彝族毕摩毕凤林家保存有18册，月湖村彝族毕摩张凤兴家保存有25册。禄劝县茂山乡养德村彝族毕摩李加禄家保存有3册，至租村彝族毕摩王学光家保存有7册，撒布子念村彝族毕摩张文荣家保存有3册；翠华乡兴隆村委会3队彝族毕摩杨绍科家保存有1册《开路经》。楚雄彝族自治州散存民间的古彝书有2000多卷，据统计，仅武定县民间就散存1100册，双柏县240册①。红河州散存彝族古籍据调查共有4000余卷，不同版本和内容的就有263种。除河口、屏边两县外，其余11个市县都散存有彝文古籍。如绿春县200多卷、元阳县800多卷、石屏县400多卷、建水县400多卷、个旧市200多卷、弥勒县300多卷、

<hr>

① 华林：《云南民间少数民族历史档案的流失及其保护对策研究》，《档案学研究》2007年第4期。

泸西县 160 多卷、金平县 60 多卷、红河县 1000 多卷①。玉溪地区据普查散存民间的彝文档案有 6000 余册，内容不同的有 2000 多册；昭通地区散存民间的彝文书有 1000 余册，威信县民间 300 余部。彝良县民间 70 余部②。曲靖地区的彝文档案文献也非常丰富，曲靖市、宣威县、罗平县、会泽县、寻甸县和富源县等地民间都发现彝文档案文献。

贵州省民间散存彝文档案文献遗产多达上万卷（份、块），主要分布在黔西北地区，其中，毕节民间散存 700 余册彝文书，大方县、赫章县民间分别散存有上千册，六盘水地区民间散存古彝书上千册，纳雍县民间散存 200 余册，六枝市、金沙、织金等地民间也都散存有丰富的彝文古籍。四川省彝文档案文献主要分布在凉山彝族自治州，西昌、盐源、昭觉、布拖、美姑、金阳、普格、越西、甘洛、德昌、雷波、喜德等地民间都散存有彝文古籍。除凉山州外，乐山市所属峨边彝族自治县散存民间的有 100 多种 500 多卷。该市所属的另一彝族自治县马边也散存有彝文古籍数百卷。广西彝文古籍主要分布在隆林，民间散存的彝文古籍数量不多，内容有作斋、作祭、指路、占卜等③。

2. 金石等档案文献遗产。云南省遗存彝文金石档案文献较多的是楚雄彝族自治州，经楚雄彝族文化研究所普查，双柏县有彝文碑 17 块，内容均为简要记录死者家族谱系。武定县有彝文碑 500 多块，其中 98% 为墓碑，其余为山界碑和山神碑等，最早的彝文碑形成于清代乾隆年间。禄劝县发现明代彝族凤土司《镌字岩彝文石刻》和一处《护林保水告示》岩刻。红河州石屏县发现两块彝文碑，其中一块形成于万历十三年（1585 年）。弥勒县发现有彝文碑刻 13 块。玉溪地区元江三马头还发现彝文水墨印刷木刻版 25 块，这是西南唯一发现的彝文木刻版。峨山、新平、元江等地都先后发现有彝文碑刻。昭通地区昭通县发现清代彝文《鲁米勒碑》和《彝族五扯碑》，巧家、威信等地也发现部分彝文碑。昭通市水井湾发现了战国时期的陶片刻画符号。曲靖地区寻甸县发现清光绪五年

---

① 龙倮贵：《红河州彝文文献古籍分布情况和类型》，《中国藏学》1994 年第 2 期。

② 华林：《云南民间少数民族历史档案的流失及其保护对策研究》，《档案学研究》2007 年第 4 期。

③ 资料来源于课题组实地调研材料。

（1879 年）的《安姓籍贯源流碑》和《垛马戛村彝文碑》，罗平县发现《戈丫彝文碑》《小拢戛彝文碑》。巍山南诏王城遗址发现大量瓦砾彝文和陶刻八卦图。贵州省民间分布有众多的彝文金石铭文，大方县经普查有彝文碑刻 246 块，已拓印了 203 幅，著名的《明成化钟》就发现于大方县城关小学内。威宁县据统计，有彝文墓碑 16 块。赫章县有 100 多块彝文碑刻，县民委已拓印 74 幅。此外，毕节、纳雍、金沙、织金、六盘水等地都散存有大量的彝文碑刻、摩崖，目前各地民委正在拓印、翻译。迄今为止，贵州省发掘到彝文碑刻已有上千块。四川省凉山地区普格县发现彝文岩刻一处，西昌附近也发现多处彝文摩崖石刻①。

3. 口述档案文献遗产。云、贵、川三省和广西各彝族地区都蕴藏有丰富的彝族口述档案文献，其中，仅云南省就有 4 万余种。彝族口述档案文献类型丰富，有古歌谣、民间神话、创世史诗和历史传说等类型。如彝族创世史诗有《梅葛》《勒俄特依》《查姆》《阿细的先基》《宇宙源流》等，多产生于原始社会末期。它以丰富奇特的想象，叙述了彝族先民对宇宙开辟、人类起源、万物创造、民族形成等的认识和解释，是了解彝族原始文化和习俗信仰原始材料。其他口述档案文献还有劳动歌《种荞歌》；创世神话《西南彝志》《开天辟地》《人类的起源》；解释自然现象神话《日月的神话》《七姐妹星》；远古社会生活神话《九隆神话》《竹王神话》《虎氏族》《洪水淹天》；英雄史诗《阿鲁举热》《支格阿龙》《铜鼓王》；史事和文化习俗起源传说《细奴逻的传说》《李文学的传说》《火把节的传说》《二月八的传说》；风物传说《彝家为什么挂老鹰脚》《葫芦笙的故事》；动植物故事《狗和猫为什么不团结》《乌鸦为什么是黑的》；生活故事《木呷问神》《阿果斗智》等。

五　傣族档案文献遗产散存状况

（一）傣族档案文献遗产各单位散存状况

1. 傣文档案文献遗产。主要分布在云南省各级档案馆、图书馆、博物馆、文物馆、文物室、政协和研究机构。如云南省档案馆 1991 年和 1993 年征集到两部贝叶经，一部为《玛哈巴滩》，共 4 册，形成于 200 年

---

① 资料来源于课题组实地调研材料。

前；另一部为《沙嘎迪巴尼》，共 13 册。此外，尚有纸质载体折叠经一部，约形成于 200 年前；绵纸经一部，约形成于 100 年前，属历史传说。云南省民委古籍办收藏有傣族贝叶经 100 余册，绵纸经 500 余册；云南省图书馆馆藏贝叶经 100 片；云南省博物馆有贝叶经 64 册；云南民族大学收集到西双版纳老傣文文献 15 册；德宏州老傣文文献 302 册；云南省社会科学院也收集到傣文文献 20 余册①。

西双版纳州傣文档案文献保存较多的是州档案馆，共有 371 部，995 册。其中，绵纸经 197 部共 488 册，重要档案文献有《领主法典》《断案集》《天文历法》《创世史诗》《药典》《论傣族诗歌》等。贝叶经 174 部共 507 册，著名档案文献有《召树屯》《金鲤鱼》《千句偈语》《佛祖巡游记》《维先达腊》《十世轮回》《玉喃妙》等。此外，西双版纳州傣族文化研究所有 400 部，1500 册；州政协重要政务文书就有《召片领封给土司的称谓、职官》《召片领颁发给地方土司的委任状》等 20 余册；州文管所 215 册；州文化馆 43 册；西双版纳傣族自治州佛教协会保存有 60 册；景洪市档案馆 25 册；景洪县政协史志办 19 册；勐海县档案馆 266 册；勐腊县档案馆 776 册②。据调查德宏州傣文档案文献的收藏情况为，州民语委搜集了 400 部，其中 300 部已由云南大学和云南省档案馆等合作，利用现代技术拍摄为缩微品保存。德宏州档案馆珍藏有傣文档案文献 60 余部 100 多册，其中有《陇川土司史》《干崖土司简史》《芒市土司简史》等傣文谱牒，《田租底簿》《姐冒田租簿》等经济文书，《委任书》（三份）等政务文书。此外，德宏州群艺馆搜集到 140 余部，潞西市文化馆 120 余部，文物管理所 30 余部；梁河档案馆 312 部；盈江县文化馆 100 余部，盈江县档案馆 19 册；陇川县文化馆 100 余部，陇川县档案馆 2 册；瑞丽市文化馆 100 余部，瑞丽县档案馆 26 册；畹町县文化馆 26 册③。思茅地区档案馆也搜集到 8 个案卷约 40 册傣文档案文献，其中包括贝叶经 3 卷。孟连县档案馆收存有 20 余册（份），孟连县博物馆珍藏有数百册。此外，中国历史博物馆、国家图书馆、民族文化宫、复旦大学、青海省博

---

① 资料来源于课题组实地调研材料。

② 同上。

③ 同上。

物馆、西安药物研究所等也保存有贝叶经，数量有千卷左右。

傣文官印主要珍藏在云南省博物馆、西双版纳州档案馆、西双版纳州文馆所、德宏州档案馆、德宏州文化馆、盈江县档案馆、梁河县档案馆、梁河县博物馆、孟连县博物馆等单位。如西双版纳州档案馆保存有《勐海土司议事庭印》（傣汉合璧），盈江县档案馆收藏有《盏达宣慰使司关防》，梁河县博物馆收集到《刀定国印》和10余枚刀氏土司印章。傣文金文传世极少，其要有西双版纳景洪县嘎栋区曼广龙寨的《景洪庄列塔记事银版铭文》、勐海大佛寺的《勐海大佛寺记事银片铭文》、勐海县勐海乡曼南嘎村的《勐海曼南嘎旧佛寺记事银片铭文》《勐海蒙混记事银片铭文》等。

2. 傣族汉文档案文献遗产。现存傣族汉文档案文献除南京第二历史档案馆保存有丰富的民国时期傣族土司历史档案外，云南省档案馆，西双版纳州档案馆、景洪市档案馆、勐海县档案馆、勐腊县档案馆，德宏州档案馆、瑞丽县档案馆、盈江县档案馆、陇川县档案馆、梁河县档案馆，思茅地区档案馆、孟连县档案馆等都保存有傣族汉文档案文献。如盈江县档案馆收藏有"清季干崖土司历史档案"，这些档案系清代滇西刀世土司与官府往来公牍原件，原为干崖宣抚司刀盈庭收藏。档册形成于光绪十一年至十二年间，凡42件，内容涉及滇西傣族土司地区的社会经济、政治军事、文化教育等方面。该馆还珍藏有《盏西土目孟氏家谱》《盏达土司刀思氏家谱》《干崖宣抚司刀氏土司家谱》等。此外，云南省各级图书馆、博物馆、民委古籍办、史志办等单位也保存有傣族汉文档案文献。如盈江县县志办珍藏有清代孟氏土司与腾越厅往来文书档案15件，有嘉庆十年（1805年）《盏西土把总孟体圣给腾越州禀》、道光十二年（1832年）《盏西土目孟氏给腾越州禀》等。还有珍贵的傣族汉文契约文书22件，如嘉庆十七年（1812年）《刀德高的当约》《西双版纳倚邦土司关于预卖公费茶立约》等。

傣族土司地方政权使用的汉文印章现今保存下来的有《车里宣慰使司议事庭印》，木质长方坛形印，是民国末期用印，现存西双版纳州博物馆。云南盈江县该馆珍藏有《干崖土司古印》（2枚）、《盏达副宣抚司印》《盏达宣慰使司关防》《盈江设治局章》等。盈江县新城区政府保存有《文昌嗣禄府印》，木质，背有半圆形木柄，印右侧墨写"大清光绪二十八年（1902 年）腊月"；《刀保图条章》，木质，汉字行书，直行，系盈江土司刀保图民国时期用印；《"恨懒不读书"印》，木质，长方形。傣族汉文金文有云南省孟连县博物馆珍藏的用于卜卦的铁台，以及土司印制户口册而铸刻的汉文钢模。云南省西双版纳州档案馆收藏的刻写和尚、佛爷祝福语和召片领委任书的银箔。此外，在德宏、西双版纳傣族地区都发现了傣族汉文木刻档案，如在盈江县发掘到干崖土司的"护照"与"执照"板片。刻板两块，其中"护照"板片，长 33 厘米，广 20.5 厘米；"执照"板片，长 25 厘米，广 20.8 厘米。皆为汉文楷书，阳刻，民国年间所为。板片原由于崖土司刀氏收藏，今存盈江县新城区政府署。

　　3. 傣族照片档案文献遗产。清末民初，部分傣族土司、贵族购买摄影器材，拍摄了一些反映他们社会活动的历史照片。如现梁河县博物馆就保存有一台龚氏土司所购买的德国制造的相机和相关器材。梁县档案馆珍藏有清光绪年间反映龚氏土司政权活动的照片 57 幅，多为 10 寸至 20 寸，系玻璃水银照片，主要有《南甸土司第 27 代刀定国全身照》（3 张）、《龚统政二堂叔龚蒲、三堂叔龚恒等人的合照》《龚统政之弟龚驭政全家照》《龚家八小姐近照》《龚统政三妻管杏保近影》《龚统政三妻管杏保结婚照》《龚统政着军照》《龚统政与景颇姑娘的合影》《龚绶 36 岁庆典照》《龚氏土司狩猎照》，此外还有《民众自卫组训总队毕业阅兵式照片》（3 张）、《开发橘子园照片》等。孟连县博物馆就征集到《27 代土司刀派永半身像》《28 代土司刀派洪与妻子照》《刀派洪与妻子刀秉团一家合影》《刀派洪之子刀保国照片》《27 代孟连宣抚使刀派永 1931 年退位留念照片》《末代孟连宣抚使刀派洪 1931 年即位留影》《刀派洪的堂弟刀派元照片》《刀派洪姐姐婻涛罕照片》等①。

　　（二）傣族档案文献遗产民间散存状况

　　1. 纸质档案文献遗产。西双版纳景洪市民间散存有大量傣文档案文献遗产，其中勐罕镇曼孙满古佛寺保存有 1000 余册。景哈乡景哈村波香温家保存有 7 本，波光宰龙保存有 2 本，波柏光保存有 10 本，波柏康朗保存有 6 本，波香宰囡保存有 4 本，波空腊保存有 7 本，波涛关保存有 4

---

　　①　资料来源于课题组实地调研材料。

本，波罕洛保存有 16 本，沙湾佛寺都罕亮（佛爷）保存有 7 本。勐罕镇曼厅村波罕亮保存有 3 本，有《散叠操做》（音译）、《玛哈翁与喃颠婉》（音译）等。2002 年，据德宏州民语委为编写《中国云南德宏傣文古籍编目》的调查，德宏州民间分布有 2000 种共 50000 多部老傣文古籍，主要存留在佛寺里和傣族群众家中。以佛寺为例，潞西市芒市镇奘罕佛寺（五云寺）所收藏的经书有 400 多部；大湾寨佛寺收藏的经书有 132 部。而德宏州傣族群众珍藏的傣文经书更为丰富，如芒市镇排茂寨的帕嘎真瑟收藏有 58 本，大湾寨的项岩岁 23 本，团结大街的岳三模 15 本，东里清水港的亮晃相 23 本。风平镇法破村的刀俊候珍藏有 12 本，法破村的岩洼 26 本，芒蚌村奘房（傣族群众信仰佛教活动场所）47 本。轩岗乡拉卡村的李呀珍藏有 12 本，李岩所珍藏有《巩拉巴底》等 5 本，拉卡村的奘房珍藏有 30 本。三台山乡允欠三社的李玉内珍藏有 15 部。盈江县平原镇允哏寨的奘房珍藏有 393 本；兴和村公所壮丁寨的奘房珍藏有 36 本，岗姐村奘房珍藏有 28 本，户允寨奘房珍藏有 26 本，允哏寨二社的思洪秀珍藏有 26 本，允哏寨一社的思贵莲珍藏有 25 本，允哏社二社的刀保忠珍藏有 63 本，芒弄寨的思跃章珍藏有 20 本。其他地区如临沧市沧源县勐董镇广允佛寺珍藏有 350 本，芒勐佛寺珍藏有 8 本，芒那村的汗牙珍藏有 6 本，勐角乡金弄村金龙寺珍藏有 13 本。永德县德党镇勐汞村缅寺珍藏有 100 多本，勐青树寨缅寺珍藏有 50 多本。永康镇送吐寨缅寺珍藏有 300 多本，该寨的岩相共有 9 捆，都用大白绵纸抄写，实际上每捆为一部经书，用黄绸布包裹，经书封面显得古旧①。孟连县许多寺院都保存有傣文经书古籍文献。

2. 石刻等档案文献遗产。傣文历史碑刻遗存数量不多，主要有云南德宏潞西市散存的《芒市土司放氏傣文墓碑》《重修猛拱关帝庙傣文碑》，盈江县新城西北芒蚌寨发现建于 1907 年的《干崖宣抚司刀盈廷傣文墓碑》；西双版纳景洪县大勐笼大塔山立于傣历 1162 年（1801 年）的《大勐笼傣文九曜碑》、勐腊县曼崩寨立于傣历 1125 年（1763 年）的《曼崩寨铜顶塔傣文碑》、景谷傣族自治县水平乡普俄村立于清乾隆五十年（1785 年）的《大仙人脚佛寺碑》和西盟佤族自治县勐梭乡勐梭大寨佛

①　李国文：《云南少数民族古籍文献调查与研究》，民族出版社 2010 年版，第 86 页。

寺的《大寨傣文碑》等。云南省盈江县新城报国寺悬挂有傣文楹联一副，木质、黑底金字、直幅，刻工精细，形成于清代光绪年间，为干崖宣抚司刀盈廷所建。傣族汉文碑刻时有发现，如盈江县狮子山遗存有盏西土目孟氏墓碑多块，主要有清道光十八年（1838年）的《孟朝品墓表》，咸丰元年（1851年）的《孟体圣碑》，光绪二十七年（1901年）的《孟思氏墓表》，民国二年（1913年）的《孟仕纯墓志》和《孟仕纯墓表》，民国二十四年（1935年）的《孟效邹墓表》《孟思氏户保墓表》《孟郗氏线沽墓表》等。盈江县旧城区东山遗存有干崖宣抚司刀镇国长子刀建章碑刻《刀建章碑》，立于清光绪二十三年（1898年）；在新城凤凰山遗存有刀如玉之妻盖氏《盖世修碑》和长子刀献廷碑刻《刀献廷墓表》及孙刀安信碑刻《刀安信碑》，分别立于清光绪十八年（1892年）、同治六年（1867年）和光绪二十八年（1902年）；新城芒蛙寨遗存有刀盈廷及妻氏碑刻《刀盈廷墓志》《刀放氏碑及石牌坊刻》，分别立于光绪丁未年（1907年）和光绪二十三年（1897年）。西双版纳景洪县景讷乡景岱曼老新寨有一座前清古墓，建于"宣统辛亥年（三年，即1911年）四月"。据考墓主姓王，傣族名召雅香，系召勐墨之子，由于他家世袭官衔，所以后代被安置于勐景讷的景岱为土司。

傣族地区分布有部分崖画和壁画档案文献遗产。如它克崖画位于元江县青龙厂镇它克村扎营峰南麓，绘各种图像92个，画用赭红色绘成，有人物、动物、蛙人及舞蹈图像；人物图像有须、尾，突出生殖器崇拜，反映出原始社会的生产、生活习俗，时代约为新石器时代。大王岩崖图位于麻栗坡县麻栗镇东端羊角老山大王崖石壁上。有两个地点，一号点可见图像31个，其中人物图像16个，牛图像3个，小动物图像2个，图案4个，符号6个；二号点在一号点的右下侧，可辨图像13个，其中人物图像9个。沧源崖画位于沧源县勐省、勐来西乡，于1965年发现。之后又在曼怕、民良、丁来、曼坎、永德、海众等村附近发现10处。目前可辨认的图像1063个，包括人物785个，动物187个，房屋25座，道路13条，各种表意符号35个，以及山洞、树木、舟船、太阳、手印等，多为狩猎和采集场面，也有舞蹈、战争等内容。据考证为3000年前左右的新石器时代的作品。耿马小芒光崖画距沧源崖画很近，崖画颜色、风格、内容与沧源崖画类同，可视为沧源崖画的一部分。傣族地区的古壁画很多，多为宗教题材。壁画保存较好的是勐海和孟连。勐海县勐遮佛寺壁画是现存的壁画中较为久远的古壁画，位于勐遮曼宰龙佛寺内。壁画绘于清同治七年（1886年，傣历1230年），主题鲜明，造型优美，手法流畅，具有较高的艺术价值①。

　　口述档案文献遗产。傣族口述档案文献主要有神话短歌、创世神话、英雄史诗、创世史诗，以及文化习俗传说等。重要口述档案文献有傣族的神话短歌《大火烧天》《洪水泛滥》，创世神话傣族的《破仙葫芦开创人间》《英叭开天辟地》《天地万物的来历》《英叭神创世》《混散造天造地》《人类果》《金葫芦生万物》《变扎贡帕》《月亮和太阳》《太阳月亮五星》《惟鲁塔射太阳》《月食的传说》《象的女儿》《雀姑娘》《鸟姑娘》《谷子的由来》《谷种》《谷魂奶奶》等。英雄史诗《厘俸》等；创世史诗《布桑盖与亚桑盖》等；文化习俗和风物传说有《放高升的故事》《傣族文身的由来》《结婚拴线的来历》《祭龙的由来》《南糯山的传说》《勐先傣族向南迁徙的传说》《赞哈的来历》《泼水节的来历》《土锅的来历》《盖房子的传说》等；动植物故事《绿豆雀和大象》《梅花鹿和小臭鼠》等。

六　纳西族档案文献遗产散存状况

（一）纳西族档案文献遗产各单位散存状况

　　1. 东巴经档案文献遗产。东巴经主要分布在北京、南京、昆明、重庆、四川、迪庆、香格里拉、丽江、中国台湾等地。云南省民委古籍办收藏有纳西族东巴经档案文献200余册，神路图2幅；云南省博物馆收藏415册；云南省图书馆收藏670册；云南省社会科学院东巴文化研究所有600余册；云南省档案馆、云南民族大学图书馆等单位均有一定数量的东巴经藏书。迪庆藏族自治州博物馆收藏东巴经书383册；香格里拉县三坝乡文化站有600余册；维西县文化局有360册。丽江市博物馆自1993年以来收集入库东巴经582册，博物馆下属的丽江文物管理所也有一些收藏。丽江市档案馆于1990年8月和11月分两批共收集入库69本东巴经。丽江市东巴文化研究院收藏的东巴经书分为两类：第一类是已经编目翻译

---

① 黄惠焜：《傣族文化志》，云南民族出版社1997年版，第351—353页。

出版的《纳西东巴古籍译注全集》100卷的东巴经原始本897本，其中，一部分是从原丽江县图书馆借用过来的东巴经，一部分是东巴文化研究院自1983年以来从民间收集来的东巴经。这897本东巴经原始本正是在2003年8月28—30日，经联合国教科文组织世界记忆遗产项目国际顾问委员会第六次会议推荐批准而列入世界记忆遗产名录的"纳西东巴古籍文献"。第二类是未收入全集的东巴文化研究院自1983年至1988年从民间收集来的东巴经书，以及从原丽江县图书馆借来的东巴经1000册左右。原丽江县图书馆曾拥有一批东巴经书，这批经书主要是20世纪50年代到60年代初，从原丽江县鲁甸、塔城、太安、七河、黄山、五台等地收集的，1979—1982年曾作过初步的藏书编目，据称有5000多册。20世纪80年代初，一部分经书被当时的云南省社会科学院东巴文化研究室借出，用于东巴经书翻译，另一部分由研究者借出。估计现今收藏书3000册左右。玉龙县图书馆有1000余册。

北京的国家图书馆收藏东巴经3810册，中央民族大学图书馆收藏17册，中央民族大学博物馆收藏222本，中央民族大学少数民族古籍整理出版规划办公室收藏1522本，中国历史博物馆收藏的东巴经一直未作编目整理，文献介绍中粗略统计为1000册左右，南京博物馆收藏1231册；重庆中国三峡博物馆、四川大学博物馆，四川民族大学亦有收藏。台北"中央研究院"历史语言研究所傅斯年图书馆收藏363册，台北故宫博物院收藏5册①。

2. 纳西族汉文档案文献遗产。纳西族汉文档案文献遗产主要分散保存在云南省图书馆，丽江市档案馆、图书馆等单位。如云南省图书馆珍藏有58万册地方文献、古籍文献和民族文献，民族文献中包括了许多纳西族汉文档案文献，如明嘉靖年间丽江著名文人木公的自刻本《雪山庚子稿》和《雪山始音》，以及内题"奉天敕诰"，汇集了明代皇帝赐木氏土司"圣旨""诰命"的《皇明恩纶录》等都是其中的珍品。丽江市档案馆现有馆藏档案68个全宗，档案22720卷，新中国成立前的历史档案492卷和部分资料。该馆保存的历史档案资料中有许多纳西族汉文历史档案，

---

① 李国文：《云南少数民族古籍文献调查与研究》，民族出版社2010年版，第321—323页。

比较珍贵的有丽江木氏土司形成的《木氏族宦谱》、清代编制的《乾隆丽江府志略》《光绪丽江府志稿》、民国编制的《东巴文资料》、洞经乐队名册《永保平安》《丽江旅省学会会刊》等。丽江市图书馆收藏有"世界记忆遗产"东巴文化典籍、少数民族古籍文献、地方文献资料等两万余册，其中包括了部分纳西族以汉文形成的《木氏族谱》，诗稿、账簿、地契等档案文献，目前已逐步形成具有地方和民族特色的藏书体系①。

（二）纳西族档案文献遗产民间散存状况

1. 东巴经档案文献遗产。纳西族民间散存东巴经主要分布在云南玉龙县的塔城、鲁甸、太安、宝山、鸣音、大具、龙蟠、黄山、五台等乡镇，古城区的大东、七河、金山等乡，宁蒗县拉伯、翠玉等乡，永胜县的桃园、大安等乡，迪庆藏族自治州香格里的三坝、洛吉等乡，以及四川省木里县俄亚、依吉等乡，盐源县泸沽湖镇等。如玉龙县塔城乡陇巴村委会1村的和圣家珍藏有东巴经书16本，2村陈四才家有15类115本，3村和俊仁家有30本，9村和国秀家有70余本、杨志高家有7本，10村杨理家有3本、杨万清家有4本、和武家有6本，11村杨俊家有112本，11组和文华家有32本。鲁甸乡新主村委会红光社和盛典家有263本，和桂生家有30余本。太安乡天红村委会天红自然村人杨学红家有209本。宝山乡吾木村委会吾木村民小组中心村有11本，和学义家有1本，上村和茂春家有10本。

宁蒗县拉伯乡油米村阿哈巴次家保存有东巴经5套以上，杨格锅有禳垛鬼经书32本，杨扎史家有祭署神、祭璁神、禳垛鬼、超度贤能者亡灵、开丧超度仪式祭超度东巴什罗祭司亡灵仪式经书各一套，杨波布家有祭璁神、禳垛鬼、祭署神仪式经书各一套，阿公塔家有祭璁神、禳垛鬼、祭崩鬼及开丧超度等仪式经书4套以上，石玉吓家有禳垛鬼、祭风、祭璁神、祭署神、开丧超度死者亡灵、超度东巴什罗祭司亡灵、超度贤能者亡灵、祭崩鬼等仪式经书各一套，其中单就禳垛鬼大仪式的经书就有100余本；树枝村石巴布家珍藏有他亲自绘画的神像和神路图等，同时藏有祭署神、超度死者亡灵、超度贤能者亡灵仪式经书，石宝寿家珍藏有经书共有299本，阿展拉家珍藏有许愿饶神、小祭风、祭璁神等仪式经书；瓷瓦村杨恭

---

① 资料由云南省图书馆提供。

补家珍藏有祭署神经书 20 本，祭崩鬼经书 20 本，祭风经书 27 本，开丧超度仪式经书 35 本，祭水神仪式经书 7 本，禳垛鬼大仪式经书 33 本，超度东巴什罗祭司亡灵仪式经书 12 本，禳垛鬼小仪式经书 30 本；杨旭林家珍藏有祭署神仪式经书 22 本，禳垛鬼大仪式和小仪式 42 本，开丧超度仪式经书 49 本，祭水龙仪式经书 13 本；本玛旦史家珍藏有少量东巴经书。布落村督旨茨里家有 36 本，石佳阿家有 100 本（册），和古马基家有 200 本以上。三江口村石称补吉家有 200 本以上。迪庆藏族自治州香格里拉县东坝课补村墨干突若有祖传东巴经书 4 本，杨肯恒东巴家珍藏有部分祖传东巴经卷和东巴法器，习佑才家里遗留东巴画稿；日树弯村人和志德东巴保存有东巴占卜经典；白地水甲村和年恒东巴家有 160 余册经书；吾树弯村人甲夏几东巴家珍藏有 60 余册东巴经书；骨都自然村人和占元东巴家珍藏有 20 余本经书，和志本东巴家珍藏有 10 余本经书；布主弯村人杨木念塔东巴家珍藏有 5 至 6 册经书；保弯村人树银甲东巴家珍藏有 10 本经书；哈巴噶威自然村人和本志东巴家珍藏有 7 本经书，还有部分东巴法器、法物。金江乡士达村人和廷栋东巴家珍藏有 2 本；车竹村人和开珍东巴家珍藏有部分经书，可以回忆出书名的经书有 30 本。维西县攀天阁乡人和家祥东巴家有 300 册左右，和志良东巴家有 300 册左右。四川省木里县俄亚纳西族乡英丹茨理珍藏有东巴经书 13 类 170 本，这些经书中夹杂有日柯支系纳西族东巴用的象形文字[1]。

2. 石刻档案文献遗产。纳西族遗存的主要有汉文碑刻，其种类很多，墓碑有现存于丽江县原木氏土府署内的《明丽江土官木高碑》，立于隆庆三年（1569 年）八月；立于明万历八年（1580 年）的《丽江土官知府木东碑》等。寺观碑有丽江县白沙发现有《金刚、大定二刹碑记》，此碑建于大清乾隆八年（1743 年），为"丽江府世袭督捕府木德"所"仝立"；丽江玉龙村北岳庙建于唐大历十四年（779 年）的《北岳庙碑记》等。建桥碑有丽江县城东南梓里金龙桥上遗存有三块建桥碑，最早的方建桥碑为光绪六年（1880 年）大桥竣工时所建，另两方系分别立于民国二十三年（1934 年）和民国二十七年（1938 年）的《重修梓里金龙桥碑记》。

---

[1] 李国文：《云南少数民族古籍文献调查与研究》，民族出版社 2010 年版，以及课题组调研材料。

宗谱碑有丽江县城玉泉公园内保存的《木氏历代宗谱碑》，清道光二十年（1842 年）为木氏别支立。仁德碑有《木公传记碑》，立于明嘉靖三十三年，为木高所撰，原碑在木氏故宅，今存拓片；《明木氏宗庙记》，存于丽江县木氏家庙等。诗文碑有丽江狮子山白马龙潭寺内珍藏的 5 块清代纳西族著名诗人扬竹庐、马子云、桑映斗、牛焘等人撰刻的诗文碑，计 11 首。纪功碑有丽江县石鼓镇金沙江边保存的《石鼓碣》，记述明嘉靖二十七、二十八（1548—1549 年）木氏土司与吐蕃争战获胜之史事。告示碑有丽江县金山乡开文、文宏二村公庙"三世宫"内遗存有一"严禁乞丐强讨以靖地方事"《碑记示》，"道光十年（1830 年）十二月初一日，士民等奉立"。卜卦碑有丽江玉龙雪山北岳庙内供奉的立于明嘉靖十四年（1535 年）的《北岳卜卦碑》。今存纳西族汉文摩崖石刻保存较为完整的仅有两处：一是《白沙岩脚摩崖》，摩崖在丽江县白沙芒山下岩脚村，即"麦宗摩崖"处。摩崖上分别题刻有明木公、木高的诗作。建于嘉靖十五年（1536 年）。二是《释理达禅定处摩崖》，这一摩崖在丽江玉龙山北麓，摩崖刻有木高于嘉靖三十三年（1554 年）所题七律诗一首。此诗右面还有木高所作七言四句诗一首，共 5 行。

3. 口述档案文献遗产。纳西族民间口述档案文献主要有创世史诗，如《创世记》叙述天地混沌之初万物，藏族、纳西族、白族共同始祖崇忍利恩出世。崇忍利恩两兄妹婚配，招致天神发洪水淹灭人类，唯始祖得神助度过洪灾，繁衍后代之古事。此外，英雄史诗有《黑白战争》《哈斯战争》等，叙事长诗《鲁般鲁饶》《游悲》《相会调》《牧歌》《猎歌》《大鹏之歌》《赶马之歌》《牧象姑娘》《逃到好地方》等，散文体神话有《人与龙》《四个部族的由来》《丁巴什罗》《七星披肩的来历》等，史事和文化习俗起源传说有《阿明于勒的传说》《木王的传说》《木土司的故事》《木老爷和东巴圣师德传说》《木正源的故事》《木增的故事》《木增与徐霞客》《祭猎神的由来》《露鲁人供祖的由来》《"二月八"的来历》《"三朵节"的传说》《妇女披羊皮的来历》《火葬的来历》等。风物传说有《玉龙山十二兄弟和金沙江姑娘》等，动植物故事有《狡猾的鳝鱼》《燕子和葫芦》等，民间故事《狡猾的鳝鱼》《燕子和葫芦》等。

七 白族档案文献遗产散存状况

(一) 白族档案文献遗产各单位散存状况

1. 纸质档案文献遗产。白族档案文献遗产除民间散存有少量的大本曲、碑刻等白文档案文献外，各单位白族征集保存的主要是白族汉文档案文献。在省级保管单位中，云南省图书馆馆藏白族汉文文献珍品极多，如唐释不空译元官刻《大藏经本观自在大悲成就瑜伽莲花部念诵法门》，大理国写本《金刚般若波罗蜜经》、大理国保天八年写本《诸佛菩萨金刚等启请》、大理国写本《通用启请仪轨》，清乾隆年间昆明钱南园的手稿《钱氏族谱言行纪略》《滇南草本》等。云南省档案馆保存有两册段氏家族谱牒档案材料，一册是《段氏家谱》，系古大理国段氏分支家谱，记载了段氏门中历代远近宗亲的世系；一册是《滇南段氏世系》，记载云南大理国王段思平家族自后晋天福年间至清代雍正年间700余年共45代的世系，内容涉及大理国的建立、元世祖平云南、明初战乱等经过①。

白族档案文献保存最多的大理白族自治州档案馆，馆藏白族档案文献主要分为6大部分：一是白族家谱档案文献遗产，共有43个案卷，包括大理史城董氏族谱、钱氏家谱、大理史城张氏族谱、滇南段氏世系等。二是白族印章档案文献，共有拓片31张，主要有大理卫指挥使司经历司之印、大理卫右千户所百户印、赵州僧正司记等。三是白族照片档案文献，共有15个案卷，1913张，如白族古代文化艺术的宝库——剑川石钟山石窟照片、南诏图传画卷张胜温画卷照片。四是白族碑刻档案文献遗产，碑刻拓片共有26个案卷，1453张。这是大理州文管所、档案馆自1984年以来，对大理白族石刻进行普查，复制形成的大理国时期到民国时期的石刻拓片。五是白族原始古籍校注原稿，共有9个案卷，12份。包括《大理古佚书钞》校稿、注条、手抄稿等。六是白族历史碑刻和金文说明、录文共有170份。其中包括建极年号铜钟款识说明、录文，建极年号铁柱题款说明、录文，崇圣寺雨铜观音像铭文说明、录文，杨和丰铜像铭文说明、录文，段氏与三十七部会盟碑说明、录文等。除大理州档案馆外，大理市档案馆、洱源县档案馆、剑川县档案馆、巍山县档案馆、宾川县档案

馆、弥渡县档案馆等都珍藏有丰富的白族档案文献。

在大理州图书馆系统，大理学院图书馆珍藏的白族档案文献最具特色的是形成于明清时期的白族医药手稿，包括《东医宝鉴》《全图医宗金鉴》《赵氏医贯》《图注难经》和《万病回春》等。此外还有部分白族家谱、契约等档案文献。大理州图书馆自 1956 年以来，通过征购、抄录、影印、复印、点校铅印等方式，征集到包括文书、手稿、碑帖、家谱、拓片和声像材料等不同形式的白族文献 9539 种 31908 册（件、页）。在这些文献中，包括了大量白族档案文献，其中较为珍贵的有大理喜州白族碑刻 1 册、白族民间经济契约 1 册、白文手稿《白国因由》1 册、金刚般若波罗蜜经 1 册、大理史城董氏族谱 11 册、滇榆龙关段氏家谱 1 册、太和段氏家谱 2 册、太和段氏续谱合编 1 册、太和赵氏族谱 6 册、洱源李氏谱源 2 册，以及部分摄录的原始白族口述档案文献。鹤庆县图书馆收藏有部分文书、手稿、家谱、碑刻拓片等白族档案文献类型，如《鲍氏宗谱》《鹤城舒氏族谱》《杨氏家谱》《张氏家谱》《鹤庆楹联汇编》《刘沛先生大本曲曲本汇编》等。此外，古籍收藏在万册以上的还有大理市图书馆、洱源县图书馆、剑川县图书馆、巍山县图书馆、宾川县图书馆、弥渡县图书馆，其他各县图书馆也有几千册的收藏，全州共计收藏古籍 13.6 万册，这些图书馆中所珍藏的白族档案文献还需深入发掘整理①。

2. 金石档案文献遗产。云南省博物馆、大理州博物馆等单位都有珍藏白族金石档案文献，其中以大理市博物馆集中保存的白族碑刻档案文献遗产最为丰富。1987 年，大理市博物馆收集了大量白族碑刻，建成了集中展示白族石刻档案文献的碑林。1993 年，碑林第一次扩建，规模有所扩大。2011 年，碑林完成第二次改扩建。现今，碑林占地 2650 平方米，共集中收藏大理国、元、明、清和民国各种类型的白族碑刻 675 通，其中元朝碑刻有 315 通。这些白族碑刻档案文献遗产内容涉及白族政治、经济、文教，和名人传略、风土人情等，有极高的档案史料价值。大理学院图书馆珍藏有许多包括白文、汉文和梵文的有字瓦陶残片，如洱源县凤羽乡帝释山元代废寺院故址上元代模印花砖；南诏古城上采集的有字瓦等。相对于众多的白族汉文金石档案，白文金石档案现存数量极少，如《段

_____

① 资料来源于课题组实地调研材料。

政兴资发愿文》刻于一观音铜像的背部，此铜像二战期间被劫往美国，现藏加利福尼亚圣地亚哥"精艺"博物馆。1942年到1943年，石钟健到大理考察时，明清时期的方块白文碑刻保存完好，并由石钟健制成拓片。其后陆续被毁，只有《山花碑》得到较好保存，该碑现存于大理市博物馆。至于方块白文有字瓦则数量较多，在云南省博物馆、大理州博物馆、大理市博物馆内都有保存。另外，一些学者也收藏有部分白文有字瓦。

（二）白族档案文献遗产民间散存状况

1. 纸质档案文献遗产。白族民间保存下来的白文档案文献不多，如白族先民以神话故事编唱的白族调为基础，发展形成了唱诵的长体诗本子曲和有戏曲形式的白文大本曲。至今，白族民间还流传有白文大本曲曲本、本子曲曲本、民歌唱本、宗教祭文等白文档案文献。这些白文档案文献数百年来在代代相传，数量十分可观，但由于未进行全面系统的调查，其收藏使用情况尚未明确。白族民间散存的汉文档案文献遗产为数众多，纸质档案文献多为白族群众形成的家谱、经济契约等。如喜洲张睿卿家珍藏有一份《敬告商业练习生金石良言》，系"喜洲商帮"中永昌祥的《号规》，有较高的经济史料价值。民间现存白族纸质档案文献极为丰富，尚未进行普查登记，分布保存在大理各民族地区。

2. 金石档案文献遗产。民间散存的白文石刻不多，主要有《剑川县沙登村第十六号窟第二龛佛座下白文刻字题记》，现存剑川石宝山石窟群，也是其中唯一有南诏纪年的一窟；《三十七部会盟碑》，位于曲靖县北20里，立于大理国段素顺在位时明政三年（971年）；《邓川大元国奉训大夫都元帅段信苴宝碑》，位于邓川城西石宝香泉；《故善士杨宗墓志》位于大理市弘圭山麓，立于明景泰四年（1453年），注明"弟杨安道书白文"，已毁；《故善士赵公墓志》位于大理市弘圭山麓，立于景泰六年（1455年），已毁；《故处士杨公同室李氏寿藏》碑原碑在大理弘圭山麓，碑面为汉文，述其家史，碑阴刻有白曲《山花一韵》，共56字，立于成化十七年（1481年）；《词记山花咏苍洱境》，简称《山花碑》，原在大理节庆洞村圣源寺，立碑时间不晚于1572年；《应国安邦神庙碑记》现存大理市挖色区大城乡的沙漠庙中，碑面汉文记南诏蒙氏阁罗凤"竖建殿宇"之史绩，碑阴和两侧以白文记录白族董虎等施舍给本寺香火的土地面积和四至等；《史诚无山道人健庵尹敬夫妇预为家冢记》位于大理市弘圭山麓，前面自序部分为汉文，文后附《白曲一诗》，全诗共 38 行，立于康熙四十二年（1703 年），已毁①。白文残瓦是在 20 世纪 30 年代以来陆续发现的。1938 年 11 月至 1940 年 6 月，吴金鼎、王介忱、曾昭烟三位先生在点苍山脚下考古，在多个文化遗址中，发现和搜集了有字瓦片二百多件。这些有字瓦片多出于南诏建筑遗址中，故其时代应属南诏，晚者可至大理国。云南博物馆在姚安、巍山收集到有字瓦一百多片。此后，在羊直学城、龙口城、龙尾城、大厘城、一塔寺、金梭岛、邓川德源城、弥渡白崖城遗址，也陆续发现了有字残瓦，一面是细布纹，另一面印有白文。

白文金文泛指镌刻在金属器皿之上的记事文字，留存下来极少。最具代表性的是大理国时期《段政兴资发愿文》，段政兴资为大理国第十七王，1147—1172 年在位，他曾铸观音铜像一尊，铜像背部铸有发愿文，共 42 字，前部分为汉语，后 20 字为一首白文五言诗②。除铜观音像外，大理崇圣寺还发现一尊铜本主像，背面亦有铭文"追为坦绰杨和丰追称宣德大王"，铭文说明杨和丰生前曾任"坦绰"一职，死后，"追称宣德大王"，即奉为本主；在大理三塔内曾发现两件铜片和一件铁片，上刻"明治四年（1000 年）""大宝六年（1154 年）""平口公（高奉明）""高口量成"等大理年号、相国的封号、姓名，可印证、校正、补充云南地方文献中有关大理国的记载③。

3. 口述档案文献遗产。白族口述档案文献种类繁多，内容丰富。如《创世记》唱述了开辟天地、万物及人类的起源之史实。此外，叙事长诗有《青姑娘》《鸿雁带书》《出门恋歌》《巧木匠》《黄氏女对金刚经》等；散文体神话有《开天辟地》《日月从哪里来》《点血造人》《兄妹成亲和百家姓的由来》《开辟大理》《氏族来源的传说》《虎氏族的来历》《太阳神本主》《五谷神王》《凤凰女神》等；史事和文化习俗传话有《李元阳的故事》《绕三灵的由来》《三月街的传说》《石宝山歌会的传说》等；人物传说有《拉木经和压木经》《唱曲传艺》《石匠段赤诚》

---

① 陈子丹：《白族金石档案概论》，《思想战线》1998 年第 7 期。

② 华林、侯明昌：《流失海外少数民族档案文献的分布与追索》，《档案学研究》2010 年第 2 期。

③ 陈子丹：《白族金石档案概论》，《思想战线》1998 年第 7 期。

等；风物传说有《上关花》《下关风》《苍山雪》《洱海月》《望夫云》《火把节的传说》《石宝山歌会的传说》等；动植物故事有《棕树为什么剥皮》《桃花姑娘》《棕树和槐树》；生活故事白族的《唱曲传艺》《拉木经和压木经》《戏进士》《拜寿吃鸡》等；民间歌谣有《创世记》《牧羊歌》《八仙过海》《老死也相恋》等。

八　西部其他民族档案文献遗产散存状况

1. 西夏文档案文献遗产。随着西夏覆灭和党项民族的消亡，19 世纪初人们所能见到的西夏文实物只有北京居庸关云台门洞内的六体石刻一件。1804 年，清代学者张澍在甘肃武威发现凉州护国寺感通塔碑，首次揭示了西夏文字的真相。几年之后，法国人毛利瑟在北京得到了几页泥金写本西夏文《法华经》。1908 年，科兹洛夫受俄国皇家地理学会委派，率蒙古四川考察队进入中国，在内蒙古额济纳旗，于当年和次年两次对原西夏黑水古城遗址进行发掘，并在城外古塔内发现了一个西夏书库，里面堆满了用西夏、汉、回鹘、突厥、蒙古、叙利亚等文字书写或刊印的文献，这些珍贵的文献随即被全部运到俄国的圣彼得堡。五年之后，英国的斯坦因也率领第三次中亚探险队进入黑水城，发掘到了一批科兹洛夫没有发现的文献，今藏英国大不列颠博物馆[①]。此后，中国境内至 20 世纪末不断有零星的考古发现，只是大都为残破的纸片。1917 年，宁夏灵武县在修城时发现藏于瓦坛中的一批元刻西夏文佛经，这些佛经后来散落多处，其中较大的一部分被当时国立北平图书馆收得，今藏北京图书馆善本部[②]。新中国成立以后，在敦煌莫高窟、甘肃省天梯山、武威张义下西沟岘、武威缠山村亥母洞、内蒙古黑水城遗址、宁夏贺兰县拜寺沟方塔以及贺兰县宏佛塔都出土过西夏文文献[③]。

敦煌研究院藏西夏文献版本很多，有写本、印本，印本中又分刻本和活字本，如敦煌所出西夏文活字版《维摩诘所说经》《诸蜜咒要语》不仅

---

① 华林、侯明昌：《流失海外少数民族档案文献的分布与追索》，《档案学研究》2010 年第 2 期。

② 张公瑾、黄建明等：《民族古文献概览》，民族出版社 1997 年版，第 594—595 页。

③ 《古籍知识》，中华古籍网，http://www.guji.cn/。

是世界上最早的活字印刷品，也是海内孤本；敦煌莫高窟北区的西夏文献中《龙树菩萨为禅陀迦王说法要偈》的经末压捺印记，证明元代敦煌曾藏有一部 3600 余卷的西夏文刻本大藏经，是管主八大师印施 30 余部大藏经一部；特别是敦煌北区发现的活字印刷品，是世界上最早的活字印刷实物①。此外，宁夏文物考古研究所收藏贺兰山山嘴沟石窟发掘出土的古代西夏时期的佛教文献，有西夏文、汉文、藏文 3 种文字的 60 多种不同佛经及世俗字典等残片，其中西夏文佛经残片达 600 多页，文献以佛教内容为主，大部分是西夏文，也有少量汉文和藏文的佛经、咒语等②。

2. 焉耆 - 龟兹文档案文献遗产。焉耆 - 龟兹文资料于 19 世纪末 20 世纪初在新疆相继被发现，今分藏德、法、英、日、印、中等国，这些文献多数尚未被刊布和整理，未出版过详细目录，所能查阅到的德国和法国藏品也多由西方学者整理刊布，其中一般附有拉丁文字的转写，一直被视为深入研究的基础，另有一些零星的文件释读文章，散见于欧洲各学术刊物上③。此外，新疆维吾尔自治区博物馆藏品中有部分焉耆 - 龟兹文档案，如该馆收藏的焉耆 - 龟兹文的《弥勒会见记》，是 8 世纪前的写本，也是中国目前保存下来最早的写本。这些文献不仅是直接研究中国历史的珍贵资料，对中亚乃至世界民族、文化史的研究也有着不可或缺的意义④。

3. 水书档案文献遗产。水书的抢救工作始于 20 世纪 80 年代，1994 年，王品魁先生破译的首本水书档案文献《水书·正卷壬辰卷》由贵州民族出版社出版；2002 年以后，贵州省开始大规模水书抢救工作；2002 年 7 月和 2003 年 8 月，荔波县、三都水族自治县先后成立了水书抢救工作领导小组；2004 年 5 月 24 日，贵州省黔南布依族苗族自治州成立了水书抢救工作领导小组，并于 5 月 27 日召开了水书抢救工作领导小组第一次会议；2005 年 8 月 31 日，黔南布依族苗族自治州成立了水书抢救破译专家组，使水书破译工作科学有序地进行；2008 年 6 月，贵州省荔波县

①　易雪梅、金颐：《西北地区古籍文献资源存藏现状概述》，《社科纵横》2008 年第 9 期。

②　同上。

③　包和平、王学艳：《国外对中国少数民族文献的收藏与研究概述》，《情报杂志》2002 年第 6 期。

④　易雪梅、金颐：《西北地区古籍文献资源存藏现状概述》，《社科纵横》2008 年第 9 期。

档案馆获批成为首批"全国古籍重点保护单位"之一①。此外，文化部民族民间文艺发展中心在荔波成立了"中国水族水书文化研究中心"；贵州省水家研究学会专门成立了"水书文化研究工作委员会"；贵州省易经研究学会也在三都、荔波设立了"水书易研究基地"；高校方面，清华大学、中山大学、南开大学、贵州民族大学等高校也纷纷设立水书研究机构，扩展了水书档案文献遗产抢救的队伍②。截至2013年的统计数据表明，国内水书档案文献总藏量五万多册，其中，贵州省黔南州境内，各级档案馆、图书馆、博物馆、民委古籍办等单位从水族民间征集进馆保存的水书文献典籍原件25000多册，仅三都县档案馆就存有12600多册，荔波县档案馆存有10000余册；国内外各类档案馆、图书馆、博物馆等收藏的藏量约10000册；此外，散存在各类民间收藏约20000册，其中，贵州省三都水族自治县、荔波县、都匀市、独山县、榕江县、丹寨县以及一些其他水族地区都散存着大量的水书档案文献，以三都县和荔波县的存量最为居多，这些散存水书档案文献亟待抢救③。

4. 布依族档案文献遗产。最近，荔波县在文物普查中发现1912年以前版本的布依族古籍、毛笔手抄古书共计5000多册，主要散存在该县翁昂乡、驾欧乡、洞塘乡、播尧乡的"坛主"老人手中，大致分为经书和傩书，据统计，全县民间散存布依族古籍5000多册，其中傩书3000册左右，经书2000册左右④。从事历史资料搜集研究达13年之久的荔波县文史委主任何羡坤认为，现在很多地方都说布依族没有自己的文字，其实不是这样，荔波发现的这些散落社会的古书就可以对这一说法不攻自破；现在古书文物都被70岁左右的老人收藏，也只有他们还能读懂这些书，再不抓紧回收和破译推广，今后就无法传承了⑤。

5. 壮族档案文献遗产。壮族主要分布在云南、广西等省区，其档案文献遗产主要有壮文历史档案，按其载体形式可分为壮文经书、文书

---

① 杜昕、高鹏翔、朱少禹：《水书档案文献遗产抢救问题研究》，《兰台世界》2014年第9期。

② 同上。

③ 同上。

④ 《五千多册布依族古籍散落荔波专家建议收藏》，金黔新闻网，http：//news. gog. com。

⑤ 同上。

等纸质档案，摩崖、碑刻等石刻档案，以及金文、木刻档案等诸多类型：壮族汉文档案文献，主要有文书、石刻等种类。此外，有丰富的口述档案文献。壮族档案文献多保存在档案馆、图书馆、博物馆或民委古籍办、民族研究所等机构。除文化机构收藏外，云南和广西民间也散存有大量的档案文献遗产。以云南省为例，壮族是云南少数民族中总人口超百万的少数民族之一，历史悠久，文化灿烂，民族古籍蕴藏丰富。2010 年 10 月至 2011 年 10 月，云南省以文山壮族苗族自治州为试点，全面开展了壮族古籍普查工作，在文山州 8 县，对 3655 个壮族村寨的壮族古籍蕴藏情况进行了全面普查和登录。经过一年多的努力，初步查明，文山壮族苗族自治州的壮族古籍蕴藏量达 2500 余册（卷），其中摩经等历史文化类古籍 2300 余册（卷），历算类古籍 100 余册（卷），古壮字剧本近百种①。

此外，西部各省区遗存的其他民族档案文献遗产还很多，这些民族档案文献遗产数量丰富，载体众多，是各民族社会历史发展情况的真实记录，亟待进行普查、征集与保护。

第二节　西部民族档案文献遗产散存状况产生的现实问题

上述可知，西部各相关单位都征集收藏有丰富的民族档案文献遗产，此外，尚有大量珍贵的民族档案文献遗产散存民间。由于保管条件简陋，保管制度松懈，档案保护意识薄弱，加之受人为、自然和历史因素的影响，民族档案文献遗产保护现状极为严峻，随时都有损毁、流失和消亡的危险。

一　民间散存民族档案文献遗产产生的现实问题

（一）民间散存民族实体档案文献遗产的损毁流失问题

1. 保管条件极其简陋不利于民族档案文献遗产的科学保护。西部民间现存民族档案文献遗产中以纸质档案数量最为丰富，从少数民族纸质档

案的载体材料和书写情况来看，许多档案用自制的土纸、墨汁和竹笔写成，纸质坚韧，自然老化现象十分普遍。就保管条件而言，民间散存民族档案文献遗产多为喇嘛、和尚、东巴、毕摩、艺人或其他民族群众所珍藏，大多存放在破旧的箱子或麻袋中；有的则藏于山洞、禾仓、楼板夹层中、于房屋屋檐下、牛圈和烧火煮饭的灶房里等，保管条件恶劣，破碎、发霉、受潮、虫蛀和毁坏现象普遍存在①。如云南省新平县彝族毕摩柳长容，男，80岁，家里祖传有10余本彝文经书，存放在土木结构的小四合院睡房床头一故旧小木柜之中，经书大多已经破损（见表3－1）。

　　民族金石铭文档案主要刻题在石质载体材料和金属器物之上，这些档案原件大多裸存野外，长期遭受风雨侵蚀，或是风蚀剥落、漫灭难辨，或是碑体断裂、沙土埋没，许多珍贵的金石铭文都已湮灭无存②。如1933年左右，在武威县北30里石碑沟一带出土了一块回鹘文《亦都护高昌王世勋碑》，碑文记载了从巴而术阿而忒亦都护到太平奴诸畏兀儿亦都护的世系传递。该碑因风化剥蚀现仅存原碑下半段，高1.8米，宽1.62米，约为全碑的五分之二。甘肃省酒泉市西南约15公里的文殊山石窟遗存有《有元重修文殊寺碑铭》，此碑高1.24米，宽0.74米，正面为汉文，共26行，每行52字。背面回鹘文，也是26行。此碑立于1326年，立碑人为喃答失太子。受自然因素影响，该碑的碑额和碑座均已破碎遗失③。

　　1988年，新疆的彻·孟和等人前往查干哈达勘察，共找到直径为70厘米或120厘米左右的大小不同的45块卵石。每块卵石的正面刻有15—16行不等的50多个托忒蒙古字，并标有页码。其中，第58块的字迹最清晰，最后一块卵石上刻有藏文六字真言。石经刻写年代尚未确定。大约是黄教传入卫拉特蒙古部以后（17—18世纪）的佛经译作。根据《金刚经》的内容和制作材料，石经应该有100多块。由于长期受风雨侵蚀，这部石经不但残缺不全，所剩石经许多文字也漫灭难辨④。云南省楚雄州

---

① 华林等：《文化遗产框架下的西部散存民族档案文献遗产保护研究》，《档案学通讯》2013年第3期。

② 同上。

③ 张公瑾、黄建明等：《民族古文献概览》，民族出版社1997年版，第376—377页。

④ 张公瑾、李冬生等：《中国少数民族古籍集解》，民族出版社2006年版，第175页。

武定县民间散存有彝文碑刻500余块，这些碑刻档案文献许多已经风化剥蚀，字迹不清，严重残损的在50%以上，一般残损的有30%，而轻微残损的只有20%，残损率达100%①。在丽江玉泉公园内并立着若干年代久远的石碑，其中有著名的《木氏宗谱碑》《哀乌思藏词》《丽江商业劝工会记》等，这些石碑长期没有得到应有的保管和保护，许多碑文已经难以诠释。原存于贵州省大方县响水区青山彝族乡与响水镇接界河边的著名彝文《妥阿哲纪功碑》立于蜀汉年间，因年代久远和风雨侵蚀，碑石仅剩左下部一截，残存彝文极为模糊，可辨彝文只有174字②。除纸质古籍和碑刻外，1965年在吐鲁番英沙古城遗迹发现《回鹘文木柱文》，系西州回鹘王国前期建寺奠基发愿文。木柱立于西州回鹘王国前期，约18世纪以前。木柱主干部分八棱八面，直径为5.5厘米；下部尖状，柱长62.3厘米。在主干部分的每面上都写有2行回鹘文，共16行，墨书，内容记述比丘尼乌枕南和公主库图鲁格推尊等为功德善行，修建寺院和佛塔的事。由于长期受风雨侵蚀，多数字迹已经模糊不清③。

表3-1　　云南省新平县彝族毕摩柳长容祖传彝文经书保存状况

序号	经书名称	经书成书时间	经书质地尺寸	经书简要内容	经书状况
1	择日子书	成书时间不详	绵纸、横长本，麻布护封，100页	记录婚娶占择时日	全书纸质黑旧、边角破损
2	历书	成书时间不详	绵纸、横长本，麻布护封，140页	历书，绘有星象图	布尾残损，书的第3、4页破损
3	占病因书	成书时间不详	绵纸，长本，42页	占择人产生各种疾病的原因	每页正中已经断裂，书的第2、3页残缺，第13页破损朽缺，书角有残损

① 华林、刘大巧、许宏晔：《西部散存民族档案文献遗产集中保护研究》，《档案学通讯》2014年第5期。

② 华林：《西南少数民族石刻历史档案的现状与保护研究》，《思想战线》2003年第2期。

③ 华林：《论藏文历史档案的发掘利用》，《中国藏学》2003年第4期。

续表

序号	经书名称	经书成书时间	经书质地尺寸	经书简要内容	经书状况
4	占病因书	成书时间不详	绵纸，正长形本，54 页	占择人生疾病原因之书	封面残缺，全书右端破损卷缩成纸条状，缺损严重
5	丧葬经	成书时间不详	绵纸、84 页	丧葬仪式念诵的经书	全书破旧，第 1 页缺失，第 2—5 页残损，右端全部页面卷缩破朽
6	占星书	成书时间不详	绵纸、46 页	占星辰卜吉凶的经书	全书破损，全部页面拦腰断裂，麻布护封破朽
7	作祭经	成书时间不详	绵纸、46 页	毕摩作祭时唱诵的经书	全书缺损严重，仅剩残页 15 页
8	蜜蜂采花调	成书时间不详	绵纸、15 页	彝文民间歌谣书	第 2、3 页残损，全书右端页面卷缩破损
9	占病因书	成书时间不详	绵纸，60 页	占择人生疾病原因之书	全书缺损严重，页面约三分之一破损，尚存页面卷缩成纸条状，字迹难辨
10	家谱书	成书时间不详	绵纸	记录家族谱系书	全书缺损严重，仅剩残页 5 页

注：参见李国文《云南少数民族古籍文献调查与研究》，民族出版社 2010 年版，第 263—265 页。

2. 大量民族档案文献遗产散存民间极易造成人为损毁问题。课题组在调研中发现，保护意识缺失发生的人为损毁现象在西部地区普遍存在，对民族档案文献遗产破坏最为严重。

（1）人为损毁现象在西部各民族地区普遍存在。以少数民族金石档案文献遗产的人为损毁为例。1962 年，甘肃省酒泉市发现一块回鹘文《大元肃州路也可达鲁花赤世袭碑》，碑石高 2.36 米，宽约 0.91 米，立于元顺帝至元二十一年（1361 年），立碑人为唐兀族人善居。碑石汉文部分共 23 行，回鹘文部分共 32 行。该碑记录了一个唐兀族家族自西夏灭亡后，至元朝末 150 年间六代 13 人的官职世袭及其仕事元朝的情况，后因修城支门洞用，碑被凿解为两部分，各宽 0.45 米左右①。西藏著名的藏文《叶尔巴钟》原存拉萨东郊扎叶尔巴寺内。钟铭两圈，回环，有藏文 6 行，译文为："持诸胜者（佛）之圣教正法，奉一切菩提行，净治善行诸端，获未来一切劫中受用。"从文字形体、笔势来看，应是吐蕃时期遗物，可惜此钟现已毁坏②。成化钟铭文是彝文金文档案文献中的珍品，该钟原存于贵州省大方县马王庙中，后移至文庙，文庙改为小学后，便一直保存在学校内，现已移至大方县文化馆珍藏。成化钟全高 1.35 米，口径 1.1 米，厚 0.01 米，重约 300 公斤。钟顶部高 0.36 米，有一只六脚钟耳，两面中柱脚均铸饕餮头形。钟耳旁原各有钟角一只，可惜已被人拆毁。令人痛惜的是钟体周围原题刻的 8 幅高 19 厘米、长 54 厘米的彝、汉文铭文，有 5 幅已遭到破坏，仅剩下 3 幅的文字基本完整，其中彝文占一半弱，汉文占一半强③。云南省丽江县五区上桥头村遗存有著名的《古吊桥纳西文摩崖》，是迄今为止所发现的较早的哥巴文字迹，石壁上题刻藏文 11 横行，4 长行 7 短行。长行之下短行之旁，直书纳西标音文字共 16 字，其后直书汉文 3 行，内容为："万历四十七年（1619 年）己未年四月十四日吉月吉日有各修其尾。"3 种文字的题名浅刻从内容看当是修路架桥时的刻文纪念之作，遗憾的是这一摩崖石刻因修公路而被炸毁④。广西省武鸣县罗波镇一寺庙之中原存有 30 多块反映当地民族宗教情况的碑刻，由于保管不善，石碑不断被迁移作为他用，或为洗衣台的洗衣石，或被铺砌在村口的涵洞底下，迄今都已流失殆尽⑤。

（2）对民族档案文献遗产造成的破坏最为严重。据云南省古籍办普

---

① 张公瑾、黄建明等：《民族古文献概览》，民族出版社 1997 年版，第 375—376 页。

② 华林：《西部大开发与少数民族历史档案保护政策研究》，《档案学研究》2002 年第 2 期。

③ 国家民委民族问题五种丛书编辑委员会：《四川贵州彝族社会历史调查》，云南人民出版社 1987 年版，第 191 页。

④ 华林、谭莉莉：《西南少数民族石刻历史档案保护技术研究》，《广西民族研究》2005 年第 3 期。

⑤ 华林等：《文化遗产框架下的西部散存民族档案文献遗产保护研究》，《档案学通讯》2013 年第 3 期。

查统计，云南省散存民间的纸质民族档案文献遗产有 10 余万册（卷），由于生存环境恶劣，加之档案保护意识薄弱，近年来，正以每年上千册（卷）的速度在损毁流失①。其中，最主要的原因是人为损毁造成的。如云南省禄劝县茂山乡至租村的王学光是远近闻名的彝族毕摩，曾被禄劝县民委聘请翻译彝文古籍。2005 年，王学光毕摩去世。其后，家里就没有人继承其毕摩世职，对所遗存的彝文经书也不重视，先后丢弃和烧毁了数本，至今保存下来的仅有 7 本。该乡归门村委会撒布子念村张文荣也是一位当地著名的彝族毕摩，家族传承的和自己传抄的彝文经书数量十分丰富。2001 年，张文荣老人去世，享年 82 岁。由于家中无人继承毕摩职业，老毕摩去世后，其经书有的被转送他人，有的被烧毁或遗失。迄今家中还留存 3 本以作纪念，秘不示人②。

新平县平甸乡李自强的父亲是彝族毕摩，家里保存有上百册珍贵的彝文古籍。数年前老毕摩去世时，其家人把全部彝文古籍搬出门外堆放在屋檐下，不久便散失殆尽③。除云南省外，类似损毁民族档案文献遗产的现象在西部民间普遍存在。如贵州省荔波县遗存有数万水书档案文献，大多为民间水书先生所珍藏。许多保存有水书的老人去世后，家人便将水书当作祭祀品就地销毁④。有的水书先生找不到传承人，只好将水书当作废纸就地变卖，或赠送他人以作纪念，或就地烧毁以祀祖宗。历代政治运动对民间散存的民族档案文献遗产也造成了巨大的破坏。如新疆和布克赛尔蒙古自治县沙·布巴曾珍藏有一部托忒蒙古文早期历史文献《和鄂尔勒克史》，为和鄂尔勒克著，成书年代不详。这一珍贵档案文献可惜在"文化大革命"中丢失。甘肃省甘南藏族自治州夏河县的拉卜楞寺建有正规的藏经楼和印经院，1958 年前，藏经数达 228620 部，藏文经版 6200 余块；1958 年"反封建"斗争及十年浩劫中，藏经楼和印经院被毁，经籍、经

---

① 《古籍保护》，云南省古籍保护中心，http://www.ynlib.cn/。
② 李国文：《云南少数民族古籍文献调查与研究》，民族出版社 2010 年版，第 195—196 页。
③ 《穿越时空的守望——少数民族古籍抢救整理出版在云南》，云南省古籍保护中心，http://www.ynlib.cn/。
④ 华林、刘大巧、许宏晔：《西部散存民族档案文献遗产集中保护研究》，《档案学通讯》2014 年第 5 期。

版大量散失毁坏，后经收集和抢救，现今仅存经籍 65000 余部，经版 18216 块①。四川甘孜藏族自治州康定县档案馆从 1961 年就开始收集藏文历史档案，到 1966 年年初，共收集到 3000 卷藏文历史档案，遗憾的是这些藏文历史档案在"文化大革命"中散失殆尽②。内蒙古大学图书馆的山花在访谈中介绍，90% 的蒙古族古籍文献都收集到各文化机构或政府部门保存，其余的或散存在寺庙，或为民间个人所收藏。"文化大革命"期间被损毁的有 80% 左右，导致北方现存珍贵蒙古族古籍文献数量稀少，征集十分困难。

3. 经济建设活动对民间散存民族档案文献遗产造成的损毁问题。西部大开发在增加建设项目、开发旅游资源，促进西部地区经济建设发展的同时，也对民间散存民族档案文献遗产的生存造成一定影响。如甘肃的莫高窟，西藏拉萨的《唐蕃会盟碑》，云南大理的《南诏德化碑》、禄劝县的《镌字岩彝文石刻》，贵州大方等地的彝文碑林，广西左江流域的少数民族古岩画等每年都吸引了大量的中外专家、学者和游客进行考察研究和参观游览③。莫高窟一年只能接待 15 万—18 万人次的游客，近 10 年来，游客逐年递增，达到 55 万人，每年第三季度的游客占当年游客总人数的七八成。这几个月，每天都有几千名游客集中走进莫高窟，监测显示，15 个人在一个洞窟停留 10 分钟，洞窟温度会升高 5℃，二氧化碳浓度大幅提高④。游客的增加不仅会对洞窟壁画造成人为损坏，温度的升高和二氧化碳浓度的提高也会加快壁画和彩塑的损坏。四川省西昌县礼洲安宁河西岸，轿顶山脚下安氏祖茔遗存有《清诰授武功将军安氏历代宗亲之寿域碑》《安玉枝墓志》《安世荣墓志》《安平康墓志》《安都氏墓志》《安绍微墓志》等 7 块墓碑，建于清代咸丰年间至光绪年间，内容除记载家世源流外，还涉及当时太平天国、义和团、杜文秀起义军和民族关系等内

---

① 华林：《论藏文历史档案的发掘利用》，《中国藏学》2003 年第 4 期。

② 泽仁邓珠等：《四川甘孜藏族档案史料述评》，《少数民族档案史料评述学术讨论会论文选集》，中国档案出版社 1988 年版。

③ 华林：《西南少数民族石刻历史档案的现状与保护研究》，《思想战线》2003 年第 2 期。

④ 张裕：《"数字敦煌"：不进窟 看壁画》，《今日科苑》2011 年第 24 期。

容，其后，这些石刻档案文献因修礼洲水堰而被当作建筑材料砌入沟渠之中①。再以三峡建设工程为例，三峡地区是古代巴、楚氏族繁衍生息的重要地域，也是当时巴国军事、文化中心。三峡工程建坝后，其库区上起重庆江津黄兼，下至湖北宜昌三斗坪，波及重庆、湖北的 22 个市县。在此范围内受淹文物古迹共计 1200 多处，有古建筑及历史纪念建筑物、石窟寺、石刻及古墓葬等多种类型，其中包括了大量的少数民族碑刻、摩崖和石刻造像等石刻历史档案②。如万县地区有文物古迹 639 处，将淹没地面文物 174 处，其中石刻类 40 处，古墓葬类 240 处。以奉节瞿塘峡壁题刻、丁房阙、无铭阙、临江岩摩崖造像、汪家大院洪水题刻、云阳故陵楚墓、龙脊石题刻几处尤为重要③。虽然政府采取许多必要措施抢救三峡文物，但部分少数民族历史档案还是遭受到了严重损毁。

4. 经济利益导致的民间散存民族档案文献遗产贩卖流失问题。西部民间散存有大量的民族档案文献遗产，除历史文化价值外，还有很高的收藏与商业价值。为此，国内甚至包括国外的一些文物贩子和不法商人纷纷涌进西部，深入民间，收购民族古籍、金文、印章、贝叶经以及宗教法器等各种类型的民族档案文献遗产，然后到沿海地区或国外销售。如傣族生活的西双版纳、德宏等地与泰国、缅甸、老挝接壤，边民相互通婚、通商、通医，有很多傣文文献流失到缅甸、老挝等东南亚地区，难以找回，有的甚至流失到了美国、德国等④。课题组在西双版纳傣族自治州调研时了解到，缅甸、老挝等的部分研究机构和人员，不仅亲自深入傣族村寨购买傣文文献，同时还采用委托当地傣族进行收购，购买傣族民间散存的贝叶经、绵纸经等，其中就包括了一些珍本和孤本。例如，囊括了人体解剖学、人体生理、病因病理的傣医经典著作《档哈雅龙》已流失海外，至今无人知道该书的具体下落⑤。再如，近十几年来，前来纳西族地区旅游、考

---

① 华林、谭莉莉：《西南少数民族石刻历史档案保护技术研究》，《广西民族研究》2005 年第 3 期。

② 华林、肖敏、王旭东：《西部濒危少数民族历史档案保护研究》，《档案学研究》2013 年第 1 期。

③ 李秀清、李宏松：《三峡工程淹没区文物概况》，《长江流域资源与环境》1998 年第 1 期。

④ 华林、肖敏、王旭东等：《西部濒危少数民族历史档案保护研究》，《档案学研究》2013 年第 1 期。

⑤ 同上。

察、探险的一些外国人不惜用重金购买仍然残存于边远山村的东巴经典。现今，一本普通的东巴《祭天经》可卖到 600—800 元，而珍贵的东巴经孤本则卖到了数千元①。如在广东的古籍市场上就发现了部分在贩卖的东巴经书。这些东巴经书不仅被贩卖到沿海地区，有的则流失国外。近年来，仅流失到西方国家的东巴经典至少在 2000 册上。在贵州黔东南水族地区，由于民族文化保护意识薄弱，许多水书先生去世后，水书档案文献除被当作其祭祀品就地销毁或赠送他人以作纪念外，有的还被深入当地的不法书贩擅自买走，当作文物古董进行倒卖。值得注意的是现今西部民族地区民族档案文献遗产的贩卖流失问题仍然严重，调研显示，在四川木里、盐源地区，贵州黔南地区，云南丽江、西双版纳、德宏、楚雄等地区，收购贩卖民族档案文献遗产现象存在，流失的民族档案文献遗产有纳西东巴经、傣文贝叶经、瑶族文献，以及藏文、彝文、水书档案文献等②。

（二）民间少数民族口述档案文献遗产的消亡流失状况

西部民间少数民族口述文化的传承人主要是土司、毕摩、东巴、和尚、道公、长老和民间艺人等民族知识分子。在部分边远民族地区，交通闭塞，民族传统文化氛围浓郁，民族口述档案文献遗产尚可传承。如在西藏民间分布有许多说唱艺人，从那曲地区民间部分格萨尔故事说唱艺人统计情况来看，最大的 93 岁，最小的是 34 岁。其中最多的是 30—40 岁的说唱艺人。可说唱的格萨尔故事经典部数最少的有 3 部，最多的是 80 部（见表 3 - 2），这对民族口述档案文献遗产的传承保护产生了重要的现实作用。

表 3 - 2　　　　　　西藏自治区那曲地区民间部分格萨尔故事
说唱艺人基本情况统计

姓名	性别	出生年月与年龄	居住地	说唱时间	说唱经典部数
日珠	男	1966 年，48 岁	比如县大同乡 16 村人	13 岁说唱格萨尔故事	可以说唱 30 部
次旦多吉	男	1980 年，34 岁	那曲县德吉乡 5 村人	13 岁说唱格萨尔故事	可以说唱 10 部

① 郑荃：《西南少数民族纸质历史档案的抢救与保护》，《档案学通讯》2005 年第 5 期。

② 材料来源于课题组访谈调研。

续表

姓名	性别	出生年月与年龄	居住地	说唱时间	说唱经典部数
巴嘎	男	1970 年，44 岁	那曲县那曲镇 3 居委会人	14 岁说唱格萨尔故事	可以说唱 30 部
次仁占堆	男	1976 年，38 岁	那曲县达色乡 14 村人	14 岁说唱格萨尔故事	可以说唱 50 部
多杰热巴	男	1969 年，45 岁	那曲县色雄乡村人	18 岁说唱格萨尔故事	可以说唱 16 部
洛次	男	1976 年，38 岁	那曲县德吉乡村人	15 岁说唱格萨尔故事	可以说唱 11 部
康桑旺堆	男	1978 年，36 岁	那曲县达色乡 13 村人	19 岁说唱格萨尔故事	可以说唱 17 部
次仁占堆	男	1969 年，45 岁	那曲县那曲镇 3 居委会人	13 岁说唱格萨尔故事	可以说唱 80 部
布强	男	1968 年，44 岁	班嘎县现切乡 7 村人	13 岁说唱格萨尔故事	可以说唱 3 部
玉珠	男	1921 年，93 岁	班嘎县青龙乡 7 村人	16 岁说唱格萨尔故事	可以说唱 30 部
曲扎	男	1948 年，66 岁	索县荣布乡人	19 岁说唱格萨尔故事	可以说唱 20 部

注：统计材料来源于索次《藏族说唱艺术》，民族出版社 2010 年版，第 63—64 页。

　　然而，在西部大部分地区，随着社会的转型和现代化建设步伐的加快，传统文化衰落问题日益严重。随着岁月的流逝，许多谙熟本民族历史文化的毕摩、东巴、和尚、道公、长老和民间艺人等都找不到传承人，这些老人去世后其衣钵无人传承，许多优秀少数民族口述历史文化逐渐流失。如云南省楚雄彝族自治州著名的彝族毕摩有南华县的普兆元、王文义、周一忠、周正源，姚安县的李友崇，禄丰县的钟启贤，禄劝县的张兴和李天贵等。这些彝族毕摩精通彝族传统文化，家传彝文古籍和自己抄录的彝文经书从数十本至上百本不等。许多彝族毕摩不仅将珍藏的彝文古籍捐献给楚雄彝族文化研究所或当地民委，还花费大量的心血译注彝文古籍，在彝族文化传承发扬方面做出巨大贡献。随着楚雄州社会经济发展的加快，毕摩职业式微，很多年轻人不愿传承毕摩衣钵，学习彝族语言文字，以至多数老毕摩去世后无人传承，毕摩人数锐减。据统计，1985 年，楚雄州尚有彝族毕摩 2000 人。现今，全州 9 县 1 市彝族毕摩不足 500 人，年龄最大的有 80 岁，最小的是 30 岁，多为 40 岁以上，在 40 岁以下的只有 10%[①]。彝族毕摩的断代传承不仅使大量彝文经卷损毁流失，许多珍贵的彝族口述档案文献遗产也随之消亡流失。

此外，民族知识老人的相继辞世还会造成现存民族档案文献遗产隐性流失问题。如水书档案文献遗产主要分布在贵州省黔南布依族苗族自治州的荔波和三都县等地，除荔波档案馆、三都县档案馆等单位征集保存的两万多册外，民间散存有大量的水书档案文献，多为水书先生珍藏。水书档案文献传承主要是依靠水书先生这一特殊群体的手抄和口传，主要是在家族内部进行。传承人的选择严格遵循"传男不传女、传长不传幼、传内不传外"的原则。水书的文字结构独特，能读懂、运用的人极少。如今，随着水族地区城市化和社会化进程的加快，加之水书学习难度大，时间长、成本高。几乎没有年轻人愿意专门学习水书，水书面临着失传的严峻现状。目前，能完全释读水书典籍的水书先生所剩无几，三都、荔波两县的传统水书先生仅有 60 余人，大都年事已高，均在 50 岁以上，且 60 岁以上的老人居多。2002 年 11 月 16 日，荔波县召开"荔波县水书抢救经验交流会暨捐赠仪式"，当时参会的为数不多的水书先生至今已有 6 位辞世。课题组在三都水族自治县档案馆调研时，许多工作人员在访谈中都谈道，该单位的水书档案文献由于没有专业人员能看懂，基本都锁在库房中，仅有少量整理成全宗。这种现象在西部地区普遍存在[②]。又如，在调研中了解到，内蒙古自治区考古研究所珍贵的文物中有西夏文书 28 张，辽、元时期八思巴文文书档案数卷；墓志 40 余块，以契丹文和汉文为主。其中所保存的许多文书尚未翻译，尤其是西夏文书，由于缺乏翻译人才而无法译注。新疆伊犁哈萨克族自治州图书馆珍藏有少数民族文字民族古籍 200 册，目前正在组织人员进行整理。由于缺少专业少数民族文字译注人员，至今无法判断这些少数民族文字古籍的内容和类型。西部少数民族文

---

① 李惠兰：《楚雄州彝族毕摩文化保护与传承的思考》，《彝族文化》2013 年第 1 期。
② 资料来源于课题组实地调研材料。

字主要掌握在民族宗教人员手中，如藏族的喇嘛、彝族的毕摩、纳西族的东巴和瑶族的道公等。这些民族知识老人的辞世不仅造成了民族传统文化的重大损失，更为严重的是还导致迄今仍散存在各民族群众手中，或为各地档案馆、图书馆和民委古籍办等部门所保存的西夏文、蒙古文、藏文、傣文和水书等民族文字档案文献遗产因无人释读而成为不能读懂的"天书"。

二　管理机构散存民族档案文献遗产产生的现实问题

（一）保管单位众多不利于民族档案文献遗产的集中保护利用

如新疆民族档案文献遗产收集工作主要由民宗局古籍办系统承担，多年来，在自治区党委和政府的领导和支持下，自治区及各地州市民宗局古籍办工作人员深入农村牧区，认真进行调查摸底，搜集到多文种、多学科的民族档案文献近万册（件），其中，包括很多具有重要历史和学术价值的孤本和善本。这些民族档案文献遗产多以古籍的形式为民宗局古籍办系统所保存。同时，各级档案馆、图书馆、博物馆以及文化馆、群艺馆等部门都参与民族档案文献遗产的征集与管理工作。此外，尚有几万册宝贵的民族档案文献散存民间，为宗教人士以及其他民族群众所保管。这样，就造成了新疆民族档案文献遗产分散保存的现实状况。据统计，新疆自治区民宗局古籍办收藏了 4447 册（件）不同年代的民族古籍，多数为公元 100 年至 500 年的文献。各地州市民宗局古籍办收藏 4752 册（件），其中，伊犁州民宗委古籍办有 700 册，巴州民宗委古籍办 74 册，博州民宗委古籍办 140 册，昌吉州民宗委古籍办 400 册，克州民宗委古籍办 380 册，阿勒泰地区民宗委古籍办 451 册，塔城地区民宗委古籍办 326 册，哈密地区民宗委古籍办 398 册，吐鲁番地区民宗委古籍办 200 册，阿克苏地区民宗委古籍办 256 册，喀什地区民宗委古籍办 800 册，和田地区民宗委古籍办 474 册，乌鲁木齐市民宗委 144 册，克拉玛依市民宗委 9 册①。除古籍办系统外，各级图书馆、博物馆等单位收藏 2710 册（件），其中，仅新疆社会科学院图书馆收藏的就有 2000 余册，以手抄本为主。新疆维

---

① 华林等：《文化遗产框架下的西部散存民族档案文献遗产保护研究》，《档案学通讯》2013 年第 3 期。

吾尔自治区博物馆藏品中，有使用汉文、回鹘文、卢文、吐火罗文、婆罗迷文、梵文、哈卡尼亚文、吐蕃文、阿拉伯文、波斯文、粟特文、察合台文等多种文字书写的古籍、文书和简牍等①。此外，各地清真寺和相关机构收藏约 11319 册（件），除回鹘文、察合台文、维吾尔文等 15 种民族文字古籍外，其他还有部分用汉文记录的回族和其他少数民族档案文献，其文种之多，文化之丰富，在全国首屈一指。全疆各大图书馆收藏的涉及新疆民族问题的汉文历史古籍约 40 万册，其中新疆维吾尔自治区图书馆 8 万册，新疆大学图书馆 17 万册，社会科学院图书馆 10 万册②。因此，在民族档案文献遗产的开发方面，各保存单位只能对本单位征集到的进行译著出版，形成了各自为政的开发格局。民族文化是一个有机的整体构成，而作为民族文化传承的重要载体形式——民族档案文献遗产，也具有全面性和系统性的特点，现存民族档案文献遗产的分散保存不仅破坏了民族文化之间的有机联系，同时也影响了其资源构建的系统性与整体性，极大地限制了民族档案文献遗产资源的科学发掘利用。

（二）多数政府部门和文化机构保护条件简陋不利于原件保护

西部很多政府和文化机构因工作性质的不同，没有专门的民族档案文献保护场所、设备和技术的专项规划、预算与投入，极不利于档案原件的保护，以云南省楚雄彝族自治州彝文档案文献遗产保护情况为例③。保管条件最好的是州档案馆，保存有彝文档案文献 150 册。该馆档案库房共 4240 平方米，安装自动监控系统、二氧化碳灭火系统、火灾自动报警系统等消防设备，配备档案密集架 1260.47 立方米、底图柜 240 抽、防磁档案柜 10 个、档案电子消毒杀虫柜 2 个、库房除湿机 4 台、温湿度记录仪 5 台。保管条件次之的州图书馆，保存有彝文古籍 1200 册，其中原件有 20 册，其余为抄录件或复印件。阅览室面积共 4000 平方米，存放设备有铁质柜架和玻璃柜等，安装有监控设备和窗帘，并放置有樟脑丸防虫。州彝族博物馆保存有彝文古籍原件约 100 册，存放在玻璃展柜之中。展厅面积

① 易雪梅、金颐：《西北地区古籍文献资源存藏现状概述》，《社科纵横》2008 年第 9 期。

② 郭德兴：《浅议新疆少数民族古籍的保护和出版》，《中共伊犁州委党校学报》2008 年第 4 期。

③ 华林、刘大巧、许宏晔：《西部散存民族档案文献遗产集中保护研究》，《档案学通讯》2014 年第 5 期。

有1000多平方米，设置有监控、防盗设备。保管条件最差的是州彝族文化研究所和民委古籍办，共保存有彝文古籍1000册。其中有原件800册，复印件和碑刻拓片200余册。这些彝文古籍存放在彝族干部朱踞元同志办公室，共15平方米，存放在木柜和铁皮档案柜中，部分档案文献则堆积在木柜或铁柜之上，没有任何防火、温湿度控制、防虫等设备，只有一布料窗帘。州民委古籍办征集到30册彝文古籍原件，存放在20平方米办公室的玻璃木柜之中，有遮光窗帘①。据上述可知，保管条件最好的是档案馆，彝文档案原件只有150册；其次是图书馆，彝文古籍原件有20册；而保存原件最多的是彝族文化研究所，但保管条件是最差的，极不利于彝文档案文献原件的保护②。

再以内蒙古各单位散存民族档案文献遗产保护情况为例（见表3-3），就纸质民族档案文献遗产保管条件来看，最好的是内蒙古自治区档案馆、内蒙古自治区图书馆和内蒙古大学图书馆。这3个单位首先就管理场所而言，内蒙古自治区档案馆、内蒙古大学图书馆都有专门保护库房，分别是100平方米的特藏室和400平方米专门古籍库房。内蒙古自治区图书馆则有300平方米的古籍库性质的古籍室。其次，从保护设备来看，3个单位除档案馆具有标准无窗封闭库房、档案修补机外，都拥有密集架、档案铁柜、铁架、木架、玻璃木柜等较好的装具设备；空调、除湿机等恒温恒湿设备；灭火器、烟杆探测器等防火设备；樟脑丸、除虫药和樟木木柜等防虫设备；以及除尘器等防尘设备。最后，从保护人员和技术来看，3个单位从事保护的人员都具有档案、图书、古籍管理或保护专业学习的背景，大多接受过档案、古籍保护培训，可实施库房防火、防潮、防高温、防光、防虫和破损档案、古籍修复技术。内蒙古自治区社会科学院和内蒙古大学图书馆保管条件次之，其差距表现在没有专用的古籍库房，古籍阅览室没有空调机、除湿机等温湿度控制设备。此外，没有专业的保护技术人员，不能开展破损古籍的修复工作。条件最差的是作为对比而列入的民间民族档案文献遗产散存机构大昭寺和席力图召寺，表现为管

---

①　资料由楚雄彝族自治州档案馆李洪波、彝族文化研究所朱踞元等提供。

②　华林、刘大巧、许宏晔：《西部散存民族档案文献遗产集中保护研究》，《档案学通讯》2014年第5期。

理场所简陋，保护设备简单，无专业管理和技术保护人员，无条件开展破损古籍修复技术等。值得肯定的是大昭寺使用的樟木、红松木、椴木木架具有防虫保护经书之效。在实物性民族档案文献遗产保护条件方面，内蒙古自治区博物院和内蒙古自治区考古研究所作为省区级单位整体条件良好，表现为都设置有民族文物专用保护库房；拥有铁柜、铁架、玻璃木柜、防虫樟木架和文物保险柜等规范装具设备；空调、除湿机等恒温恒湿设备；灭火器、六氟丙烷探测器等防火设备；樟脑丸、空气净化仪、吹尘机等防虫、除尘设备。此外，还有文物管理与保护专业的硕士和本科保护人员，可实施文物库房或展厅温湿度控制、防火、防虫以及破损文物的加固、修补等保护技术。略显不足的是内蒙古自治区考古研究所不能实现所有民族文物库房的温湿度控制保护。

表 3 - 3　　　　　内蒙古自治区部分省级民族档案文献遗产散存
单位保护条件对比

保护情况 保管单位	保护场所与民族 档案文献	保护技术设备	保护人员与保护技术
内蒙古自治区档案馆	档案库房 5000 平方米，民族档案特藏室 100 平方米。蒙古文历史档案有 151292 万册（件），经书 40 盒（部），家谱若干卷	标准无窗封闭库房，档案密集架，恒温恒湿设备，档案修补机，灭火器、烟杆探测器等	有硕士 1 人，本科 6 人，大专 1 人。有专业档案保护技术人员，可实施库房防火、防潮、防高温、防火、防虫和档案修复技术
内蒙古自治区图书馆	古籍室 300 平方米。蒙古文古籍 10000 余册、藏文古籍近 10000 册、满文古籍 3000 余册	密集架、档案铁柜、铁架、木架、玻璃木柜、除湿机、干粉灭火器、烟杆探测器等	有本科 6 人，硕士 3 人，博士 1 人。有专业古籍修复人员，可实施库房温湿控制、防火、防虫以及破损古籍修复技术等

续表

保护情况 保管单位	保护场所与民族 档案文献	保护技术设备	保护人员与保护技术
内蒙古自治区社科院	古籍室150平方米。民族古籍10000余卷（册），主要有大藏经500余套，印章2000余块，贝叶经3套等	档案铁柜，干粉灭火器，单层窗帘，防虫药，无防尘设备	有本科2人，接受过古籍保护培训。可开展简单防火、防虫技术，不能实施破损古籍修复技术
内蒙古自治区博物院	库房8间，展厅面积7000平方米。民族文物有5500件，主要为经书、文书（西夏文书57份）、家谱、印章等	标准无窗、全密封库房，空调、除湿机，吹尘机、防虫樟木架，探测器、六氟丙烷探测器、干粉灭火器，文物保险柜等	有硕士10人，本科5人，均为文物或文献保护专业；大专15人。可实施文物库房或展厅温湿度控制、防火、防虫，以及破损文物的加固、修补等保护技术
内蒙古自治区考古研究所	库房990平方米。下辖数个工作站，各种蒙古族文物数以万计，其中包括元代八思巴文文书档案数卷，墓志40余块等	个别库房有空调、除湿机等温湿度控制设备，其他有空气净化器、樟脑丸等	有硕士1人，本科3人，大专1人，接受过文物保护培训。可实施文物库房温湿度控制、防尘、防火、防虫和简单破损文物的加固、修补等技术
内蒙古大学图书馆	专门古籍库房400平方米，2个600平方米的大型古籍阅览室。蒙古文古籍文献3026册（件）	木架、全樟木木柜，空调、除湿机，干粉灭火器、除尘器等	有硕士12人，本科8人，多为图书管理或古籍专业，均接受过保护培训。可实施古籍库房温湿度控制、防尘、防火、防虫和简单破损古籍修复技术

续表

保护情况　保管单位	保护场所与民族档案文献	保护技术设备	保护人员与保护技术
内蒙古师范大学图书馆	古籍资料室 200 平方米。有蒙古文文献 3744 册（件），主要有经书、文书、碑刻或拓片	木架，干粉灭火器，单层窗帘	本科 1 人，图书馆专业。可进行简单的防光、防尘、防火，不能开展破损古籍修复工作
大昭寺	藏经阁 30 平方米。民族古籍 400 余包，其中藏文 340 卷，蒙古经书 60 卷，满文经书 10 卷；碑刻 6 座	樟木、红松木、椴木木架，干粉灭火器，除尘器，单层窗帘	有佛学专业毕业的 2 名僧人兼职管理。能进行简单的防光、防尘、防火、防虫，无条件实施破损古籍修复技术
席力图召寺（藏传佛教）	藏经阁 180 平方米。民族经书等古籍 200 余卷（册），喇嘛家族卷 1 部，印章 4 个等	木架，有灭火器、窗帘	有佛学专业毕业的 3 名僧人兼职管理。能进行简单的防光、防火，无条件实施破损古籍修复技术

　　注：统计数据由内蒙古自治区档案馆、图书馆、社科院、博物院、考古研究所，以及内蒙古师范大学图书馆、内蒙古大学图书馆、大昭寺和席力图召寺等提供。

　　上述案例民族档案文献遗产的管理状况不仅在云南省和内蒙古自治区有代表性，在西部地区也都具有普遍性。再以石刻档案文献遗产为例，云南省大理州鹤庆县文化馆集中保存有 36 块白族碑刻，其中白族汉文碑刻有 31 块，雕刻龙凤等图案的有 5 块。这些碑刻有 11 块镶嵌在墙壁之中，其余的或作为石桌台面，或两三块堆放在墙根旁。这些白族碑刻可释读的约有 12 块，有 19 块文字模糊不清，无法释读。轻微边角残损的有 8 块，占约 22%；风化、断裂、漫灭、缺角等严重残损的有 28 块，约占 78%。这些白族碑刻缺乏基本保护条件，许多碑刻已无法修复抢救①。调研显示，就西部地区保存有民族档案文献遗产的各级档案馆、图书馆、博物

―――――――――

　　①　资料来源于课题组实地调研材料。

馆、民委古籍办、民族研究所、文化馆和群艺馆等单位比较而言，档案馆、图书馆和博物馆等专业文献管理机构的保管条件较为规范，而大多数保存有民族档案文献遗产的民委古籍办、民族研究所、文化馆和群艺馆等单位保管条件十分简陋，极不利于档案文献原件的科学保护。

（三）技术力量薄弱不利于破损民族档案文献遗产的修复抢救

在西部民族档案文献遗产的收藏单位中，许多单位保管条件简陋，加之缺乏专业技术保护人员，档案文献二次损毁流失问题十分严重。如云南省民委古籍办收集到的5000余册（卷）民族古籍大多用自制土纸、墨和竹笔写成，普遍存在着纸质破碎，自然老化问题。其中，损毁最为严重的有2000余册（卷），或被烟熏得漆黑，或残缺不全，或被虫鼠撕咬成粉末，亟待修复抢救①。又如新疆维吾尔自治区少数民族古籍搜集整理出版规划领导小组自1983年成立以来，在自治区党委和政府的支持下，全力开展民族古籍征集工作。迄今，仅自治区民宗局"新疆少数民族古籍特藏书库"就保存有征集到的民族古籍6169册（件）。受历史、自然和人为因素影响，这些民族古籍90%以上的都已破损，前残、边残、后残、虫蛀、发黄，以及古籍页面残损、边角曲卷、结古籍砖等问题普遍存在，一些残损严重的已难修复②。再如西双版纳州傣族文化研究所珍藏有400部，1500册傣文古籍，这些傣文古籍都存在着残损、虫咬、破碎等问题。严重残损的有150多册，占10%；一般残损的约1050册，占70%；轻微残损的约300册，占20%。残损傣文档案文献包括部分内容重要、数量稀少的珍贵傣族贝叶档案。其中，该所保存的一本贝叶经记载了古代西双版纳傣族社会的各种法律法规，由于破损严重，这份贝叶经只有中间几页，上下部分已残损不存③。

然而，许多珍藏有民族档案文献遗产的单位，都缺乏基本的技术保护条件。调研显示，除档案馆、博物馆和图书馆等机构外，大多没有专门的文献保护设备和专业的修复技术人员，许多单位多由非专业人员进行专职

---

① 华林、姬兴江等：《文化遗产框架下的西部散存民族档案文献遗产保护研究》，《档案学通讯》2013年第3期。

② 华林等：《文化遗产框架下的西部散存民族档案文献遗产保护研究》，《档案学通讯》2013年第3期。

③ 资料来源于课题组实地调研材料。

或兼职管理。如西双版纳州傣族文化研究所的傣文古籍由傣族干部刀金平兼管，此外，刀金平还承担着繁重的傣文古籍译注整理工作。即使是一些地州图书馆，也缺乏专业保护技术人员。以四川省凉山彝族自治州的为例（见表3－4），州档案馆有5名保护技术人员，均为本科，受过系统的档案保护技术教育与培训。州图书馆从事图书管理的26人中，本科有6人，大专16人，中专4人，没有受过专门的古籍保护培训。州彝族语言委员会从事彝文古籍管理兼研究的3人均为本科，没有受过专门的古籍保护培训。州博物馆从事文物管理的16人中，本科有14人，大专2人，其中有6人受过专门的文物保护培训，有2人专门从事文物保护工作。凉山州非物质文化遗产保护中心的8人中，本科有5人，大专3人，8人参加过受"非遗"保护培训。西昌市图书馆从事古籍管理的2人中，本科有1人，大专1人，没有受过专门的古籍保护培训。西昌学院从事图书管理的3人中，本科有2人，大专1人，没有受过专门的古籍保护培训①。四川省凉山彝族自治州的情况代表了西部地区大部分地州县民族档案文献遗产保管单位的技术保护状况。课题组在西昌市图书馆调研时，边青华馆员介绍，本馆除保存有少量的彝文经书外，还收藏有大量的彝族汉文古籍，因保管条件简陋，尤其是虫患严重，许多珍贵古籍自然损毁严重，已经濒临彻底损毁。但由于经费较少，设备落后，加之无专业保护人员，无法进行修复抢救②。

（四）管理制度松懈易造成民族档案文献遗产的二次流失问题

西部地区民族档案文献遗产各单位散存状况普遍存在。如贵州省彝族主要居住在黔西北地区，现存彝文纸质古籍多达上万卷（件），其中，省民族研究所征集到100多册，毕节摩文翻译组收集、复印了4100多册，大方县民委有284部，赫章县民委有250多册，威宁县民委有50册，六盘水市民委有30册，水城县民委有90余册，盘县民委有20册，纳雍县民委有30余册，六枝、金沙、织金等地民委也都分别收集到5—30册不等③。民族档案文献遗产的分散保存状况带来的现实问题很多，除保管条

---

① 资料来源于课题组实地调研材料。
② 同上。
③ 华林、刘大巧、许宏晔：《西部散存民族档案文献遗产集中保护研究》，《档案学通讯》2014年第5期。

表3-4　　　　四川省凉山彝族自治州民族档案文献遗产保护
技术情况对比统计

保管单位＼保护情况	保护部门与民族档案数量、类型	保护场所与保护技术人员	保护技术设备	保护技术
州档案馆	档案管理编研科；有彝文经书440余册、印章10余枚	档案库房共有430平方米。有5名专业保护技术人员	档案密集架，低温杀虫柜，电（排）风扇，除湿机、温湿度自动记录仪，吸尘器，裱糊设备，灭火器等	可实施破损档案的加固、修裱、揭"古籍砖"等技术；档案库房防火，防潮、高温，防光，防尘和防虫、鼠等"五防"技术
州图书馆	保管部；有部分彝族文书和经卷等	阅览室1000平方米。无专业保护技术人员	铁架、木架，灭火器，窗帘等	可实施简单防火、防光等技术；不能实施古籍修复、加固等保护技术
州彝族语言委员会	古籍编译科；有彝文经书、家谱和经卷等3000册	资料室90平方米。无专业保护技术人员	木架、樟脑丸；无防光窗帘	可实施简单防火、防虫等技术；不能实施古籍修复、加固等保护技术
凉山彝族奴隶社会博物馆	文物工作队；包括彝文经书1000多卷，部分布告、地契等文书，印章，以及碑刻4块	展厅2500平方米；文物库房300平方米。专业保护技术人员2人	玻璃展柜，钢制文物保险柜，空调、风扇，气体灭火器，悬挂式六氟丙烷灭火装置、二氧化碳探测器等	可实施防火，防潮、高温，防光，防尘和防虫等技术；以及各种载体民族文物的简单养护和修复、加固等技术
凉山州非物质文化遗产保护中心	办公室；彝文经书、家谱和经卷等近10册	办公室30平方米。无专业保护技术人员	文件柜、窗帘等	可实施简单防光等技术；不能实施专业古籍修复、加固等保护技术

续表

保护情况 保管单位	保护部门与民族 档案数量、类型	保护场所与保护 技术人员	保护技术 设备	保护技术
西昌市图书馆	资料室；彝文经书、家谱和经卷等50册	资料室100平方米。无专业保护技术人员	铁架、木架，干粉灭火器樟脑丸，无窗帘	可实施简单防火、防虫等技术；不能实施专业古籍修复、加固等保护技术
西昌学院	资料室；彝族经书七八册	资料室200平方米。无专业保护技术人员	木架，清水灭火器，樟脑丸，防光窗帘	可实施简单防火、防虫等技术；不能实施专业古籍修复、加固等保护技术

注：资料由四川省凉山彝族自治州档案馆、图书馆、博物馆、语委和非物质文化遗产保护中心等提供。

件简陋，不利于其系统整理和科学保护，以及信息资源的集中发掘利用外，还产生了档案文献遗产的二次流失问题。课题组在实际调研中了解到，西部许多县市级民委古籍办、文化馆、群艺馆和史志办等所保存的民族档案文献遗产由于缺乏严格的管理制度，都普遍存在着二次流失问题。流失方式多为管理人员自己收藏，或将珍贵档案文献用一般文献替代之后自己收藏，或为部分研究人员借出后长期不还而据为己有①。加之专兼职管理人员更换频繁，时间长久之后，这些流失的民族档案文献遗产则难以追回。如2014年2月，课题组在陇川县文化馆调研时了解到，因为陇川县文化馆不断搬迁（当时文化馆在图书馆一楼的一间约似40平方米的小房间里），原来所存10余卷少数傣文经书都已不知所踪。问及流失原因时，相关工作人员认为主要是不重视文化，没有严格的文献管理制度。在云南省楚雄彝族自治州武定县文化馆，原征集保存有70多部彝文经书，后因管理松懈，管理人员多次更换，部分重要的彝文经卷都已流失，难以追回②。

---

① 华林、刘大巧、许宏晖：《西部散存民族档案文献遗产集中保护研究》，《档案学通讯》2014年第5期。

② 资料来源于课题组实地调研材料。

第四章

西部散存民族档案文献遗产集中保护
状况述评与滞后因素分析

第一节　西部散存民族档案文献遗产
集中保护状况述评

一　云南省散存民族档案文献遗产集中保护状况述评

（一）云南省民委古籍办散存民族档案文献遗产集中保护状况述评

1. 成立机构搭建民族古籍集中保护平台。为落实 1984 年国务院办公厅下发的"关于抢救、整理少数民族古籍"的文件精神，云南省相继成立了少数民族古籍工作或研究机构。如 1984 年设立云南省少数民族古籍整理出版规划办公室；1981 年成立丽江东巴文化研究院；1981 年成立云南省社会科学院楚雄彝族文化研究室；1983 年成立云南省民间文学集成办公室；1983 年成立迪庆州《格萨尔》研究室；1984 年成立西双版纳傣族自治州古籍研究室；1984 年成立红河哈尼族彝族自治州民族研究所。此外，文山州、昭通市和禄劝县民委亦先后成立少数民族古籍办公室，大理州成立白族文化研究所，怒江州和临沧市成立民族研究所，宁蒗县成立民族研究所，石林县成立彝族文史研究室，峨山县成立彝族文化研究室等。迄今，云南省少数民族古籍和口传文献遗产保护工作专兼职人员队伍已达 300 余人。

2. 部署规划民族古籍集中保护工作方针。1987 年 5 月，云南省第一次全省少数民族古籍工作会议在昆明召开。会议通过《云南省 1986—1990 年少数民族古籍整理出版规划》，要求 1990 年基本完成全省少数民族古籍普查工作。1990 年 8 月，第二次全省少数民族古籍工作会议在昆明召开。会议制定了《1991—1995 年云南省少数民族古籍整理出版规划》。1990 年 11 月，云南省民委向全省各地州市民委下发"关于转发《1991 年至 1995 年云南省少数民族古籍整理出版规划》的通知"，并提出4 项要求：一是对已集中保存的少数民族古籍，由省民族古籍办公室统一协调进行编目；二是各级民族古籍机构应在当地政府的领导支持下，规划部署，积极组织力量对散存民间的少数民族古籍进行抢救、征集；三是抢救、征集工作应以征集原件为主，并进行录音、翻拍、复印，及时按统一规格进行逐项登目；四是为将少数民族古籍集中使用，充分发挥资料价值，在云南民族学院建立云南民族图书资料中心，同时要求各地培养人才，提高少数民族古籍研究水平。1999 年 11 月，省民委在昆明召开第三次全省少数民族古籍工作会议，会议结合省民委主任格桑顿珠《抢救民族文化遗产　建设民族文化大省》的讲话，研究制定了《2000—2005 年全省少数民族古籍整理出版规划》，提出了各民族地区民族古籍抢救工作的长期规划与方针政策。

3. 集中力量抢救保护民族古籍原件。云南省民族古籍的抢救可追溯到新中国成立前。1928 年至 1930 年，我国学者杨成志赴西南调查民族情况时从云南搜集彝文古籍 70 余卷。1931 年，我国地质学家丁文江先生从云、贵、川收集彝文古籍 11 卷。20 世纪 40 年代，我国学者马学良先生深入云南武定、禄劝彝区研习彝文，并搜集彝文古籍 2000 余册卷，分藏于原中央研究院历史语言研究所、国立北平图书馆，以及北大、清华、南开等图书馆。1939 年至 1943 年，李霖灿在丽江纳西族地区调查纳西族文化，历时四年，共收集到东巴经书 1231 册，并于当年交给了中央博物院。1950 年，杨放整理的《奎山撒尼人的叙事诗阿斯玛》（即阿诗玛）在《新华月报》发表，开启收集整理《阿诗玛》之先河。1957 年，牛相奎从老东巴和文灿家代云南省图书馆收集东巴经 600 余册，现珍藏于云南省图书馆。1958 年 9 月，中国作协昆明分会和云南有关高等院校，在中共云南省委宣传部领导下，组建云南省民族民间文学调查队，收集到不少贝叶经、东巴经、毕摩经等少数民族古籍，现分藏于云南省博物馆、省图书馆、省社会科学院图书馆、云南民族大学博物馆等单位。1962 年，和发源与和志武先生在丽江中甸县的白地、宁蒗县的水宁等地收集东巴经

2000 余册，现珍藏于中央民族大学民族古籍研究所。1959 年，时任丽江县委书记的徐振康看到抢救东巴古籍的迫切性，拨出专款对东巴经进行抢救。县文化馆组织了由周霖、桑文浩等人组成的东巴经抢救班子，聘请精通东巴经典的和芳、和正才等大东巴开展东巴经的抢救工作，共收集到东巴经书 5000 多册（现藏玉龙县图书馆 4000 余册，丽江市博物馆 1000 余册），以及大量的东巴画和东巴法器。

"文化大革命"期间，云南民族古籍抢救工作处于停顿状态。十一届三中全会后，云南民族古籍抢救保护工作进入新的历史时期。楚雄州彝族文化研究院先后从武定禄劝、禄丰、双柏等县征集彝文古籍 600 余部。丽江东巴文化研究室除从民间征集东巴经书外，对各地所藏东巴经书进行复制征集，现已收集到东巴经书（含复印件）2000 余册。西双版纳州民族古籍办、档案馆、图书馆、博物馆等单位收集到贝叶经书和傣族古籍达 5000 余册（件）。德宏州语委、图书馆、档案馆等单位收集到傣文古籍 1000 余册（件）。红河州民族研究所收藏彝、瑶等民族古籍 200 余册（件）。迪庆州藏学研究院收藏藏族文书 500 余（件）。禄劝县民委古籍办公室，石林县民委文史研究室、图书馆，峨山县民委，河口县民委，昭通市民委古籍办等单位收藏民族古籍 1000 余册（件）。云南省图书馆收藏各民族古籍 700 余册（件）。云南省博物馆收藏贝叶经、彝文古籍等数百册（件）。云南民族大学图书馆和博物馆收藏民族古籍 200 余册（件）。云南民族博物馆收藏各民族古籍 300 余册（件）。云南省民委古籍办自 1997 年开始注重征集民族古籍原件，至今已收藏彝文古籍 1200 册（件）；收藏瑶文古籍 500 余册（件），瑶族绘画 300 余幅；收藏傣族贝叶经 1000 余册，绵纸经 500 余册；收藏东巴经 200 余册，神鹿图 2 幅；收藏傈僳族音节文字古籍 5 部，木牌 5 块；收藏壮文古籍 1 部。现已建成西南地区收藏民族古籍类型齐全、原件丰富的民族古籍资料馆。

4. 重视民族口碑古籍的保护抢救。1944 年，光未然深入弥勒阿细人地区收集出版彝族创世史诗《阿细的先基》。1946 年，张镜秋收集到傣族民间唱词《樊民唱词集》，由云南大学西南文化研究室印行公布。1950 年，杨方将彝族叙事长诗《阿诗玛》片段在《诗歌与散文》刊物发表，同年被《新华月报》转载。1953 年 5 月，云南省人民文工团组织圭山工作组，收集到《阿诗玛》材料共 20 份，民间故事 38 个，民歌 300 首。

1956 年 8 月，云南省又组织三个调查组分别赴红河、大理、思茅、丽江等地区，调查了解傣、白、彝、纳西、哈尼等民族的文学情况，写出了这些民族的文学情况调查报告。1958 年 3 月，中共云南省委宣传部发出收集民歌的活动。此后，不少地、州、县都收集或出版了民歌选、民间故事和长诗选。

1958 年 9 月，云南大学、昆明师范学院部分师生，以及文艺、基层干部 100 多人等，在云南省委宣传部领导下，组成 7 个调查队，分赴丽江、大理、德宏、西双版纳、楚雄、红河、文山，全面调查纳西、白、彝、傣、哈尼、壮、苗、傈僳、瑶、蒙古等民族民间文学情况。为向新中国成立 10 周年献礼，将《召树屯》《梅葛》《阿细的先基》《创世记》《阿诗玛》《娥并与桑洛》《葫芦信》《逃到甜蜜的地方》《松帕墩和嘎西娜》《云南歌谣》10 部各民族民间口传优秀作品列入收集整理计划。其中，傣族叙事长诗《葫芦信》的收集工作从 1957 年即已开始，收集到 13 份口述材料。云南省民族民间文学德宏调查队则先后调查了潞西、瑞丽、盈江三个傣族聚居县，经过半年的努力，收集了大量资料，编写出《德宏傣族文学概略》，德宏傣族《民歌选》《民间故事选》《长诗选》《傣戏选》等资料集。还收集到《娥并与桑洛》《千瓣莲花》《九颗宝石》等叙事长诗。丽江调查队则先后在丽江和宁蒗两县，对纳西族民间文学开展大规模收集工作，先后编写出《纳西族文学史》（初稿）、《纳西族叙事长诗选》《纳西族民歌选》《纳西族故事选》等资料集。丽江县小组收集到口头资料 10 余份，宁蒗小组收集到口述资料 5 份。红河调查队于 1958 年 10 月深入到弥勒县西山一区和二区收集彝族创世记史诗《阿细的先基》的口述资料，先后拜访了 20 多位民间歌手，并从盲人歌手潘正兴手中收集到完整的唱本。此外，还到金平、鸳鸯、绿春、红河四县进行调查，收集了一批民间文学作品，如哈尼族长篇古歌《造天造地造万物》《老古时候的人》《盘古王分家》，以及叙事长诗《不愿出嫁的姑娘》《帮工之歌》等。楚雄调查队重点对彝族口传创世史诗《梅葛》进行征集，收集到原始资料 3 份。楚雄调查队还深入到双柏县彝族地区收集彝族创世史诗《查姆》，并翻译原始材料 10 份。此外，还在双柏等地收集了彝族叙事长诗《赛玻嫫》的原始资料。西双版纳调查队历时半年，收集唱本 277 本，贝叶经 112 册，民歌唱词 16547 首，民间故事百余则，文学史资料 76 份。

并从中译出叙事长诗 47 部,民歌 879 首,民间故事 87 个(另一个统计是 120 个)。编辑《民歌选》1 册、《民间故事选》1 册、《戏剧选》1 册。还编辑《景洪民歌选》1—2 集。印发傣文唱词 5 期,汉文唱词 9 期。

　　1960 年 5 月,云南又组织云南大学和昆明师范学院部分师生共 100 多人分赴耿马、金平、德宏、澜沧、昭通等地对傣族、景颇族、拉祜族、苗族的文学情况进行收集调查。编写出《景颇族文学概略》《拉祜族文学概略》和《昭通苗族文学调查报告》。1960 年 9 月,省委宣传部文艺处、中国科学院云南分院文学研究所、昆明作协及部分文艺表演团体又奔赴沧源,对佤族文学进行调查,编写《佤族文学概略》和音乐、民歌、长诗等方面的资料初稿。1962 年 3 月,在省委宣传部领导下,昆明作协又组织云南大学中文系少数民族语言文学专业部分师生到西双版纳、迪庆、宁蒗等地,对傣族、藏族、彝族民间文学进行调查,收集资料 3000 多件,其中长诗 83 部。1953 年至 1962 年的十年间,云南省组织的民间文学调查队伍达 28 个,收集到大量云南各民族民间口传文献。1983 年,为完成国家民族民间文学三套集成(即民间故事、歌谣、谚语)编纂任务,云南省成立省民间文学集成办公室。1984 年 3 月,云南省召开了第一次民间文学集成工作会议,全面开展云南省各民族口传文献遗产收集整理出版工作。这项工作先后有上万人次到云南各民族地区收集民间口传文件遗产,收集抢救口述资料达 1.3 亿余字①。

　　至今,云南抢救保护各民族古籍文献共 30000 余册(件),口传文献遗产 10000 余种,有 47 部少数民族文字文献古籍先后入选《国家珍贵古籍名录》②。2003 年,纳西族东巴古籍文献入选《世界记忆名录》。纵观云南省民委古籍办散存民族档案文献遗产集中保护状况,其保护工作有以下显著特点。

　　1. 云南省民委古籍办实际发挥了民族档案文献遗产集中保护的领导组织工作。从民族古籍的保护历程来看,首先受到党和国家的高度重视。如 1983 年 6 月,国家民委召开全国少数民族古籍整理工作座谈会,全面

---

　　① 普学旺:《云南少数民族古籍及其抢救保护历程》,普学旺等:《云南民族古籍与历史文化研究》,云南民族出版社 2013 年版。

　　② 普学旺:《措施有力　成就辉煌》,《中国民族报》2014 年 9 月 27 日。

部署少数民族古籍搜集、整理、译注和出版工作。2011 年 11 月，文化部又颁发《关于进一步加强古籍保护工作的通知》，提出"加强少数民族文字古籍保护工作，开展特色古籍的专项保护"重要工作方针。为贯彻党和国家抢救和整理民族古籍的政策方针，云南省制定了相应的配套政策和工作规划，成立少数民族古籍工作或研究机构，划拨专项经费，投入大量人力、物力开展民族古籍抢救工作。因此，在民族古籍保护框架下，云南省有组织、有领导地全面开展对民族档案文献遗产的抢救工作。

2. 在民族古籍保护框架下民委古籍办系统抢救了大量民间民族档案文献原件。从 1928 年我国学者杨成志先生赴西南调查民族情况时从云南搜集彝文古籍 70 余卷起，云南省在民族古籍保护视野下抢救了大量的民族古籍，迄今已经征集到 3 万卷（册）民族古籍，其中包括了大量的民族档案文献遗产。由于多数民族古籍具有民族档案、民族文物等多元属性，这些民族古籍大都交由档案馆、图书馆和博物馆等文献管理单位收藏，而部分民族古籍则由民委古籍办或下属的民族研究所收藏。

3. 在民族民间文学保护视野下民委古籍办抢救了大量民族口述档案文献遗产。从 1944 年光未然深入弥勒阿细人地区收集彝族创世史诗《阿细的先基》，到 2009 年云南省民委古籍办编纂出版《云南少数民族古典史诗全集》；2012 年，云南省民委古籍办编纂出版《云南少数民族叙事长诗全集》等。云南省民委古籍办和相关单位在云南省委领导下，通过文字记录、录音等方式，征集到各民族原始口传文献遗产 10000 余种，这些口传文献遗产许多都是原始记录，是第一手文献材料，有极其珍贵的档案史料价值。

（二）云南省档案馆系统散存民族档案文献遗产集中保护状况述评

1. 重视民族档案文献遗产保护工作。云南省档案系统作为民族档案文献遗产的主要管理机构在国家档案局的领导下十分重视其保护工作。1960 年 3 月 18 日，国家档案局发出《关于召开少数民族档案工作会议的通知》。同年 5 月 10 日，云南省档案管理局下发《关于准备少数民族档案工作会议的补充通知》，要求各地（市）县大力开展少数民族历史档案收集工作，总结工作经验，并研究提出今后加强少数民族档案工作的意见。省档案局还组织工作组到德宏等地调查少数民族档案工作的情况。从大理、昭通、德宏、红河、楚雄、允景洪、鹤庆等地报送材料看，部分地州已开展了少数民族档案工作，收集、整理了一批少数民族档案。1960年8月25—31日，全国少数民族地区档案工作会议在内蒙古自治区呼和浩特市召开。会上，国务院副总理乌兰夫、国家档案局局长曾三作了重要讲话。宋养公副局长作了《云南省少数民族地区档案工作情况》的大会发言。9月15日，云南省档案局下发《关于全国少数民族地区档案工作会议精神传达和我省如何贯彻执行的初步意见》，结合云南实际，提出了加强少数民族地区档案工作的方针政策。10月27日，省档案局局长马文东主持召开全省档案工作会议，把少数民族历史档案的收集整理工作列入全省档案工作计划要点中。1961年8月25日，根据国家档案局《印发青海省委批转省委统战部、省档案管理处关于广泛收集少数民族历史档案和历史资料的意见》，省档案局起草了《关于广泛收集少数民族历史档案和历史资料的意见》上报省委，提出加强对收集工作的领导，收集范围和收集办法，收集民族历史档案资料应该注意的几个问题等3条意见。

十一届三中全会后，民族档案工作得以恢复和发展。1987年3月18日，云南省档案局向各地州市县档案局下发《关于调查少数民族档案史料的通知》，对全省散存民族档案史料进行全面普查，极大地促进了民族档案文献遗产的集中保护工作。为促进少数民族档案工作的规范化建设，2007年9月29日，云南省第十届人代会常务委员会第31次会议修订通过的《云南省档案条例》明确将少数民族历史档案管理工作列入条款之中。如《条例》第20条规定："有关单位应当加强对记述和反映少数民族政治、经济、文化等活动档案的收集、整理、保护和开发利用。"[1] 近年来，围绕国家档案局档案工作"三个体系"建设战略目标，云南省档案局将民族档案抢救保护列为民生档案工作重点，要求云南省档案馆每年收集、征集特色档案资源数量要占全年新进馆档案数量的10%以上；州市级馆要占20%以上；县级馆要占30%以上[2]。在非物质文化遗产档案抢救方面，云南省档案局利用新加坡国家档案馆与云南省档案局口述历史合作项目，承办中国新加坡两国联合抢救保护云南少数民族口述历史培训班，培养了一批民族口述历史档案工作人才；并与云南省非物质文化遗产管理部

---

① 《云南省档案条例》，云南省档案信息网，http：//www.ynda.yn.gov.cn。

② 黄凤平：《努力守护民族记忆 积极传承民族文化》，《中国档案报》2011年8月25日。

门合作，对云南非物质文化遗产档案的种类、数量、保管机构等情况进行了摸底调研，开展建档指导，极大地促进了云南省民族档案文献遗产的集中保护工作①。

2. 民族档案文献遗产的调查和收集。1956 年 3 月，全国人大民族委员会和中国科学院民族研究所组织开展全国少数民族社会历史调查工作，这项工作在云南省持续到 1964 年，收集了大量的采访材料，也收集到一批少数民族文字的档案、资料，其中部分材料移交到档案馆保存。1960 年 4 月 30 日，云南省档案局发布《关于为召开少数民族档案工作会议准备材料的通知》。从报送材料看，各地州在民族历史档案的征集方面都取得显著成绩。全国少数民族地区档案工作会议的召开极大地促进了云南省少数民族历史档案的收集工作。据 1962 年 4 月统计，全省共收集元、明、清、民国等各个时期的少数民族档案、资料 1506 卷（件），主要有少数民族社会发展史、宗教活动、地方史志、土司家谱等珍贵文献。以德宏州为例。1960 年 3 月至 1961 年年底，德宏州组成了以何直敏副州长为组长，州民委、宣传、文化等部门 8 名有关负责人为组员的“德宏州民族历史档案资料调查收集小组”，在近两年，收集到一批珍贵的少数民族历史档案资料。在盈江、瑞丽两县，除县委讨论、研究、发文件外，统战、政协、文教、档案等有关部门组成领导小组，组织开展少数民族历史档案征集工作。瑞丽县的勐卯镇，盈江的新城、旧城、莲花山，芒市镇等地都先后收集到一些比较重要的民族历史档案，如盈江收集到的干崖土司发展史、干崖盏达土司家谱、莲山土司思鸿升的土地登记簿、光绪十二年新城土司家的来往文书、盈江土司大印、设治局印章、土司生活用的银器等；瑞丽县收集到的瑞丽土司家谱、姐勒佛塔的历史、宗教节日的起源及一些规定、景颇族治病方法的记载、土司机构设置和官租杂派、土司家族和民族节日的照片等。州政协在芒市收集到芒市土司家谱、佛教经典，还收集到部分民族上层人士写的历史资料。1964 年 6 月，梁河县民族历史档案资料调查组在勐养乡芒环村的奘房内收集到一批有价值的土司档案、资料，内容为：宗教理论、小说 312 本；土司支出流水账几本；反映土司活动的硝酸银盐玻璃照片底版 51 张；各乡欠款登记册等。这些档案全用老

<hr />

① 黄凤平：《努力守护民族记忆　积极传承民族文化》，《中国档案报》2011 年 8 月 25 日。

傣文书写，书皮用精美的傣锦包裹，置于木箱内。至 1988 年年底，梁河县档案馆共收集到 313 卷傣文档案，约 5 万页 5 百万字，另有南甸土司家的历史照片 57 幅。现已成为梁河县档案馆独具特色的馆藏档案。

"文化大革命"中，云南民族档案工作遭受严重破坏。十一届三中全会后，民族档案工作得以恢复和发展。1980—1990 年，思茅地区在各级党委、政府的领导和重视下，地区及县档案馆收集、征集到一批少数民族档案、资料，如孟连县档案馆的傣文书写的《历史概略》《孟连宣抚司》《一百年前保卫领土之战》、贝叶经《佟舍》的一部分；江城县档案馆的有关彝族文学艺术、中草医药的彝文古籍等。思茅地区民委还收集整理了大量史料，如《哈尼族叙事长诗》（约 200 万字）、反映民族歌舞和神话故事的磁带、拉祜族的石碑资料 103 篇。1988 年，西双版纳州、县 4 个档案馆共收集到傣族、瑶族的历史档案 430 卷（册）。至 1993 年，4 个档案馆馆藏少数民族档案 971 卷（册），其中贝叶经档案 534 卷，绵纸经档案 365 卷（册），盒子经档案 30 卷，另有刻木记事一件，录音带 3 盒，这些档案主要来源于佛寺、民族上层人士和康朗。大理州档案馆收集到 83 卷少数民族档案，主要为家谱、金石、宗教方面的，如《太和段氏家谱》《白族历史文物古碑类》《滇南古金石录》《南诏宗教考》等。州档案馆还收集到一些白族著名人物如医师梁炳学、画家杨德举、女书法家姚标等的档案。耿马县档案部门利用近年来落实党的侨务、民族政策，大批华侨回国省亲之机，积极开展收集工作。如 1987 年 4 月，在原孟定土司府弄角太爷（又称土舍）罕定国的后裔罕静女士回国观光时，征集到罕定国先生珍藏多年传至儿孙的《伍定满佐》（孟定等地史料）傣文本。耿马县档案馆先后征集到清乾隆二十二年（1757 年）、三十七年（1772 年）颁发给孟定府和耿马宣抚司印各一枚，清同治甲子年（1864 年）杜文秀元帅府颁发的干城使将军篆印一枚，耿马土司在清咸丰、同治、光绪等时期给皇帝呈报的亲供册附本 6 册，耿马土司府在清朝咸丰至同治年间编纂的《利肯勐耿马》傣文本 2 册等①。1993 年 7 月 2 日，缅甸登尼（木帮）的耿马籍人罕贵琛捐献了清咸丰三年（1853 年）至光绪三十一年（1905 年）的耿马土司档案 16 件，内容为土司袭职的号纸、批文及下属官员的

① 李新文：《我们是怎样征集少数民族历史档案的》，《云南档案》1987 年第 6 期。

"保结"（荐书）等。

云南各级档案馆都重视民族口述档案的征收工作。如 1993 年 10 月，文山壮族苗族自治州档案局在州委、州政府的支持下，组成了有政协、人大、档案等部门 20 人参加的"文山州壮族土支系历史文化收集小组"，组织收集壮族土支系的口述档案史料，经过近三年努力，先后到过 5 个县的 30 多个村庄，找了 80 多位老人，收集了反映壮族土支系民族来源、生产生活、婚丧喜事、风俗习惯、节日活动的录音磁带 55 盘、照片 500 多幅，录制壮族土支系传统婚礼的电视专题片《啰咪噜》等民族声像档案文献。红河哈尼族彝族自治州蒙自、元阳县档案馆收集、征集了部分哈尼、彝族、苗族的档案，主要有清末彝族农民起义，民俗、歌谣、服饰、佛经、家谱、民间药方等①。近年来，云南省档案局本着优先抢救保护云南无文字少数民族、特有少数民族和人口较少少数民族档案的原则，通过档案征集、影像记录、文献翻译、个人访谈等方式，全面采集分散在社会和民间的反映各少数民族发展历史、经济社会、文化生活、宗教信仰、民族习俗等情况的档案文献，将逐步建立以 15 个独有少数民族为重点，涵盖 25 个少数民族的资源体系②。同时，通过对民间民族宗教人士、能工巧匠和知识老人的访谈，记录与保护濒临失传的少数民族历史文化。目前，云南省档案馆已完成阿昌族、布朗族代表人物口述历史访谈 8 人，建立名人档案 18 人，采集录音 680 分钟，录像 150 分钟，照片 5200 多张，文字资料 230 多份，服饰、乐器等实物 33 件，音像资料 110 盘，古籍 38 册；与文化、文物主管机构联合开展国家级、省级非物质文化遗产档案接收征集工作，将第一手民族档案文献遗产征集进档案馆进行集中保存；保存汉、彝、傣、藏、白、纳西、拉祜、基诺、哈尼、傈僳、瑶等民族的各种载体档案 572 个全宗，105 万余卷（册），云南少数民族档案抢救保护工作取得丰硕成果③。云南省档案系统散存民族档案文献遗产集中保护具有以下特色：

---

① 云南省地方志编纂委员会总纂、云南省档案局（馆）编撰：《云南省志·档案志》，云南人民出版社 2000 年版。

② 黄凤平：《努力守护民族记忆 积极传承民族文化》，《中国档案报》2011 年 8 月 25 日。

③ 同上。

1. 有领导和有组织地开展民族档案文献遗产的征集工作。新中国成立后，云南省民间散存民族档案文献遗产的征集工作始终由云南省档案局在国家档案局的领导下有组织地开展进行。如 1960 年 9 月，云南省档案局下发《关于全国少数民族地区档案工作会议精神传达和我省如何贯彻执行的初步意见》，提出发展民族地区档案事业应做好少数民族历史档案的收集整理等 6 个方面的工作。10 月 27 日，省档案局召开全省档案工作会议，把少数民族历史档案的收集工作列入全省档案工作规划要点。1961 年 8 月，省档案局起草《关于广泛收集少数民族历史档案和历史资料的意见》上报省委，提出收集民族历史档案、资料应该注意的几个问题等 3 条意见。1987 年 3 月，云南省档案局下发《关于调查少数民族档案史料的通知》。1987 年 11 月，少数民族档案史料学术研讨会在昆明召开，对云南民族档案文献遗产的集中保护工作产生推进作用。而 2007 年修订通过的《云南省档案条例》更是把少数民族历史档案的管理工作明确列入档案管理工作的范畴，使云南省民族档案文献遗产的集中保护工作步入法制化建设的正轨。

2. 民族档案文献遗产征集工作有较好的规范和科学性。为做好云南省民族档案文献遗产征集保护工作，省档案局不仅在各个时期都将这一工作列为规划重点，同时制定了科学的征集办法。如 1961 年 8 月，省档案局起草《关于广泛收集少数民族历史档案和历史资料的意见》，提出 3 条具体意见上报省委。其中，第 2 条"收集范围和收集办法"将收集范围概括为：（1）反映少数民族政治、经济、文化及社会等方面的历史档案资料；（2）反映寺庙、宗教团体活动的历史档案资料；（3）反映少数民族起源、历史沿革、民族关系等方面的历史档案、资料；（4）土司及其衙门的历史档案、资料；（5）土司家族或头人家族的档案、资料；（6）国民党设治局的档案、资料；（7）散存在民间的有关的历史档案、资料；（8）实物记事（指结绳及在木、竹等材料上有一定意义的刻画符号）；（9）有关少数民族问题的各种史志、书报、刊物、碑文、传记等 9 个方面。并提出了依靠群众，动员干部和积极分子查清历史档案、资料的下落，积极征集到档案馆保存。对已经集中起来的历史档案、资料，应该迅速整理、编目等管理办法。

3. 充分利用政府资源进行民族档案文献遗产的征集工作。1961 年 8

月 25 日，省档案局起草《关于广泛收集少数民族历史档案和历史资料的意见》第 1 条提出："在省委直接领导下，由省委统战部、宣传部、省民委、省政协、省文化局和省档案局的有关负责同志组成领导小组，负责指导全省收集民族历史档案、资料的工作。日常工作由省档案局办理。各地县亦应参照此办法组成相应的领导小组，负责指导本地区的收集工作。"并就分工范围提出了意见，"散存在寺庙、宗教团体和民族中上层人物手中的民族历史档案、资料由统战部门、民委、政协和档案部门协同负责收集；散存在文化团体的由文化管理部门协同档案部门负责收集；散存在民间和机关单位的由档案部门负责收集。"第 3 条指出："收集少数民族地区的历史档案、资料工作，必须在党委的直接领导下，走群众路线，做好思想工作，讲清道理，解除顾虑，动员群众自愿地把历史档案、资料交给国家。同时，建议省的领导小组请省委统战部负责召集有关单位负责人会议，研究组织分工和讨论工作问题、部署。"①

4. 有意识开展相关单位民族档案文献遗产集中保护工作。如 1961 年 8 月 25 日，省档案局起草《关于广泛收集少数民族历史档案和历史资料的意见》第 3 条提出："收集历史档案、资料工作，应该在党委的统一领导下，和文物部门协作、分工。档案部门如果收集到文物，应该移交给文物部门，文物部门已经收集到的历史档案、资料，档案部门也应该进行了解，在他们有了复制品之后，集中档案馆保存。"云南省档案馆民族档案文献遗产集中保护主要工作有：与云南省非物质文化遗产管理部门达成共识，对云南非物质文化遗产档案的种类、数量、保管机构等情况进行了摸底调研，开展建档指导，力争将珍贵少数民族档案遗产集中到档案馆保管；与文化、文物主管机构联合开展国家级、省级非物质文化遗产档案接收征集工作，力争将第一手资料征集进馆；通过各种方式，征集到汉、彝、傣、藏、白、纳西、拉祜、基诺、哈尼、傈僳、瑶等民族的各种载体档案 572 个全宗，105 万余卷（册），取得了显著的工作成果②。

（三）云南省博物馆系统散存民族档案文献遗产集中保护状况述评

新中国成立后，党和国家极为重视云南省民族文物保护工作，依托博

---

① 云南省地方志编纂委员会总纂、云南省档案局（馆）编撰：《云南省志·档案志》，云南人民出版社 2000 年版。

② 黄凤平：《努力守护民族记忆 积极传承民族文化》，《中国档案报》2011 年 8 月 25 日。

物馆系统，从民族文物遗产抢救的视角，开展民族档案文献遗产的集中保护工作。早在 20 世纪 50 年代，中央有关机构 9 次来云南调查少数民族的各方面情况。1950—1951 年，中央访问团来云南，对各少数民族的社会历史作了调查研究。1958—1959 年，为了编写少数民族简史简志，全国人大、国家民委、云南省民委、北京大学、中央民族学院等单位继续调查云南少数民族的社会历史。此外，中国社会科学院民族研究所、省历史研究所等单位，分别多次调查了云南少数民族的经济形态和社会性质等方面的情况。这些调查活动，除积累了大量的民族社会历史方面的文字资料外，还收集大量即将消亡的民族文物、古籍等方面的实物，其中大部分移交博物馆珍藏。其后，在政府财政支持下，从 20 世纪 50 年代始，云南省博物馆在全省范围内进行了数百次的科学考古发掘，如 1955—1960 年，先后 4 次在晋宁石寨山古墓群进行大规模考古发掘，出土器物 4000 多件，尤其是在 6 号墓内发现了金质的"滇王之印"，从而印证了《史记·西南夷列传》对"滇"的记载；1972 年发掘江川李家山古墓群，出土战国至两汉时期的各类文物 1300 多件；1975—1976 年，在楚雄万家坝发掘了 79 座春秋至西汉的古墓，出土文物 1245 件，其中，所出土的 5 面春秋时期的铜鼓是世界上发现得最早的铜鼓；1977—1982 年，连续 7 次对曲靖珠街八塔台古墓群进行发掘，出土东周至两汉的青铜器、陶器、玉石器等文物 200 多件，较重要的有铜鼓、铜釜、扣饰、矛、戈、剑及陶鼎等[1]。同时，在政府的支持下，云南省于 1981—1985 年，广泛开展全省文物普查活动，共落实各类不可移动文物 5300 余项。其中有古文化遗址 717 项，古墓葬与名人墓 728 项，碑碣、崖画与摩崖石刻 2060 处。其中，大多数是民族文物。此外，文物普查中还发现了一批记载民族历史的碑刻和文字资料，如武定万德的彝文墓碑、腾冲猴桥的傈僳族迁徙墓碑、澜沧、西盟的彝族村寨分布图等，大部分征集到博物馆保存。

崖画和壁画是一种重要的民族图画档案，云南的崖画迄今已发现数十处，分布于滇东和滇东南的石林、弥勒、丘北、广南、麻栗坡、西畴，滇南与滇西南的元江、沧源、耿马，滇西与滇西北的漾濞、剑川、丽江、福贡、中甸、宁蒗等县。1965 年，省历史研究所在沧源佤族自治县发现崖

---

① 《云博概况》，云南省博物馆网站，http://www.ynbwg.cn。

画点 6 处，1978 年在沧源县又发现崖画点 2 处。1981 年 9 月，省博物馆、临沧行署文化局、沧源县文教局组成调查组，在丁来崖画点清理新石器时代遗址 1 处，出土遗存对判断崖画产生的时代有参考价值。1982 年又发现崖画点 2 处，至此，沧源县境内共发现崖画点 10 个，有可辨认的图形共 750—800 个，作画题材可分为人物、动物、房屋、器物、神祇和神话人物等。1984 年年初，耿马傣族佤族自治县在大芒光乡的大岩房右侧石岩上发现崖画，有可辨认的图形 39 个，题材是图腾崇拜等。1990 年，永德县发现崖画，崖画共 2 处，一在永康镇送吐寨西 2 千米，有图形 25 个，内容以马和人为主。另一处在红岩村南 0.5 千米，分为 4 区，可辨认图形有 50 个，内容为人、动物、重圈、手印等。1994 年 10 月，大理白族自治州漾濞县苍山马龙峰西坡发现崖画，画面有人、牛、放牧、劳作、舞蹈、手印等。初步研究，其年代约为西汉。1997 年 5 月，文山广南县弄卡村发现崖画，画面可分为 3 组，可识图形有 60 余个，其中有人、长尾四足动物等。

云南的壁画以其所在地点大致可分为寺庙壁画、墓葬壁画和洞穴壁画 3 类，以寺庙壁画数量为多。它们主要分布在丽江、香格里拉、剑川、勐海的勐遮、沧源、昭通及普宁等地。题材为宗教和世俗两类，成画年代早在公元 4 世纪末叶，晚的可至清代晚期。如丽江县寺庙壁画主要分布大研镇皈依堂、漾西万德宫、寒潭寺、束河大觉宫、崖脚村木氏故宅、芝山福国寺、白沙琉璃殿、大宝积宫、护法堂、大定阁、雪松村的雪松庵等处。丽江壁画最早的为永乐年间，有的壁画有藏文作画年代题记。内容有威德海会、阿弥陀佛海会、南无孔雀明王大佛母海会等画像，兼具汉、藏、白 3 个民族的艺术特点。1953 年 10 月，省博物馆（筹备处）组织滇西文物调查组，调查了丽江、大理、楚雄 3 地 12 县的文物古迹，丽江壁画即在其内。1956 年夏，中央文化部、云南省文化局组织部分画家与文物考古人员调查丽江壁画并临摹，历时近 1 年，临摹壁画 130 余幅。1973 年春，云南省文物工作队派人再次深入调查丽江壁画。1983 年和 1985 年，丽江地区文化部组织青年画家以 1 年零 4 个月的时间临摹了大宝积宫的壁画，藏于丽江地区群众艺术馆。1986 年，省文物队和四川文物考古研究所共同将大宝积宫和琉璃殿的 28 幅壁画用科学方法揭下，作钢化处理复原保护。剑川沙溪仕登村兴教寺所存壁画，内容有南无降魔释迦如来会、西方阿弥陀佛、东方阿閦佛、北方不空成就佛等，难得的是壁画留存的题记说明系白族画师张宝所绘，成画年代为明永乐十五年（1417 年）。建水壁画存于佛教禅宗寺院指林寺，绘于明代。现存壁画的内容有孔雀明王法会图和礼佛图。香格里拉县归化寺和中心镇公堂内的壁画，皆系藏传佛教题材，内容有释迦牟尼、四大天王、白度母、六道轮回图等，成画年代为清代。勐海勐遮乡曼宰龙佛寺和沧源勐懂镇广允寺所存壁画，均为南传上座部佛教题材。作画内容有佛本生故事——释迦牟尼成佛、涅槃等以及土司出巡图。其画风极富傣族艺术特色，作画年代为清代。除上述壁画外，滇西北地区的德钦东竹林寺、维西寺国寺，以及宁蒗扎美戈寺等皆存有藏传佛教题材的壁画，艺术风格具有藏、纳西两族的文化特色。

墓葬壁画主要位于昭通市（今朝阳区）后海子中寨。1963 年发现，随即由省、地文物工作者发掘。墓葬建于东晋太元十至十九年（385—394 年），墓主为霍承嗣，系南中大姓之一。墓内四壁与顶部皆绘彩画，分为上下两层，上层绘神话传说，下层绘世俗生活，有墓主人像及汉、夷部曲等。此壁画墓为云南首次发现，亦为国内仅有的两座壁画墓之一。1982 年，昆明市文物工作者在文物普查中于晋宁县上蒜乡发现两处洞穴壁画，经省、市、县文物部门调查，洞穴有二，一在该乡观音村西南，内绘有佛教密宗人物像 7 组 223 像及各式佛塔 11 座，有元宣光年号（1374 年）的题记 1 则。另一洞穴位于该乡洗澡塘村南，内绘佛教人物 21 像，大理国至民国的墨书题记 8 则，其中道隆年号题记为草书，另有赵观音落款 1 方。"道隆"属大理国段祥兴在位年号，道隆四年为南宋理宗淳祐二年（1242 年）。以菩萨名嵌入人名是大理国的习俗。上蒜乡的两处洞穴壁画，前者是云南境内首次发现的元代壁画，后者则将云南已知壁画的年代上溯到大理国时期①。纵观云南省散存民族文物集中保护工作，有以下显著特点：

1. 国家重视集中保护。早在 20 世纪 50 年代，中央有关机构 9 次来云南调查少数民族社会历史情况。1950—1951 年，中央访问团来云南，中共云南省委边疆工作委员会、省民族事务委员会积极配合，对各少数民族的社会历史作了调查研究。1956 年，由全国人大原常委会副委员长费

孝通等组成的云南少数民族历史调查组来云南，同省民委暨省文化、教育等部门及高等院校一起，大规模地调查边疆地区少数民族的社会历史。1958—1959 年，全国人大、国家民委、云南省民委、北京大学、中央民族学院等单位继续调查云南少数民族的社会历史，并分为德宏、西双版纳、临沧、红河、怒江等大组，按地区、按民族分工负责进行调查。此外，中国社会科学院民族研究所、省历史研究所等单位多次调查云南少数民族的经济形态和社会性质等方面的情况。这些调查收集抢救了丰富的具有档案文献遗产性质的民族文物、古籍文献和经卷等方面的实物，其中许多民族文物都移交到博物馆集中收藏。

2. 保存类型数量丰富。如云南省博物馆是一座综合性的博物馆，创建于 1951 年。50 余年来，云南省博物馆经过多年的考古发掘、调查征集、社会收购和接受捐赠的青铜器、古钱币、陶瓷器、古书画、碑帖、邮票及各类工艺品已达 156000 件之多，被认定为国家一级文物的 1000 余件，主要有晋宁石寨山出土的鎏金骑士贮贝器、江川李家山出土的牛虎铜案、大理三塔出土的大理国金阿嵯耶观音立像等文物，堪称国宝级文物[1]。云南省博物馆的藏品最具特色的是滇文化青铜器，南诏与大理国时期的佛教文物，以及近现代多姿多彩的少数民族文物精品，如滇王编钟，木雕凤凰窗花，木雕凤凰窗花，傣族女服，壮族绣片，彝族毕摩经，哈尼族、傈僳族刻木，贯头衣，民族风俗图，大理国写经，彩绘帝释部众壁画，木雕阿难立像，彝族银帽，佤族银披肩，傣族项圈，壮族银衣，瑶族银顶板，傣族织锦，藏族唐卡，纳西族东巴经、铜顶靴老爷像，傣族贝叶经，广南羽人船纹铜鼓，牛虎铜案和金阿弥陀如来像等[2]。

3. 收藏民族特色突出。仍以云南省博物馆集中保存的具有档案性质的民族文物为例。民族文物典型的有：在丽江市征集到的纳西族铜顶靴老爷像，塑像高 23.2 厘米，头顶一靴，身背葫芦，双目圆睁，喜形于色，右腿抬起，作舞蹈状，供奉于丽江纳西族自治县祥云村靴顶寺内；在红河县大新寨征集到的彝族毕摩经，高 26 厘米、宽 32 厘米，为毕摩在葬礼上送鬼、叫魂时所使用的经书；在遮放弄柄、元阳征集到的哈尼族、傈僳族

---

① 《云博概况》，云南省博物馆网站，http：//www.ynbwg.cn。

② 同上。

刻木记事，图中花木条每支上刻文 3 道，记载的是哈尼族离婚之事；丽江市民委移交的纳西族东巴经，长 30 厘米、宽 10 厘米；清代风俗图，纵156 厘米、横 45.5 厘米，一组 6 张，题材涉及采槟榔、乘象、狩猎、沐浴、写经等社会生活的诸多方面；大理崇圣寺千寻塔出土的大理国写经，宽 23 厘米，写于大理国天开十年（1214 年）；明代木雕贴金帝释部众窗花，高 233 厘米，两件窗花是明代丽江土知府木嵌献给木氏宗祠的分别写有"南无净土梵王帝释部众"和"南无忉利天主帝释部众"题榜，通体运用高浮雕及透空雕的手法，分别刻有人物约 30 人，为中国古代木雕窗花的杰作；在西双版纳傣族自治州征集到贝叶经等文物极具民族特色，是十分珍贵的民族实物性档案文献遗产①。

（四）云南省图书馆系统散存民族档案文献遗产集中保护状况述评

1. 设置机构，全面发展云南省图书馆事业。中华人民共和国成立初期，为保护民族文化，国家开始全面发展云南省图书馆事业。1955 年 7 月，文化部在《关于加强与改进公共图书馆工作的指示》中，提出要"根据国家建设的需要和人民群众日益增长的文化需要，以及整顿巩固，积极稳步地发展图书馆事业的方针"。1956 年 9 月，文化部在批复云南省文化局的报告中指出："凡已建立图书馆的县份，如县文化馆和图书馆相距较近，县城人口较少，文化馆的图书工作可以并入县图书馆。如果县文化馆与图书馆相距较远，县城人口较多，则文化馆应保留 2 个阅览室，以开展日常的报刊阅览工作。"文化部《1958—1962 年全国农村文化工作规划要点》中规定：5 年之内，至少发展县图书馆占全国县数的一半，暂不成立图书馆的县应当充实文化馆的图书室。为此，云南省文化局拟定了《关于县县社社建立图书馆（室）的意见》，要求在 1959 年国庆前，除个别地区外，实现县县有图书馆，每个人民公社都有民办图书馆（室）。据1959 年不完全统计，全省已有省图书馆 1 个，市图书馆 2 个，州图书馆 2 个，县图书馆 9 个，各县文化馆内设图书阅览室，共有公社图书馆（室）613 个，工矿图书馆（室）67 个。

"文化大革命"时期，云南各地图书馆事业也遭到严重破坏。1976 年粉碎"四人帮"后，云南省文化局拟定《发展地、州、市、县图书馆的

---

① 《云博概况》，云南省博物馆网站，http：//www.ynbwg.cn。

规划》，提出建立县图书馆的 4 个条件：一是有领导，二是有馆舍，三是有藏书 1 万册以上，四是有相应设备。1979 年，有 51 个文化馆图书阅览室从文化馆分出来建立了图书馆。据统计，这一年全省有公共图书馆 66 个，其中地、州、市级图书馆 14 个，藏书 92.2 万册；省级图书馆 1 个，藏书 168.2 万册。1980 年，中共中央书记处第 23 次会议对图书馆工作作出重要指示，把发展图书馆事业作为国家大事列入重要议事日程。之后，云南省召开全省公共图书馆馆长会议，拟订了全省图书馆事业的发展规划。到 1981 年，全省已建立公共图书馆 84 个，其中省图书馆 1 个，地、州、市级图书馆 15 个，县级图书馆 68 个，藏书总计 500 余万册。为发展云南省公共图书馆事业，自 1983 年以来，云南省文化厅共拨款 1500 万元，各地、州、市、县人民政府共拨款 4000 万元。到 1990 年止，共新建了 105 座图书馆，建筑面积 15.6 万平方米，其中书库 5.2 万平方米。1990 年 6 月至 1991 年 9 月，云南省文化厅对全省地、州、市、县、区图书馆工作进行了全面评估，建制达一类的有 63 个。1994 年，省文化厅又根据文化部《关于在县以上公共图书馆进行评估定级工作的通知》精神进行评估，达到定级标准的地、县馆共有 53 个。其中个旧图书馆为一级图书馆。大理白族自治州图书馆等 11 个馆为二级图书馆，昆明市图书馆等 41 个图书馆为三级图书馆。至 1995 年年底，全省每县都有了公共图书馆，还有 20 多个公共图书馆的建设被列入了国家"九五"计划。图书馆事业的发展为民族古籍的集中保护提供了保障条件。

2. 多种方式，广泛征集保护民族古籍文献。随着云南省图书馆事业的发展，各图书馆都重视民族文献保护工作，采用各种方式，征集到大批民族古籍。如云南省图书馆早在 20 世纪 50 年代就开始民族古籍的征集工作。1958 年，省图向松华阁购到一批古旧图书，其中有清代后期云南回民起义的资料及清光绪稿本《云南全省舆图》等。在宜良陈乃聪家中访到国内罕见的大理亦奇轩原刻原印本《南诏备考》等。1979 年，姚安县将收藏保管的《径山藏》1800 册，《大方广佛华严经》78 册，《妙法莲华经》8 册及其他古籍善本书共 1966 册移交省图书馆珍藏。迄今，云南省图书馆收藏的民族古籍主要有南诏、大理写本佛经、佛教结集《大藏经》和傣文、彝文文献等。如 1956 年 8 月，在大理市北汤天董氏宗祠发现《护国司南抄》，仅存收尾两卷残卷和正文数行，保留较多的是该经卷所附的注释。经卷系轴装，卷子长 689 厘米，高 30.8 厘米，共 430 行，用绵纸抄写。两残卷分别藏于云南省社会科学院历史研究所和云南省图书馆。省图书馆所藏南诏大理国写本佛经列入《云南省图书馆馆藏善本书目录》者共有 14 卷。尤其是《大般若波罗蜜多经》卷 41，经卷背面抄写了太和《龙关赵氏族谱》。云南省图书馆征集到的其他民族古籍有纳西族文献东巴经 700 册，如《以粮和杜鹃叶卜凶吉》《歌巴文字典》《舞蹈规程》《神路图》等。在滇东北收集到 32 本安氏土司的档案文书、《百喻经》及卜筮之书，有的还是写本，图文并茂，并钤盖有安氏土司认可的印记。有近百片贝叶经，多为巴利文、傣泐文与傣崩文。云南省图书馆截至 2012 年 6 月，地方文献部现藏有地方文献 25000 多种，约 5 万册，其中有大量珍贵的民族古籍文献。

此外，云南省各级各类图书馆也征集到丰富的民族古籍。如云南民族大学图书馆收集到彝文、傣文、东巴文古籍 1200 多册。该馆先后编制了 10 余种二三次民族文献，其中由该馆主编的《西南地区民族院校图书馆馆藏民族文献联合目录》获得了 1990 年全国图书馆学会二次文献成果奖，该馆主编的《民族文献提要》已于 1991 年 4 月出版。云南省社会科学院情报资料中心现有藏书 37 万余册，其中以民族文献资料尤具特色，包括：（1）20 世纪 50 年代形成的民族调查资料手稿 8000 余册（件），内容涉及云南彝、傣、白、哈尼、佤、傈僳等 23 个民族的简史、志、概况、民族语言、民族识别等；（2）形成于 20 世纪 50—60 年代云南各少数民族照片共 8000 余幅，内容多反映民族风情、民俗、民族文化、民族艺术、宗教、民族工作、民族地区自然风貌；（3）民族影视片 20 部，其中 8 部摄于 20 世纪 50 年代，其余为中心摄影部 80 年代拍摄；（4）民族实物资料近 1600 余件，包括老傣文、老彝文、藏文等资料、经书、神位图，民族生产活动器具、宗教文化器物、家谱、账簿等。其中大多数是珍贵的民族文书和实物档案文献遗产。云南省迪庆州藏学研究所图书室成立于 1984 年，现有藏、汉文民族古籍 1300 多册，以及有关格萨尔和藏文经书近百部。1986 年新建的大理白族自治州图书馆设立了民族文献研究室，收集到丰富的大理地区古代和近代民族古籍，编印了《民族文献研究室藏书目录》，其中有许多白族家谱等档案文献。现今，云南省各地图书馆收藏的古籍文献有 113 万余册，善本有 4.3 万册，其中包括丰富的民族古籍原始文献①。

3. 抢救为主，推进全省古籍保护工作。云南省图书馆系统长期重视民族古籍抢救工作，除广泛征集民间散存古籍文献外，从几个方面全面开展民族古籍保护工作：一是抓住重点，加快推进全省古籍普查工作。及时建立全省古籍普查登记平台，督促指导全省各级各类古籍收藏机构加快开展古籍普查；在全省范围分片区举办了古籍普查工作培训班，实现了全省县县都有普查员的培训目标。二是积极组织全省古籍收藏单位申报《国家珍贵古籍名录》和全国重点古籍保护单位，截至第四批申报评审工作结束，云南省共有216部古籍入选《国家珍贵古籍名录》，其中仅云南省图书馆就有126部古籍入选。三是制定颁布了《〈云南省珍贵古籍名录〉申报评审暂行办法》和《云南省古籍重点保护单位申报评定暂行办法》，正式启动云南省省级珍贵古籍名录和省级重点保护单位的评审工作。四是扎实开展《中华古籍总目·云南卷》编纂工作，制订编纂工作实施方案，召开专家论证会，举办3期全省编纂工作培训班，为做好编纂工作打下坚实基础。五是"送出去进修、请进来讲学、走下去辅导"并举，不断加强古籍保护人才队伍建设，共培训基层古籍工作人员774人次。六是认真做好各级图书馆馆藏民族古籍的保护工作，充分发挥省古籍保护中心的业务辐射作用。如截至目前，云南省图书馆馆藏珍贵古籍文献达到59万册，特别是成立了由世传古籍修复专家牵头组成的古籍修复小组，抢救修复了一大批珍贵民族古籍，被国家文物局确定为全国首批唯一具有二级可移动文物修复资质的图书馆，被文化部命名为全国首批12家国家级古籍修复中心之一。此外，云南省图书馆还牵头启动古籍数字化建设项目，完成了4600余种民族古籍的数字化资源建设工作，对全面推进云南省民族档案文献遗产数字化集中保护工作有重要现实意义②。从云南省图书馆地方文献、民族古籍中的民族档案文献遗产集中保护来看，其特色表现为：

1. 国家重视云南省图书馆系统民族古籍保护工作。云南省委省政府对民族古籍的保护工作十分重视，在政策法规的制定、机构设置，以及人

---

① 云南省地方志编纂委员会总撰，云南省文化厅编纂：《云南省志·文化艺术志》，云南民族出版社2002年版。

② 王水乔：《云南省图书馆第五次评估工作汇报》，云南省图书馆，2013年。

力、物力和财力方面长期予以大力支持。如为发展云南省图书馆事业，自1983 年以来，云南省文化厅共拨款1500 万元，各地、州、市、县人民政府工拨款4000 万元。到1990 年止，共新建了105 座图书馆。为贯彻落实国务院和省政府关于进一步加强古籍保护工作的指示精神，2008 年7 月25 日，省文化厅在云南省图书馆召开了云南省古籍保护工作会议。省政府副秘书长卫星从"对国家、对历史高度负责，建设云南民族文化强省高度；动员全社会力量，坚持保护为主、抢救第一、合理利用的方针；以及加强领导，加大投入，形成合力，确保各项古籍保护工作落到实处"等方面，对全省民族古籍保护工作提出要求。省文化厅厅长黄峻的主题报告对全省古籍保护工作进行部署，尤其是提出全面开展古籍普查工作，在普查的基础上初步建立《云南省古籍联合目录》等方面的安排，体现出了在民族文化遗产抢救框架下，领导、组织和协调各单位民族档案文献遗产集中保护工作的新趋势。同时，还依托云南省图书馆成立了云南省古籍保护中心，全面开展云南省民族古籍保护工作。

2. 征集到民族档案文献遗产的图书机构众多。得益于云南省丰厚的民族文献资源，云南省各级各类图书馆都重视对民族古籍的征集保护。如公共图书馆有云南省、楚雄州、大理州、德宏州、丽江市图书馆等，高校图书馆有民族大学、云南大学和大理学院图书馆等，科研单位图书馆有云南省社会科学院情报资料中心、云南省迪庆州藏学研究所图书室等，这些图书馆征集到的民族古籍类型多样，数量丰富。同时，各图书馆还依托民族古籍文献开展编目、整理以及文献汇编出版工作。云南省图书馆民族古籍的保护状况对民族文化的保护发挥了重要作用，同时也带来了民族档案文献遗产分散保存的现实问题，如何加强保护或集中保管已成为亟待解决的现实问题。

二 西部其他散存民族档案文献遗产集中保护状况述评

（一）内蒙古散存蒙古文档案文献遗产集中保护状况述评

蒙古族成文史书最早可追溯到11、12 世纪。当时蒙古地区的克烈、泰出部就用文字记述历史故事。1204 年成吉思汗统一蒙古诸部后，维吾尔人塔塔统阿奉命创制文字，并用回鹘字母创制回鹘式蒙古文，用《青册》记录成吉思汗发布的法令、军令，以及训言、格言等，最早的回鹘

式蒙古文文献是刻于 1225 年的《成吉思汗石》石刻，之后又相继产生了
1240 年的《十方大紫微宫窝阔台汗圣旨碑》《蒙古秘史》，1243 年的《阔
端台子令圣旨碑》，1246 年的《贵由汗玺》，以及用回鹘式蒙古文写成的
古籍包括写本、刻本、碑铭、印文、符牌等①。1260 年忽必烈继承汗位
后，八思巴在藏文、梵文字母的基础上新造字母，创制"蒙古新字"。八
思巴字作为元朝的官方文字使用了 110 年，形成了大量的碑刻、官印、符
牌、钱钞和文书等文献。1648 年，蒙古族卫拉特部高僧扎雅班第达那木
海扎木苏创制出托忒蒙古文以后，新疆蒙古族就用托忒蒙古文编写自己的
历史，记载重大事件，进行文学创作，留下部分托忒蒙古文文献，比较有
影响的是《四卫拉特史》《蒙古溯源史》《土尔扈特汗史》《和鄂尔勒克
史》《新旧土尔扈特汗诺颜世谱》《卫拉特纪事》等②。据现存蒙古文档
案文献统计，古籍总量达 15000 多种，文书档案文献 12 万多件，分布范
围涉及全国 10 多个省区市③。内蒙古各级党委和政府十分重视蒙古文档
案文献的保护抢救，从方针政策的制定、机构设置，以及经费的保障等方
面予以大力支持。

　　1. 党和国家对蒙古文档案文献遗产集中保护的重视。内蒙古各级党
委和政府长期重视蒙古文文献的抢救工作，始自 20 世纪 80 年代，投入大
量人力、财力，对全国现存蒙古文文献进行调查、登记和编目，对民间散
存档案文献进行普查、摸底、搜集。1983 年 8 月 5 日，黑龙江、吉林、
辽宁、北京、内蒙古、甘肃、青海、新疆八省（区）蒙古语文第四次协
作会议在辽宁省阜新市召开。会议讨论修改了 1983—1985 年的协作规划，
就今后蒙古语文的文化艺术、新闻宣传和蒙古族古籍征集、整理等方面的
协作作了具体部署。1984 年 5 月 24 日，内蒙古自治区成立了由区党委宣
传部、文联、文化厅、民委、语委、社会科学院等负责同志组成的《格
斯尔》工作领导小组，开展其征集、整理工作。1984 年 8 月，根据国办
发〔1984〕30 号文件精神，成立了自治区少数民族古籍工作领导小组，

---

　　① 宝音：《蒙古文古籍整理与研究综述》，《内蒙古民族大学学报》（社会科学版）2012 年
第 6 期。
　　② 同上。
　　③ 铭古：《让草原开满鲜花》，《中国民族报》2008 年 6 月 27 日。

负责蒙古族古籍征集抢救和整理出版工作。全区大部分盟市和三个自治旗
先后建立了少数民族古籍工作机构，配备了一定数量的专兼职人员，形成
了覆盖全区的古籍工作机制。所需经费从 1985 年起列入自治区 5% 民族
机动金项内，每年投入 15 万—20 万元开展这一项工作。1987 年 4 月 16
日，内蒙古自治区少数民族古籍工作座谈会在呼和浩特市召开。会议主要
内容是统一认识，明确各盟、市当前民族古籍工作的具体任务。会后以内
语古字〔1987〕1 号文件转发会议纪要，推动全区各盟、市民族古籍工作
的开展。1988 年 7 月，蒙古文民族古籍协作省区民族古籍工作会议在辽
宁省阜新蒙古族自治县召开，会议进一步强调开展协作抢救工作的紧迫
性，把蒙古族古籍工作研究推向新阶段。1991 年，自治区古籍办与《格
斯尔》工作办公室合并，进一步加强了蒙古族古籍的抢救、保护与整理
工作。自治区古籍办成立以来，认真贯彻落实国家和自治区民族古籍工作
的方针、政策，制定实施了"七五"至"十一五"规划，在蒙古文古籍
文献的征集、抢救和整理出版方面发挥了重要作用。

　　在档案馆系统，1959 年 4 月 9 日，内蒙古自治党委根据中央的指示，
批准成立了内蒙古自治区档案馆，全面收集、管理蒙古文档案文献遗产。
1960 年，国家档案局决定在内蒙古召开少数民族档案工作会议。3 月 18
日，专门下发《关于召开少数民族档案工作会议的通知》。1960 年 8 月
25 日，全国少数民族地区档案工作会议在内蒙古自治区呼和浩特市召开，
会上，国务院副总理乌兰夫、国家档案局局长曾三作重要讲话，强调开展
少数民族历史档案工作的重要性，并对这一工作发展提出了具体的方针政
策。在文物系统，2003 年，自治区党委、政府召开了全区文化工作会议，
提出建设民族文化大区的目标，并将文化遗产保护工作列入民族文化大区
建设的重要议事日程；2005 年 8 月，自治区人民政府决定，将每年的 9
月 6 日定为"草原文化遗产保护日"①。2006 年，自治区文物部门提出建
设"特色博物馆"的计划，被纳入全区"十一五"经济和社会发展规划。
2006 年，自治区人大审议通过了《内蒙古自治区文物保护条例》，其中第
29 条提出了重点保护民族文物的范围是："具有民族特点、历史特点和研

---

①　内蒙古自治区文化厅、内蒙古自治区文化厅文物局：《依法保护草原文化遗产，努力建
设民族文化大区》，中国阿拉善网，http：//www.als.gov.cn/。

究价值的反映少数民族的社会制度、生产方式、生活方式、文化艺术、宗教信仰、节日活动等有代表性的实物或者场所；与少数民族的重大历史事件、革命运动和重要历史人物有关的建筑物和纪念物；具有重要价值的少数民族文献资料。"① 此外，根据《自治区文物保护条例》的规定和国家关于文物保护"五纳入"的要求，自治区人民政府用于文物征集保护的经费投入现为每年 500 万元，全区各级财政也落实了文物保护经费②。《条例》的颁布促进了蒙古族文物征集保护工作的发展，为蒙古文实物档案文献遗产的集中保护提供了法规保障。

2. 积极开展民间和各单位散存蒙古文档案文献遗产的集中保护工作。作为蒙古文档案文献遗产保护的主要机构，自治区档案馆在散存蒙古文档案文献遗产的集中保护工作中发挥了重要作用。如 1959 年 4 月 9 日，内蒙古自治区档案馆建立后，就接收了内蒙古党委办公厅档案处和内蒙古人委办公厅档案管理处等单位保存的原卓索图盟、哲里木盟科尔沁右翼后旗，呼伦贝尔副都统、四子王旗、伊克昭盟地区、东盟政府、兴安省政府、内蒙古自治运动联合会东盟总分会、内蒙古自治政府、茂明安旗、喀尔喀右旗的蒙古文历史档案（177 麻袋）。征集到部分蒙文革命历史档案，共 100 柜子之多。1964 年，从内蒙古师范学院接收民国时期绥远省民政厅和钦差垦务大臣、垦务总局等机构的档案约 16000 斤。1968 年以后，接收内蒙古自治区直属机关撤销单位保存的一批民国时期绥远省档案。1982 年，接收内蒙古公安厅移交的绥远省警保处和高等法院等 14 个单位的历史档案。除这几次集中接收外，同时还接收了旗（县）保存的部分蒙古文历史档案。此外，还到有关省区和内蒙古地区的有关单位征集了部分新中国成立前蒙古文档案。现今，内蒙古自治区档案馆馆藏蒙古文档案主要有内蒙古各盟旗札萨克衙门及副都统衙门形成的共 20 个全宗，63258 卷，档案起止时间为 1644 年至 1949 年。档案种类以官方文书为主，其他有家谱世系表、户口地亩册簿等。内蒙古自治区档案系统收藏的蒙古文档案文献遗产多为文书档案，数量丰富、原始性强，是研究蒙古民族历史及

---

① 《内蒙古自治区文物保护条例》，中国人大网，http://www.npc.gov.cn/。
② 内蒙古自治区文化厅、内蒙古自治区文化厅文物局：《依法保护草原文化遗产，努力建设民族文化大区》，中国阿拉善网，http://www.als.gov.cn/。

清代以来中央政权对蒙政策的珍贵史料①。

内蒙古自治区图书馆系统蒙古文民族古籍的搜集工作始于 20 世纪 50 年代末。如 1947 年 5 月 1 日内蒙古自治区成立以后，有关单位开始着手蒙古文古籍的搜集工作，派出专人搜集北京隆福寺巷几家书肆出售的蒙古文古籍，以及蒙古文书社、嵩祝寺出版的木版蒙古文宗教古籍和其他种类的木版、铅印、石印蒙古文古籍；1953 年，内蒙古自治区政府设立了内蒙古蒙古语文研究会，研究会章程第 3 条明确规定"搜集与研究有关蒙古语图书资料及民间口头文学"，并详细制定了《有关蒙古语文研究资料搜集办法》②。对此，在题为《内蒙古语文研究会去年的成绩》的工作总结中写道："去年共搜集了新旧书籍资料千余种，其中有珍贵的手抄本《格萨尔传》（下半部）、旧《青史演义》、成吉思汗的《大扎撒》、伊利汗和完者都汗致罗马国的文书等。"③ 其后，该研究会的工作人员走访了北京、内蒙古东部、新疆等地，以及内蒙古的一些寺庙，搜集到很多蒙古文古籍。1956 年，为贯彻文化部全国图书馆工作会议精神，内蒙古人民委员会以政府的名义向全区各盟旗下达关于搜集书籍的专门文件，将少数民族书籍的经费增长了 7 倍。在此基础上，内蒙古图书馆工作人员不仅深入民间，到寺庙搜集民族古籍，还以从旧书店和市场购买、到兄弟省区的图书馆抄录等办法，搜集了大量的古籍文献④。据 1959 年的统计，内蒙古图书馆的收藏中，已收存了 14612 册蒙古文古籍。十一届三中全会以后，80 年代初在内蒙古师范大学成立《蒙古文献丛书》编委会，开始整理出版了一批蒙古文文献名著。于 1999 年 12 月出版的《中国蒙古文古籍总目》收录了内蒙古自治区 1947 年 5 月之前，中国其他地区 1949 年 10 月之前出版或收藏的蒙古文古籍和部分碑刻实物总计 13100 万种，其中 90% 以上的书籍是在 20 世纪 50 年代搜集的。截至目前，以"蒙古文献丛

---

① 和四海：《内蒙古自治区档案馆馆藏蒙文历史档案概述》，《少数民族档案史料评述学术讨论会论文选集》，中国档案出版社 1988 年版。

② 伯苏金高娃：《内蒙古地区蒙文古籍搜集保存的历史痕迹》，《内蒙古图书馆工作》2005年第 2 期。

③ 《有关蒙古语文研究资料搜集办法》，内蒙古自治区政府门户网，http：//www. nmg. gov. cn/。

④ 伯苏金高娃：《内蒙古地区蒙文古籍搜集保存的历史痕迹》，《内蒙古图书馆工作》2005年第 2 期。

书"整理出版的蒙古文古籍文献达 95 种、130 册。搜集整理不同版本的"格斯尔"31 种，以"格斯尔"丛书整理、出版了 17 种。

内蒙古遗存有丰富的蒙古族文物，经三次文物普查，全区现已发现不可移动文物古迹 2 万余处，可移动文物不计其数。新中国成立后，内蒙古自治区党委和政府投入大量人力、物力和财力发展自治区博物馆事业，征集各民族特色文物。如内蒙古自治区博物馆成立于 1957 年 5 月 5 日，在自治区政府支持下，采取考古调查、发掘、征集和接收捐赠等方式，收集到民族历史文物 4.4 万多件，其中包括了众多的蒙古文文物。较为典型的有博物馆四层专题陈列"草原华章"中，展现的新石器时代至清代数千年来，北方草原蒙古族等民族形成的大量岩画、碑石、石雕等文物，成为内蒙古自治区博物馆别具特色的珍贵藏品。经过长期的建设发展，内蒙古自治区蒙古文文物的集中保护取得丰硕成果，全区现有集中收藏蒙古族文物的全国重点文物保护单位 79 处，自治区级重点文物保护单位 314 处，12 个盟市和 70 余个旗（县）均成立了文物保护管理机构，各级文博单位收藏有各类馆藏文物 50 万件（套），国家一级文物达 1560 件①。这些集中保护的民族文物中，就包括了大量的具有实物档案性质的蒙古文文物。

在自治区古籍办系统，为抢救珍贵蒙古文古籍文献，自治区古籍办始终坚持"救书、救人、救学科"的原则，坚持征集与整理出版相结合的方针，挖掘、抢救即将失传的古籍文献，整理出版了一批有价值、有影响力的大型蒙古文古籍丛书——《蒙古文献丛书》。截至目前，该丛书已出版蒙古文古籍达 85 种，115 本，如蒙古文《清实录》、蒙古族著名英雄史诗《江格尔》及诸多蒙古族历史经典著作，有的已被译为日文、英文，引起国内外学术界的关注；同时还搜集、整理不同版本不同艺人演唱的英雄史诗《格斯尔》31 种，已出版 16 种，其中有著名的《霍尔·格斯尔传》《巴林格斯尔传》等②。

3. 通过编纂《中国少数民族古籍总目提要·蒙古族卷》等促进集中保护工作。内蒙古蒙古文档案文献遗产抢救的另一个显著特点是通过编纂

---

① 内蒙古自治区文化厅、内蒙古自治区文化厅文物局：《依法保护草原文化遗产，努力建设民族文化大区》，中国阿拉善网，http：//www.als.gov.cn/。

② 铭古：《让草原开满鲜花》，《中国民族报》2008 年 6 月 27 日。

《中国少数民族古籍总目提要·蒙古族卷》等促进其集中保护工作。1994年，自治区古籍办作为发起单位之一，在国家民委全国少数民族古籍整理研究室的指导下，同中国民族图书馆等 8 家单位联合完成了《中国蒙古文古籍总目》编辑工作，共收录 13115 款条目，并在 2002 年荣获"内蒙古社会科学研究优秀成果一等奖"①。2005 年 8 月，组成"内蒙古卷"编纂工作领导小组和编纂委员会。2006 年年初，自治区民委先后下发两个文件，在全区范围全面组织部署这一工作。各盟市和三个自治旗也组建了相应的编委会，从组织上保证了此项工作的整体推进。当年 8 月，成功召开了第三次全区古籍工作会议暨八省区蒙古文古籍协作工作会议，把"蒙古族卷"编纂工作向全国范围全面铺开。为明确分工，把握工作进度，先后与馆藏文献较集中，且数量较大的呼和浩特市地区四大图书馆签订了著录编纂"蒙古族卷"的协议书，把"蒙古族卷"编纂工作整体推入填卡著录阶段。到 2010 年 6 月，《中国少数民族古籍总目提要·蒙古族卷》编纂出版工作完成，于 2013 年 3 月由中国大百科全书出版社正式出版②。

　　这一编纂出版工作对蒙古文档案文献遗产集中保护的意义首先在于摸清了各级各类单位散存蒙古文档案文献情况。如根据《中国蒙古文古籍总目》统计，全国收藏蒙古文古籍文献的图书馆、博物馆、图书资料室共有一百余家，这些单位馆藏古籍文献有 13115 种，20000 余册，包括从 13 世纪到新中国成立前七百多年的各种蒙古文版的抄本、印刷本、影印本和碑文拓片等，种类有历史、宗教、政治、经济、法律、天文、地理、医学、军事、文化教育、语言文学、哲学、翻译等；就总量而言，现今国内共收藏蒙古文古籍文献 16700 余种（含不同收藏单位的复本数）③。《中国少数民族古籍总目提要·蒙古族卷》"序言"说："据统计，国内收藏的蒙古族书籍类古籍 1300 多种，文书档案约有 20 万卷、100 万件。还有

---

① 铭古：《让草原开满鲜花》，《中国民族报》2008 年 6 月 27 日。

② 内蒙古自治区古籍办苏雅拉图：《开拓进取 强化措施 执着追求 为新时期少数民族古籍工作做出贡献》，国家民委网站，http://www.seac.gov.cn/。

③ 宝音：《蒙古文古籍整理与研究综述》，《内蒙古民族大学学报》（社会科学版）2012 年第 6 期。

大量的铭刻类古籍和口传文献资料。"① 其次是初步完成了蒙古文档案文献遗产在内容上的集中保护工作。如《中国少数民族古籍总目提要·蒙古族卷》对收录古籍详细揭示其书名、卷册数、作者、成书年代、简要内容、保存状况、收藏单位等内容，以蒙古文档案文献摘编的形式，完成其内容信息上的初步集中保护工作。

从内蒙古自治区对散存蒙古文档案文献遗产的集中保护工作来看，其特色表现为两个方面。

1. 档案馆系统在国家政策法规支持下集中保护了大量蒙古文档案文献遗产。1960 年 8 月，全国少数民族地区档案工作会议在内蒙古自治区呼和浩特市召开，会上，国务院副总理乌兰夫、国家档案局局长曾三作重要讲话，强调开展少数民族历史档案工作的重要性。这次会议极大地促进了内蒙古少数民族档案工作的发展，在内蒙古自治区党委和政府重视和支持下，内蒙古自治区档案馆先后接收了原内蒙古党委办公厅档案处和内蒙古人委办公厅档案管理处等单位保存的原卓索图盟、哲里木盟科尔沁右翼后旗等蒙古文历史档案（177 麻袋），1964 年，从内蒙古师范学院接收民国时期绥远省民政厅和钦差垦务大臣、垦务总局等机构的档案约 16000斤。1968 年以后，接收内蒙古自治区直属机关撤销单位保存的一批民国时期绥远省档案。1982 年，接收内蒙古公安厅移交的绥远省警保处和高等法院等 14 个单位的历史档案。此外，还接收了旗（县）保存的部分蒙古文历史档案。现今，内蒙古自治区档案馆系统保存的蒙、满、汉、藏等多种文字形成的民族档案文献遗产计有 213 万多卷，蒙古文历史档案文献151292 卷（册、件），充分发挥了档案馆在民族档案文献遗产集中保护工作中的重要作用。

2.《中国蒙古文古籍总目》等编纂工作极大地促进蒙古文档案文献遗产的集中保护。1994 年，自治区古籍办作为发起单位之一，在国家民委全国少数民族古籍整理研究室的指导下，同中国民族图书馆等 8 家单位联合完成了《中国蒙古文古籍总目》编辑工作②。2010 年 6 月，圆满完成

---

① 国家民委全国少数民族古籍整理研究室：《中国少数民族古籍总目提要·蒙古族卷》，中国大百科全书出版社 2013 年版，第 11 页。

② 铭古：《让草原开满鲜花》，《中国民族报》2008 年 6 月 27 日。

《中国少数民族古籍总目提要·蒙古族卷》的编纂出版工作，2013 年 3 月由中国大百科全书出版社正式出版①。编辑出版《中国蒙古文古籍总目》和《中国少数民族古籍总目提要·蒙古族卷》，对蒙古文档案文献遗产的集中保护工作产生了积极的作用，主要表现为：一是摸清了各单位所存蒙古文档案文献遗产的分布状况。在这一工作的推动下，不仅摸清了各单位所存蒙古文档案文献遗产的分布状况，对蒙古族各种记录信息档案文献遗产，如蒙古族汉文档案文献遗产、口述档案文献遗产和图画档案文献遗产等也都进行了调查了解。二是在内容信息方面促进了蒙古文档案文献遗产的集中保护。这项工作不仅形成了《中国蒙古文古籍总目》《中国少数民族古籍总目提要·蒙古族卷》纸质内容信息的集中保护成果，更重要的是以此为契机建立了蒙古文古籍文献数字化资源，对蒙古文档案文献遗产的数字化信息集中保护工作将会产生极大的促进作用。

（二）新疆散存维吾尔族档案文献遗产集中保护状况述评

新疆维吾尔族有丰厚的文化底蕴，在历史上产生了丰富的民族文献。这些民族文献既有古突厥文、回鹘文、察合台文和古维吾尔文等民族文字档案文献，也有部分汉文、图画档案文献。主要类型有：其一，突厥文历史档案。按体裁类别可分为历史传记文献，墓志铭性质的抒情诗体，刻在岩崖、石头和建筑物上的纪念题词，宣扬魔法和宗教的文献，敦煌和吐鲁番发现的法律文书和日用品上的标记等 6 类。其二，回鹘文历史档案。包括早期的佛经，大多译自当地的焉耆—龟兹语，如《弥勒会见记》；中期译自汉文的佛经，如《金光明最胜王经》《玄奘经》等；后期多为自己创作或改写的佛教文献等。其三，察合台文历史档案。察合台文历史档案可以分为：历史类，如《拉失德史》《和卓传》等；语言文字类，如《突厥语词典》《库曼语汇编》等；文学类，如《福乐智慧》《先祖阔尔库特书》等。其四，粟特文历史档案。现存粟特文献主要保存在国外，大多是 20 世纪初在新疆和甘肃发现的。出自中国境内的粟特文献有木牍、纸书和羊皮书三种，内容多为译自汉文、梵文、龟兹文的佛经，著名的如《般若波罗蜜多心经》《药师琉璃光如来经》以及若干咒语，此外还有少

---

① 铭古：《让草原开满鲜花》，《中国民族报》2008 年 6 月 27 日。

量基督教和摩尼教文献等①。新中国成立后，新疆十分重视维吾尔族档案文献遗产的抢救工作，不仅在相关政策法规上予以支持，并在机构设置、经费保障以及工作机制的构建等方面进行全面布置与规划。主要表现在以下方面：

1. 构建维吾尔族档案文献遗产的长效保护机制。首先，在政策法规方面，1983 年 9 月，新疆维吾尔自治区党委和政府发出《关于搜集整理和出版新疆少数民族古籍的通知》。2005 年 1 月，新疆维吾尔自治区人民政府办公厅下发《关于进一步做好我区少数民族古籍调查登记和收藏工作的通知》，要求各民族要从自己的特点与实际出发，有计划、有目的地开展民族古籍的搜集抢救工作。2005 年，新疆维吾尔自治区制定了少数民族古籍工作"十一五"规划。2007 年，为掌握新疆现存古籍状况，进一步加强对各民族古籍的保护工作，根据《国务院办公厅关于进一步加强古籍保护工作的意见》，自治区人民政府办公厅发出《关于进一步加强自治区古籍保护工作的实施意见》，开展民族古籍的普查登记工作。2012 年，自治区人民政府办公厅发出《关于进一步加强我区少数民族古籍工作的通知》，要求各地、各有关部门要进一步认识到少数民族古籍工作的重要性，切实做好少数民族古籍的普查登记、征集保护和整理出版工作。

其次，建立完善的征集保护机构。根据党中央和国务院关于开展少数民族古籍工作的指示，新疆维吾尔自治区党委和政府于 1983 年 9 月联合下发了《关于搜集、整理和出版新疆少数民族古籍的通知》，成立了自治区少数民族古籍搜集整理出版规划领导小组②。同时，在各地方建立少数民族古籍搜集整理出版规划领导小组及其办公室，领导、组织和开展维吾尔族档案文献遗产的征集保护工作。1983 年 9 月 16 日自治区少数民族古籍搜集整理出版规划领导小组成立。1983 年 1 月 24 日，领导小组召开第一次工作会议，研究决定筹建自治区古籍办以及规划小组等方面的问题。此外，档案馆、图书馆和博物馆等文献管理机构相继建立。如 1953 年春，新疆博物馆开始筹建，1963 年 10 月 1 日正式建成开馆。其后，还成立了新疆文物考古研究所、龟兹石窟研究所等文物发掘与研究机构。1959 年

---

① 张公瑾、黄建明等：《民族古文献概览》，民族出版社 1997 年版。
② 《让丝绸古道重放异彩——新疆民族古籍工作谱新篇》，《中国民族》2004 年第 1 期。

10 月，新疆维吾尔自治区档案管理处正式成立。1965 年 10 月，自治区档案馆大楼正式建成开馆。1949 年 10 月，新疆图书馆改称为新疆省人民图书馆。1955 年 10 月，省人民图书馆改称为自治区图书馆。

最后，将维吾尔族档案文献遗产的集中保护纳入政府规划，给予财政经费、人才培养等方面的支持。如 1984 年 10 月 18 日，新疆首届少数民族古籍工作会议在乌鲁木齐市召开。会议传达了国务院、国家民委有关民族古籍的指示精神，讨论并制定全区少数民族古籍搜集整理出版"七五"规划，提出今后的工作任务、方针、措施。1985 年 11 月 1 日，新疆维吾尔自治区古籍办举办自治区首届察合台语进修班，为期 3 个月，培养了近 50 名察合台语专业人员。1990 年 12 月 3 日，自治区少数民族古籍整理出版规划领导小组召开工作会议。会议主要听取古籍工作汇报，对今后如何继续做好民族古籍工作提出建议。1991 年 4 月 25 日，自治区少数民族古籍整理出版规划领导小组召开第二次扩大会议。会议提出"八五"期间民族古籍工作的重点是搜集整理并重，出版工作量力而行，并以此精神安排"八五"规划项目。2005 年，新疆维吾尔自治区制定了少数民族古籍工作"十一五"规划。1983 年 9 月，从自治区成立古籍办和领导小组以来，据不完全统计，1984—2007 年，新疆维吾尔自治区财政厅划拨少数民族古籍工作经费共计 650 多万元[1]。维吾尔族档案文献遗产的长效保护机制的构建保障了其集中保护工作的长期开展。

2. 开展散存维吾尔族档案文献遗产的征集保护工作。1983 年 9 月，新疆维吾尔自治区成立少数民族古籍搜集整理出版规划领导小组之后，下设维吾尔—乌孜别克等 6 个业务小组，负责本民族古籍的搜集抢救和整理出版工作。同时，全区各个地州市和部分县民宗局也相继成立古籍办机构，全面开展散存维吾尔族档案文献的抢救工作。2005 年，为贯彻自治区人民政府办公厅发布的《关于进一步做好我区少数民族古籍调查登记和收藏工作的通知》精神，各地区加大征集力度，收集到大量珍贵的维吾尔族档案文献。此外，相关政府部门和文化机构还注重对流失国内外维吾尔族档案文献的征集工作，从贵州省农学院征集到察合台文手抄本

---

[1] 巴哈提·乌塔尔拜：《试论新疆少数民族古籍文献资源的开发利用》，《内蒙古科技与经济》2009 年第 18 期。

"奇异录"复印件，从国外购来《拉失德史》《卡米勒史》《金光明经》《突厥语大词典》等一批维吾尔古籍。一些民间人士也积极参与少数民族古籍的收集工作，如巴州的阿拉在羊皮上烙写出长篇英雄史诗《江格尔》。2010年5月至2011年12月，根据《国务院办公厅关于进一步加强古籍保护工作的意见》和自治区人民政府办公厅《关于进一步加强自治区古籍保护工作的实施意见》的精神，新疆各相关单位在自治区政府统一领导下，在全区范围内开展民族古籍普查登记工作，建立自治区古籍综合名录信息库，为制定《新疆维吾尔自治区珍贵古籍名录》和开展自治区古籍保护工作打下了坚实的基础。自1984年自治区古籍办系统在全区范围内开展民族古籍保护工作以来，已搜集到回鹘文、察合台文、维吾尔文等13种文字的民族古籍10000余册，仅新疆自治区民宗委古籍办"新疆少数民族古籍特藏书库"就征集到6169册（件）。整理出版了130余本古籍，完成了1000余册（件）存档古籍的编目工作[1]。

在博物馆系统，1953年春，新疆博物馆开始筹建，文物收藏作为基础工作被列入博物馆的工作计划。为贯彻国家保护与征集民族文物的指示精神，1956年12月，新疆自治区文化厅、区供销合作社联合发出《在废铜收购中注意保护文物》的通知，收集到不少维吾尔族重要文物。1959年5月，根据自治区文化厅通知"大力开展革命文物的征集展览工作，广泛进行革命历史遗址、遗迹和纪念地点的调查、保护和恢复工作"的精神，自治区博物馆工作人员分赴至南北疆各地，广泛征集民族民俗文物、革命文物、近现代重要文物。在自治区博物馆入库的几万件藏品中，有近一半是征集所得。改革开放后，博物馆组织大批工作人员分赴新疆天山南北的广大农村牧区，征集维吾尔、回族等12个兄弟民族民俗文物。经过1982年、1983年近两年的努力，征集到少数民族民俗文物展品等2000余件。其他各地、州、市、县文管所与博物馆，也都把维吾尔族等民族的文物征集列为工作重点，收集到许多有价值的民族民俗文物。如乌鲁木齐市博物馆中的历代货币、冤骨回归墓碑、菱形花卉地毯、迪化省城砖；木垒哈萨克自治县博物馆中的24件民族民俗文物等。此外，和田地区博物馆中的千余件历史文物，有680件都是博物馆从群众中征集来的。

---

① 本部分资料由新疆民委古籍部伊斯拉木主任提供。

和静县则在 1982 年 3 月，从辽宁、沈阳索回该县原旧藏珍贵文物——清康熙、雍正、乾隆三代皇帝给曾迁居俄国伏尔加河下游地区以后回归新疆的蒙古土尔扈特部首领的三封敕书。截至 1990 年年底，自治区博物馆已收藏石器、陶瓷砖瓦漆器、金属器、各类织物、木器、雕塑（泥、石、玉）、古代文书简牍、碑刻墓志、钱币、书画印章、民族民俗、革命文物等各类文物及古尸标本达 5 万余件，入库藏品 3 万余件。新疆文物考古研究所多年来，在全疆各地通过清理、发掘和征集，收集到各类文物约 11000 多件。龟兹石窟研究所及其前身克孜尔文物保管所先后征集和出土各类古代文物 77 件；乌鲁木齐市博物馆收藏有从战国到民国时期的历史文物 295 件，还有历代货币 70000 余枚，其中有珍贵的涡纹彩陶罐、铜镜、甲衣片、对羊铜饰、芳泥弈叶碑、新疆纸币、金凤簪等。吐鲁番地区博物馆入库文物达 5500 余件。塔城地区文管所收藏各类文物 200 余件。阿勒泰地区文管所收集历史文物和民间流散文物数十件。哈密地区文管所、博物馆先后收藏各类文物达 5082 件。巴音郭楞蒙古自治州文管所收集各类文物 460 余件。和田地区文管所收集各类历史文物 869 件，其中有石器、玉器、铜器、农具、木刻、古文字、古代乐器、艺术品，寺庙雕刻、动物俑、织机、毛棉丝织物、地毯、饰物，佛教、伊斯兰教文物，文书、印章、货币及古尸标本等[1]。

在档案馆系统，1959 年 10 月，新疆维吾尔自治区档案管理处成立。1965 年 10 月，自治区档案馆办公楼正式使用，开始接收、征集各单位保存的文书档案和维吾尔族历史档案。"文化大革命"期间，档案馆工作停滞。1977 年 9 月，自治区档案局成立。1983 年 6 月，自治区档案局（馆）设立档案管理处、业务指导处等，广泛开展维吾尔族档案文献遗产的征集工作。这一时期的重要工作是接收了一批民国时期吐鲁番县档案。这部分档案从吐鲁番县政务、实业、军需、财政、教育、司法、内务等方面揭示了当时吐鲁番地区的政务活动、经济建设及社会状况，其中，许多档案文献都记录和反映了维吾尔族社会历史发展情况。2002 年 7 月，自治区档案局（馆）设立历史处、编研处、技术处等机构，加大对民间和各单位

---

[1] 新疆维吾尔自治区地方志编纂委员会：《新疆通志·文物志》，新疆人民出版社 2007 年版。

散存维吾尔族档案文献的征集保护工作。现今，新疆自治区档案馆馆藏档案资料已达 219304 卷（册），其中清代档案 20201 卷（件），民国档案 46936 卷。这些历史档案中，包含了许多极具特色的记录和反映维吾尔族历史文化的档案文献遗产。如馆藏清代吐鲁番厅的维吾尔族档案文献中，其中有清道光年间的坎地文约，清咸丰年间地契，买卖地亩文约，清同治年间账簿、功牌、护照等①。这些文书材料许多都是当地维吾尔族形成的原始文件。民国档案为民国元年（1912 年）至民国三十八年（1949 年）新疆历届省级政权机构所属各机关、团体、企事业单位形成的档案，文件材料由汉、维、蒙古、哈、满、英、俄等多种文字形成②。民国档案中，有大量历史文书记述和反映了新疆田赋税收、工农牧业生产，以及关于帝国主义国家通过在新疆设领馆，开设商埠、商行、教堂、学校，或是以团体、个人考察、游历为名，对我国进行政治、经济、文化侵略的维吾尔族社会历史情况。

在图书馆系统，1949 年 9 月新疆和平解放以后，新疆原省立迪化中正图书馆改为新疆省人民图书馆，继承了旧省图书馆的藏书 18630 册，杂志 7 种。1951 年 3 月，在经济困难条件下，征集、采购了大批民族古籍、新书和期刊。1955 年 10 月，新疆维吾尔自治区成立，新疆省人民政府图书馆改名为自治区图书馆。同时，各地区、各级图书馆相继建立，自治区图书馆进入新的发展时期。十一届三中全会后，自治区各级图书馆拓宽服务领域，继续加强维吾尔族等民族文献的征集工作。经过长期征集抢救工作，各级图书馆在维吾尔族文献的征集工作中取得显著成绩。以自治区图书馆为例，80 年代中期，该馆藏书量为 68 万余册。在购书经费保障的情况下，到 90 年代末，总藏书量已达 869839 万册。其中，民文文献部负责新疆少数民族文字图书、报刊的搜集、采编、保存和利用工作，征集工作成效显著。截至 1999 年年底，共有藏书 114 万余册，其中汉文图书 18.8 万种 75 万余册，民文图书（维、哈、蒙古、克尔克孜、乌孜别克等文）1.5 万种 10 万余册，古籍 6 万册，地方文献 3600 种 1 万余册，其中包括

① 王煜：《新疆维吾尔族自治区档案馆馆藏及其开发利用》，《档案学研究》1993 年第 1 期。

② 同上。

了丰富的维吾尔族古籍文献。到 2013 年，新疆图书馆总藏书量近 130 万册，其中：汉文普通图书 70 万册、民文图书 12 万册、外文图书 21 万册、古籍图书 8 万余册、少数民族图书 1000 余种，在维吾尔族历史文献的保护方面做出重要贡献。

3. 重视维吾尔族口述档案文献遗产的征集工作。1958 年 4 月，自治区党委发出通知，要求全疆文化主管部门积极搜集各民族民歌、民谣。1951 年 8 月，为重点抢救《十二木卡姆》，相关文化机构先后寻访到了南疆的民间艺人吐尔地·阿洪和北疆的民间艺人肉孜·弹拨尔，在万桐书等专家的辛勤工作下，于 1955 年完成对《十二木卡姆》的资料整理工作。1960 年，由音乐出版社和民族出版社共同编辑出版了《十二木卡姆》曲谱两卷本。1965 年，以《乌木夏克木卡姆》音乐为基础创编了"新木卡姆大歌舞"。先后出版了《维吾尔木卡姆》《哈密木卡姆》《吐鲁番木卡姆》等书籍和光盘，还创作演出了大型歌舞《且比亚特木卡姆》、民族交响乐《木卡姆变奏》等一批优秀节目。从 20 世纪 60 年代起，还对维吾尔族的麦西来甫、赛乃姆等长期流传在民间的音乐与歌舞进行了记录、整理。1981 年以来，在全疆范围内对各民族民间传统乐舞进行了普查、搜集、整理，并于 1996—1999 年先后编纂出版了《中国戏曲音乐集成·新疆卷》《中国民间歌曲集成·新疆卷》等文学艺术集成系列丛书，新疆各民族优秀的传统乐舞艺术的各个门类，数以千计的民间歌曲、器乐曲；天山南北的木卡姆音乐、宗教乐舞、说唱音乐；独树一帜的维吾尔剧、新疆曲子剧等，通过音、谱、图、文、像的形式被全面集中地保存下来。

1961 年，自治区成立了民间文学组织，在各地、州和多数县城成立了文化站，并提供专项资金，开展搜集和记录文学遗产的工作，先后搜集、整理、翻译、出版了维吾尔、柯尔克孜和乌孜别克等民族大量的神话传说、民间笑话、民间故事、寓言、谚语等口述历史文献。1987 年，新疆民间文学（民间歌谣、民间谚语、民间故事）三大集成工作开始启动。根据全国统一规划，新疆民间文艺家协会依照科学性、代表性、全面性原则，在自治区各县（市）、新疆生产建设兵团各师（局）普遍组建工作机构，对当地蕴藏的民间故事、歌谣、谚语、长诗等口传文学作品进行全面的普查和搜集工作。至 1995 年，已陆续编选出版了新疆县（市）级六种文字、13 个民族的民间故事集成、歌谣集成、谚语集成、长诗集成资料本 400 余册。经甄别、筛选，完成了新疆 13 个民族六种文字 21 本民间故事、歌谣、谚语集成卷编选工作。此外，还搜集、整理、翻译、出版了各民族大量的民歌、民间故事、寓言、谚语、民间歌舞、民间图案等民间文化遗产①。1993 年 11 月，维吾尔古典音乐《十二木卡姆》录音磁带由新疆音像出版社出版发行。这些工作成绩显著，在维吾尔族口述档案文献遗产的抢救方面做出重要贡献。

新疆对散存民族档案文献遗产的集中保护有其鲜明特色：

1. 在文化遗产保护工作的促进下，建立了维吾尔族档案文献遗产集中保护的长效工作机制。这一工作机制首先以国家民族文化保护政策法规为引导，自治区党委和政府制定相应的配套性政策法规。其次，成立新疆维吾尔自治区少数民族古籍搜集整理出版规划领导小组、新疆自治区博物馆、新疆自治区档案馆和新疆自治区图书馆等工作机构，为开展维吾尔族档案文献遗产的征集保护工作提供机构平台。最后，将维吾尔族档案文献遗产的集中保护纳入政府规划，给予财政经费、人才培养等方面的支持，保证了维吾尔族档案文献遗产征集保护工作的长期开展。

2. 充分发挥自治区古籍办和档案馆等机构的作用，对维吾尔族档案文献遗产进行整合性征集。整合性征集工作表现在动员古籍办、档案馆、博物馆和图书馆等机构的力量，对维吾尔族档案文献遗产开展全面征集工作，并取得显著成绩。以古籍办为例，自 1984 年 8 月，自治区少数民族古籍工作领导小组成立以来，新疆自治区古籍办系统已经搜集到回鹘文、察合台文、波斯文等 13 种文字的少数民族古籍9000 余册，已整理出版了 130 余本古籍，完成了 900 余册（件）存档古籍的编目工作。此外，档案馆、博物馆和图书馆等系统，也都发挥出自身的优势，集中抢救了大量维吾尔族古籍、文书、金石和口述档案文献遗产。截至目前，全区已搜集、收藏的维吾尔族古籍达两万多种（部、册、件），整理出版 500 余种②。

（三）西藏散存藏文档案文献遗产集中保护状况述评

藏族有悠久的历史，在历史上以藏文形成了丰富的藏文档案文献遗

---

① 新疆维吾尔自治区地方志编委会：《新疆通志·民族志》，新疆人民出版社 2005 年版。

② 巴哈提·乌塔尔拜：《试论新疆少数民族古籍文献资源的开发利用》，《内蒙古科技与经济》2009 年第 18 期。

产。藏文字属于印度字母体系，已有 1300 多年的历史。据藏文史书记载，松赞干布继位后，派大臣屯米桑布扎等人前往天竺和西域诸国修习佛法和声明之学。屯米桑布扎依据梵文的字母系统，结合藏语实际，创制了藏文。现存藏文历史档案卷帙浩繁，种类繁多，按存在形式划分有刻本、写本、稿本、抄本和拓本等古籍，政务、法规经济、谱牒和信函等文书，碑刻、摩崖和石经墙、石经片和石经墩等石刻，刻写在金属器皿之上的金文，以及中央王朝对西藏宗教领袖和地方馆员等加以掌封赐印或西藏政教上层形成使用的印章等。按载体形式划分有纸质、木质、叶质、骨质、金石、缣帛等类型。其中，藏文印章除金、银、铜印外，还有象牙、石、木等多种类型。从藏文历史档案的书写方式看，纸质档案用料除藏墨外，部分典籍尚有以金、银、铜、翡翠、珊瑚、珍珠、朱砂等珍品研磨调制后书写的档案，这些档案文献在载录民族文化、保存藏族古代文明方面做出重要贡献[①]。长期以来，西藏自治区在国家的大力支持下，对藏文档案文献遗产进行了切实的集中保护工作。

1. 国家重视，在藏族文化抢救视野下长期支持藏文档案文献遗产的集中保护工作。从藏文古籍保护的角度看，西藏自治区人民政府十分重视藏文古籍的保护与抢救工作，于 1985 年下发《关于批转自治区社会科学院〈关于整理出版藏文古籍实施方案的报告〉的通知》，在全区全面开展藏文古籍的征集抢救与发掘利用工作。1988 年 9 月，西藏藏文古籍出版社筹建工作组发起"五省区藏文古籍工作协作会议"。会议交流了五省区藏文古籍抢救、搜集、整理的经验，成立了对藏文古籍工作具有深远影响的"五省区藏文古籍协作会"，并将领导小组办公室经会议决定设在西藏社会科学院内，以协调五省区藏文古籍工作。其后，在 1991 年（青海）、1993 年（四川）、1995（云南）、1997（甘肃）、1998 年（西藏）、2000 年（四川）直至 2002 年（北京）等召开的各次协作会议都取得显著成果，如 1998 年的第六次藏文古籍协作会议出台了藏文古籍编目纲要和规划，正式启动《中国少数民族古籍总目提要·藏族卷》的联合编研工作；截至 2004 年，在广泛征集藏文古籍的基础上，国内已出版了藏文古籍文

---

① 华林：《论藏文历史档案的发掘利用》，《中国藏学》2003 年第 4 期。

献近 600 种①。2005 年和 2008 年，在西藏图书馆分别设立全国文化信息资源共享工程西藏自治区分中心和西藏古迹保护中心，承担西藏古籍保护和文化资源共享工程建设的新任务②。其后，国家加大对西藏古籍保护工作的支持力度，如 2009 年，在国家古籍保护中心成立藏文古籍保护工作小组，在中华古籍保护计划经费中设立西藏自治区古籍保护专项经费；11 月 6 日，文化部、教育部、国家民委等八家单位联合下发《关于加强西藏古籍保护工作的通知》及《西藏古籍保护工作方案》，全面启动西藏古籍保护工程，该方案于 2015 年前完成对西藏自治区各图书馆、档案馆、博物馆和寺院的藏文古籍普查工作，逐步建立比较完善的古籍保护体系和专业研究队伍；2009 年 12 月 11 日，文化部在京召开了西藏古籍保护工作座谈会，文化部副部长周和平在会议中指出："各有关领导部门要加强领导，通力合作，全力支持西藏古籍保护工作顺利推进。努力建立有效的工作机制；加大投入，确保古籍保护工作顺利开展；加强管理，切实保障西藏古籍的保护与安全。"③

再从文物、档案保护等视角看。中央人民政府历来高度重视西藏文物保护工作，如 1959 年 6 月，成立了西藏文物古迹文件档案管理委员会，集中收集和保护了大量藏文文物和档案典籍；同时，中央人民政府专门组织工作组分赴拉萨、日喀则、山南等地，对重点文物进行实地调查、征集，布达拉宫、大昭寺、甘丹寺、藏王墓、江孜宗山抗英遗址、古格王国遗址等 9 处被列入 1961 年国务院公布的第一批全国重点文物保护单位；"文化大革命"之后，中央人民政府投资 3 亿多元人民币，修复开放了 1400 多座寺庙，及时修缮和保护了大批包括藏文经卷在内的文物，特别是 1989 年到 1994 年之间，中央人民政府拨出 5500 万元巨款以及大量黄金、白银等贵重物资维修布达拉宫；1994 年到 1997 年，中央人民政府投资近 1 亿元人民币援建西藏自治区博物馆，现今，中央人民政府每年对西

①　《留住昨天的记忆——藏族古籍抢救、搜集、整理、出版纪实》，《中国民族》2004 年第 1 期。

②　记者晓勇、实习生孙媛、尼玛贡萨：《自治区图书馆加快发展服务读者》，《西藏日报（汉）》2011 年 9 月 5 日。

③　《文化部在京召开西藏古籍保护工作座谈会 全面启动西藏古籍保护工作》，福建省文化厅网站，http://www.fjwh.gov.cn。

藏文物保护的经费投入达 400000 万元①。此外，西藏自治区先后颁布了《西藏自治区人民政府关于加强文物保护的布告》《西藏自治区流散文物管理暂行规定》《西藏自治区文物保护管理条例》《布达拉宫保护管理办法》和《关于加强我区文物工作的通知》等一系列文物保护法规，使西藏的文物保护工作走上了法制化、规范化的管理轨道②。在藏文档案文献保护方面，1959 年 6 月根据国务院的指示，西藏自治区筹备委员会颁发《关于加强文物古迹、文件档案管理工作的若干规定》，并着手整理、抢救、收集、保管原西藏地方政府及其下属各个部门的文件档案材料，以及各寺庙和贵族收藏的档案文件，建立了比较完整的馆藏档案；1984 年，中央人民政府拨出巨款，新建了功能较为齐全，设施较为现代化的西藏自治区档案馆，极大地改善了档案的管理条件③。2007 年和 2008 年，国家档案局和财政部批准西藏国家重点档案抢救与保护项目 38 个和 13 个，计划抢救重点档案数分别为 63795 卷和 34046 卷，大力支持藏文档案文献的保护工作④。

2. 整合资源，全面开展藏文档案文献遗产的征集抢救工作。在国家的重视与支持下，西藏自治区政府以档案馆、博物馆和图书馆等机构为主体，全面开展藏族档案文献遗产的集中保护工作。在档案馆系统，1959年，在中央人民政府支持下，从原西藏地方政府机构和拉萨地区的部分贵族、僧俗官员、寺庙拉章以及上层喇嘛等处征集、接管了大量的藏文历史档案。迄今，西藏自治区档案馆已经接收、征集藏族历史档案共有 300 余万件，其中，90% 以上是藏文档案，这些藏文历史档案最早可追溯到 13世纪的元朝，并历经明、清、民国直到 20 世纪 50 年代，时间跨度长达七百多年⑤。此后，国家与西藏地方政府加大对藏文历史档案抢救力度，将其作为国家重点档案进行抢救。2007 年和 2008 年，国家档案局和财政部批准西藏国家重点档案抢救与保护项目 38 个和 13 个，计划抢救重点档案

---

① 《西藏文化的发展》，人民网，http：//www.people.com.cn/。
② 《西藏文物保护和文博事业的现状与发展》，中国西藏信息中心，http：//www.tibet.cn/。
③ 《西藏文化的发展》，人民网，http：//www.people.com.cn/。
④ 本报记者巴桑次仁：《让历史说话 让档案作证》，《西藏日报》2009 年 5 月 26 日。
⑤ 扎雅·洛桑普赤、洛龙：《西藏历史档案遗产的传承及管理——略介西藏自治区馆藏藏文历史档案的保护、整理及利用》，《西藏研究》2007 年 2 月 28 日。

数分别为 63795 卷和 34046 卷。为按计划完成重点档案的抢救任务，全区各地市成立了相应的工作领导小组。其中林芝地区工作领导小组深入工布江达、波密等县，征集到散存历史档案 2336 件，填补了林芝地区档案馆没有历史档案的空白。截至 2008 年，全区共抢救国家重点档案 93561 卷，征集国家重点档案 4214 件[①]。西藏自治区档案馆还先后制定了一套征集历史档案的标准和办法，购进藏文文书和有上千年历史的苯教古籍、历史照片等档案文献上万余种（册）。同时，从其他单位接收历史档案和古籍文献亦达数千份，征集、接收的档案资料中藏文历史档案就占 95%。目前，西藏各级各档案部门共收藏纸质、缣帛和木、金属、石、叶等质地的档案 400 余万卷，除 90% 多的藏文外，还有汉、满、蒙古、印地、梵、尼泊尔、英、俄等 10 余种文字，建成了一个时代自成体系、齐全完整的藏文档案文献遗产资源宝库[②]。

在文物系统，20 世纪 70 年代以来，中国的考古工作者在西藏进行多次文物考古发掘。从 80 年代中期到 90 年代初，西藏全面开展文物普查工作，调查和发现文物点 1700 余处，采集、征集和发掘出土各类文物数千件，初步整理文字资料 600 多万字，绘图 670 余张，拍摄照片 3 万多张，临摹碑文、石刻造像和壁画 400 余幅，抢救了大量藏文文物[③]。目前，西藏有全国重点文物保护单位 18 处，国家级历史文化名城 3 座，自治区级文物保护单位 64 处，县市级文物保护单位 20 余处，集中保存了极其丰富的藏族文物[④]。以西藏博物馆为例，该馆现珍藏有各种类型的史前文化遗物，多种质地和造型的佛、菩萨人物造像，历代蘸金粉、银粉、珊瑚粉等手写的藏文典籍，历代中央政府颁给大活佛的金印，金瓶掣签仪式使用的金瓶和玉签，五彩纷呈的唐卡画，各种乐器、法器，具有鲜明的民族特色的手工艺品，别有风格的陶器等[⑤]。如"五世达赖金印"是五世达赖为获得清朝中央政府的支持，在进京朝觐顺治皇帝之后，顺治册封五世达赖的所颁之印。该印系纯金铸就，重达 8.5 千克，印文为汉、藏、满、蒙四种

---

① 本报记者巴桑次仁：《让历史说话 让档案作证》，《西藏日报》2009 年 5 月 26 日。

② 《西藏文化的发展》，人民网，http：//www.people.com.cn／。

③ 同上。

④ 同上。

⑤ 《西藏博物馆》，百度百科，http：//www.baidu.com／。

文字篆刻"西天大善自在佛所领天下释教普通瓦赤喇达喇达赖喇嘛之印",自此,历代达赖喇嘛均由中央政府认定①。其他印信档案有:司徒之印,明永乐十年(银高 12 厘米、边长 9.5 厘米);朵儿只唱图,记明万历(象牙高 6.3 厘米、边长 5.2 厘米);也失藏卜印(妙缘清净图记),前永乐(象牙高 7 厘米、边长 4.3 厘米);居美朗吉印章,清乾隆(铁、金、木高 13.2 厘米、边长 5 厘米);五世达赖喇嘛之印,清(檀香木、铁高 8.8 厘米、边长 11.2 厘米);七世达赖喇嘛之印,清(金重 8257 克10.4 厘米、边长 11.3 厘米)等。此外还有贝叶经《婆罗门行记》吐蕃时期(长 42 厘米、宽 7 厘米)等。

在图书馆系统,长期以来,通过收集民间流藏、接受各方捐赠和购买复印等途径,集中保护了大量藏文古籍。如西藏自治区图书馆先后从拉萨地区、日喀则地区、青海塔尔寺、四川德格印经院、觉囊等地征集到各种版本木刻古籍若干万部(函);从印度、不丹、尼泊尔等国购进在国内失传的藏文古籍 300 多种 525 部(函);接收保存有原西藏地方政府的旧公文、档案 14700 余件,藏文主要典藏有:不同版本的大藏经《甘珠尔》《丹珠尔》《苯教大藏经》《普东文集》等多卷套书;还藏有法国巴黎图书馆赠送的《敦煌古藏文写卷》等古籍②。此外,馆内还收藏一批故宫明、清档案馆馆藏的明清时期有关西藏缩微档案胶卷;各种学术活动、讲座、历史宗教活动为内容的录像带 60 多盘;有关西藏的寺庙、壁画、唐卡(卷轴画)、佛像、佛教历史人物等图片资料 2000 余张③。最珍贵的是西藏图书馆收藏的民族文化宫图书馆还赠的 1700 余函藏文古籍。2010年,购藏一批桦树皮经卷,部分古籍用金、银、玛瑙等各种珍贵材料手写而成,极具档案、文物、艺术价值。此外,馆藏元刻本《因明正解藏论》、明本《苯教经咒集要》等多部珍品收录在第一批、第三批国家珍贵古籍名录中。目前,西藏图书馆有图书 60 余万册,种类近万种。馆藏藏文古籍达 1.8 万余函、12 万余册,其中善本有 1.5 万余册,内容涉及宗教、历史地理、语言文学、医学、天文历算、哲学等诸多领域,时间上迄

---

① 《天路之行日记 来到拉萨》,新浪博客,http://blog.sina.com/。
② 《图书馆馆藏介绍》,西藏自治区社科院,http://www.xzass.org/。
③ 同上。

元代。目前已编制藏文古籍细目 1.1 万余条、卡片目录 3.3 万余条，藏文古籍文集目录已编辑完成。

在民委古籍办系统，1985 年，根据《关于批转自治区社会科学院〈关于整理出版藏文古籍实施方案的报告〉的通知》，西藏自治区社会科学院开始筹建藏文古籍出版社，成立了藏文古籍丛书编辑委员会。1989 年，西藏藏文古籍出版社正式成立了。筹建小组先后从拉萨、日喀则、那曲、仁布及区外一些地方搜集到散存原始古籍 300 余部，整理部分有关历史、宗教、医药、历算、地质风物、哲学、文学、语言、工艺等方面的书籍，并选择了其中的 12 部（13 册），总计 300 多万字，交付西藏人民出版社。西藏藏文古籍出版社的筹建工作组于 1988 年 9 月发起在拉萨召开的"五省区藏文古籍工作协作会议"，至 2000 年第七次协作会议成立六省市区藏文古籍工作协作领导小组之后，藏文古籍征集保护工作取得了重大进展。如 1999 年全区正式启动藏文古籍编目工作后，各地市积极开展普查、征集或登录的工作，作为自治区"古籍办"的社科院，目前已经组织了以藏文古籍出版社为主的编目组，以此为契机，大力开展藏文古籍的普查征集工作。此外，西藏社会科学院在 1997 年成立民族研究所，下设《格萨尔》抢救办公室（即西藏自治区《格萨尔》研究中心）。20 世纪 90 年代中期，西藏社会科学院根据西藏社会和经济发展情况，将原民族历史研究所、语言文学研究所（均为 1980 年成立）和《格萨尔》抢救办公室（1984 年成立）合并组建为民族研究所[①]。民族所十分重视世界最长史诗《格萨尔》的抢救和整理工作，自 20 世纪 80 年代初，先后寻访民间说唱艺人 56 名，录制艺人说唱本近百部，整理 50 多部，收集旧版本、手抄本藏文古籍近百部。现正在录音、整理和出版《〈格萨尔〉艺人桑珠说唱本》，已整理出版 20 部，预计共整理出版 40 余部[②]。迄今，民族研究所已经搜集到 300 部藏文古籍。其中 10 部已由西藏人民出版社出版。

3. 尊重宗教传承，对现有寺院集中保存的藏文档案文献遗产进行抢救性保护。藏族信仰佛教，自公元 7 世纪佛教从印度传入西藏，至今已有

---

① 新华网西藏频道，http：//tibet. news. cn。

② 同上。

1300 多年的历史。现今,西藏共有 1400 多座寺庙,著名的就有布达拉宫、大昭寺、小昭寺、色拉寺、哲蚌寺等。西藏寺庙中保存了大量的经书以及文学、历史、地理、哲学、医学、天文历算等方面的典籍。如西藏拉萨布达拉宫珍藏着大量的藏文经卷、壁画等档案文献遗产,从佛教经典到医学、天文历算,十明(十类学问)学科无所不有。其中,仅藏文经书就有 108 函 2500 余卷,特别是金字缮写的《甘珠尔》《丹珠尔》和藏文《大藏经》,堪称不世珍品①。国家对寺庙宗教档案文献遗产的保护极为重视,2010 年 9 月 30 日,国家宗教事务局发布的《藏传佛教寺庙管理办法》第 8 条规定:"寺庙应当通过协商成立民主管理组织。"第 11 条"寺庙管理组织履行以下职责"中的一项重要职责就是"管理本寺庙财产和文物"。充分尊重寺庙对所存宗教档案文献的拥有权和管理权。同时,国家相关政策法规对寺庙宗教档案文献的管理也进行了规定。如 2010 年 10 月 1 日施行的《西藏自治区中华人民共和国档案法实施办法》第 26 条规定:"宗教活动场所应当收集下列文件材料并进行归档:(一)历史沿革;(二)僧尼情况; (三)宗教活动情况; (四)文物保管工作情况;(五)宗教活动场所文物修缮情况;(六)其他应当归档的文件材料。"②2008 年 3 月 24 日颁发的《西藏自治区文物保护条例》第 2 条指出:"自治区行政区域内下列文物受国家保护",其中包括"历史上各时代重要的文献资料以及具有历史、艺术、科学价值的手稿、古籍、古旧图书、经卷等。"第 34 条规定:"博物馆、图书馆、宗教活动场所和其他文物收藏单位对收藏的文物,应当建立严格的藏品保护管理制度和藏品档案。对所收藏的文物应当逐件划分等级、登记造册、建立档案。"③ 为了解各寺庙所存藏文古籍情况,古籍办工作人员对拉萨市区内的布达拉宫、色拉寺、罗布林卡等重点古籍收藏单位和百慈古籍研究室、色拉寺色祖古籍搜集整理室等古籍保护单位进行调研。调查发现,这些单位藏文古籍藏量大,年代跨度长,破损严重,亟待改善保管条件。为此,在布达拉宫管理处成立以主要领导为组长的领导小组,动员管理处文物保管科工作人员及部分灯香

---

① 西藏布达拉宫网站,http://www.potalapalace.cn/。
② 《西藏自治区中华人民共和国档案法实施办法》,大洋网,http://www.dayoo.com。
③ 《西藏自治区文物保护条例》,中国西藏新闻网,http://www.chinatibetnews.com。

师参加所藏古籍普查保护工作；罗布林卡管理处专门抽调 8 名业务人员，成立古籍普查保护领导小组，负责该寺古籍普查工作。同时，作为民间古籍收藏组织的色拉寺与大昭寺联合出资成立了"色祖古籍搜集整理室"，已整理出版佛学古籍 200 多函。百慈古籍研究室经过多年寻访，已搜集到近一万函藏文古籍扫描数据。同时，古籍办还对散存藏文文献开展征集建档工作。如 2010 年 10 月，拉萨市堆隆县拉隆古塔遗址出土桦树皮珍贵古籍文献，古籍办工作人员前往堆隆对该遗址出土的桦树皮古籍文献进行了调查、拍照、登记和建档。该遗址属藏传佛教塔波噶举创始人塔波拉杰偓儿塔贡·楚臣宁布的道场，至少具有 800 多年的历史。2010 年 7 月，通过普查、拍照等方式，对自治区级非物质文化遗产项目直贡派藏医传承人曲杰桑布所藏有关直贡藏医方面的多部古籍进行建档保护①。此外，国家还投入了大量资金，修缮寺庙，改善档案文献遗产的保护条件。1951 年西藏和平解放后，国家先后将布达拉宫、大昭寺等一大批寺庙列为全国或自治区重点文物保护单位。20 世纪 90 年代，国家拨款两亿多元人民币，本着不改变文物原状的基本原则，维修布达拉宫、扎什伦布寺、大昭寺、桑耶寺等重点文物建筑，修复了寺庙里的壁画、雕塑②。

西藏散存藏文档案文献遗产集中保护的特色主要表现在以下两个方面：

1. 在藏族文化抢救框架下对藏文档案文献遗产进行全面性集中保护。这一特色表现为：一是从古籍、文物和档案等视角，颁布了一系列藏文档案文献遗产保护政策法规。如《关于批转自治区社会科学院（关于整理出版藏文古籍实施方案的报告）的通知》，文化部联合八部委下发的《关于支持西藏古籍保护工作的通知》等；《西藏自治区文物保护管理条例》《布达拉宫保护管理办法》和《关于加强我区文物工作的通知》等。二是动员档案馆、图书馆、博物馆和社科院民族研究所等单位对藏文档案文献遗产开展全面征集保护。上述可知，这一工作成绩显著，集中保护了大量藏文档案文献遗产。三是建立了深远影响的"五省区藏文古籍协作会"。2000 年召开的第七次协作会议则决定将北京市正式纳入协作组织，并将

---

① 《西藏古籍保护工作情况》，国家文化部网站，http：//www.mcprc.gov.cn/。
② 李霞：《西藏与内地：割不断的血肉联系》，《今日中国》（中文版）1999 年第 8 期。

协作组织更名为"六省、市、区藏文古籍工作协作会"。"六省、市、区藏文古籍工作协作会"对藏文档案文献遗产集中保护的意义在于，通过《中国少数民族古籍总目提要·藏族卷》编纂工作，摸清了各省市各单位藏文档案文献遗产的分布状况，在这一编纂形式下，实现了藏文档案文献遗产内容的集中保护。

2. 对现有寺院集中保存的藏文档案文献遗产进行了卓有成效的抢救性保护。国家和西藏自治区政府对各宗教寺庙现存藏文档案文献遗产保护工作的指导与支持表现为：首先，在部分重点古籍收藏单位建立普查保护机构。如西藏自治区罗布林卡管理处、布达拉宫管理处，组建了古籍普查领导小组，形成了本单位《古籍普查工作实施方案》。其次，在人员培训方面，为全面启动西藏自治区古籍普查保护工作，2010 年 7 月 8—9 日在拉萨举办西藏第一期藏文古籍普查培训班，吸收各大寺庙的古籍管理与保护人员参加。2010 年 10 月，还选派西藏博物馆、图书馆、罗布林卡管理处、布达拉宫管理处和百慈古籍研究室的 5 名古籍业务人员参加了"第十三期全国古籍修复技术培训班"，为今后寺庙保存古籍的保护修复奠定了人才基础。最后，重视寺庙藏文档案文献遗产保护工作。2010 年 9 月 17 日，西藏自治区人民政府副主席多托前往色拉寺对该寺的古籍保护工作进行了考察调研。多托副主席深入色拉寺色祖古籍搜集整理室、措钦大殿古籍库和印经院等处所仔细视察和了解古籍搜集、整理、保护、出版情况，充分肯定色拉寺古籍整理保护工作取得的成绩，并对今后的征集保护工作予以指导①。

（四）贵州省散存水书档案文献遗产集中保护状况述评

水族主要聚居在贵州省黔南布依族苗族自治州所辖的三都水族自治县和荔波县，水书档案文献遗产是新中国成立前水书先生等水族知识分子在社会历史活动中以水书语言文字为记录符号产生的不同形式的历史记录。水书档案文献遗产按其内容性质可分为《丧葬卷》《婚嫁卷》《祭祖卷》和《起造卷》等类别。水书档案文献大多是以水族地区所产纸张撰写的经书，书写材料为水族地区的矿物颜料，颜色多样，黑色为主，使用竹签撰写。此外，还有摩崖、碑刻、水书大钱、牛角水书和口碑水书等类型。

---

① 《西藏古籍保护工作情况》，国家文化部网站，http://www.mcprc.gov.cn/。

如石刻档案有三都水族自治县拉下明代水文墓碑、三都县水东村水东水文墓碑、三都水族自治县都江镇的清代水书摩崖等①。水书档案文献是水族文化的重要承载方式，内容涵盖民间知识、天文历法、原始宗教、农事出行等方面，在保护水族历史文化方面发挥了重要作用。党和国家历来重视水族文化遗产的抢救工作，贵州省各级政府也从政策法规、经费人员保障等诸多方面，采取各种有效措施保护水书档案文献遗产。具体保护情况如下：

1. 国家对水书档案文献遗产保护予以重视和支持。首先，在政策法规方面对水书档案文献遗产保护工作予以指导与支持。如 2003 年 3 月，荔波县人民代表大会通过了《关于抢救整理开发利用民族古老文化——水书，并申报为世界文化遗产的决议》。2006 年，国家文物局批准贵州省博物馆关于《贵州水族地区水书抢救性征集方案》的报告。从 20 世纪 80 年代开始，政府及相关部门开展了对水书档案文献遗产抢救工作，关注水书档案文献遗产的生存状态，并为水书档案文献遗产的存续创造良好的环境②。如 2008 年 1 月 15 日，三都水族自治县召开的县第十四届人大通过《水书文化保护条例》。同年，《条例》为贵州省人民代表大会批准通过。《条列》制定实施促进了水书档案文献遗产保护的法制化建设。其后，荔波县政府为加强水书档案文献的保护工作，制定了《荔波县水书抢救保护工作实施办法》。这些政策法规的执行极大地推动了水书档案文献遗产的集中保护工作。其次，将水书档案文献遗产的保护列入政府工作规划。如在贵州黔南州，抢救水书已成为黔南州政府工作的一项重要内容，为此，州政府确定了"保护为主、抢救第一、合理利用、传承发展"的工作方针，并制订了分阶段抢救水书档案文献遗产的五年计划，工作内容为：第一阶段（2004 年 6 月至 2006 年 5 月），重点进行普查和征集，成立水书抢救领导小组和水书研究所，抽调专人开展普查和征集工作，特别是要对水书先生进行普查，做好登记、立传、建档工作，并进行录音、录像，建立水书资料库和人才库；第二阶段（2006 年 6 月至 2008 年 5 月），主要是进行整理、破译和出版，聘请水书先生和研究专家对水书进行破译

---

① 瞿智琳：《水书档案存续研究》，云南大学，硕士学位论文，2013 年。

② 同上。

和注音，并培养年轻的水书人才；第三阶段（2008 年 6 月至 2009 年 5 月），主要进行保护、研究和开发利用工作，筹建水族民俗博物馆，作为水书陈列展示的窗口①。2008 年 10 月 1 日施行的《三都水族自治县水书文化保护条例》第五条规定："自治县人民政府应当将水书文化保护纳入国民经济和社会发展规划，所需经费列入自治县财政预算。自治县人民政府设立水书文化专项保护资金，用于水书文化的保护、抢救、征集、翻译、出版、奖励等。"② 最后，在项目的设置与审批方面支持水书档案文献遗产保护抢救。如在 2004 年到 2007 年三年间，国家社科基金批准了关于水书的 5 项研究项目的立项，其中，贵州民族学院获 4 项研究项目，分别是贵州民族学院研究员潘朝霖的《象形文字的最后领地——水书解读》、贵州民族学院教授唐建荣的《水书抢救保护与开发利用研究》、贵州民族学院教授韦宗林的《释读旁落的文明——濒危水族古文字与古汉字的对比研究》，以及贵州民族学院副教授蒙爱军的《水书版本与内容调查研究》；另外一项国家社科基金是黔南民族师范学院梁光华教授的《水族水书语音语料库系统研究》③。水书研究科研项目的批准立项不仅通过基金支持推动了水书档案文献遗产的研究，其研究还从理论与实践方面促进了水书档案文献遗产保护工作的发展。

2. 开展民间散存水书档案文献遗产征集抢救工作。水书的征集始于20 世纪 80 年代，由三都县档案局进行征集。如 1980 年 3 月，三都水族自治县县委批文成立"三都水族自治县民族文史研究组"，初步开展对水书档案文献遗产的征集抢救工作；1986 年，三都县档案局在国家档案局、贵州省档案局、黔南州档案局的支持下，把水书作为民族特色档案，在小范围内进行水书档案文献遗产开展征集工作④。自此，档案馆开始参与水书档案文献遗产的抢救工作。其后，水书抢救工作取得重大进展：2002年，水书入选国家档案文献遗产名录，国家档案馆把水书列入国家档案馆重点收藏的重点民族古籍名录；2003—2004 年，财政部、档案局下拨全

---

① 刘守华：《水书：古老文明的遗存》，《寻根》2007 年第 5 期。

② 《三都水族自治县水书文化保护条例》，百度百科，http：//baike. baidu. com。

③ 瞿智琳：《水书档案存续研究》，云南大学，硕士学位论文，2013 年。

④ 同上。

国重点档案抢救补助经费用于水书抢救，同时，各级财政也匹配下拨了专项经费；2003 年，黔南州在全州范围内全面开展水书档案文献遗产的征集工作，全州共征集到水书 13771 册，水族文字的对联、条幅 30 幅，还有一些水族工艺品及图片①。在征集保护基础上，三都水族自治县于 1990 年成立水家学会后，加强水书破译工作，编辑出版了《水族民俗探幽》《汉水词典》，整理水族《丧葬卷》《祭祖卷》等 20 余种《水书》译稿。近年来，又在全县范围内开展了水书的抢救工作。抢救水书领导小组成员徒步到过 30 个乡（镇）、216 个村、246 个村民组，共征集水书 4568 册，水文字对联 2 副、条幅 15 幅、水文字墓碑 3 块。现在，研究、破译、注音工作正在有序进行，《金堂卷》《水族村落文化》《水族古文字汇编》等 3 集已经完稿，完成破译正在注音的有 8 卷。2002 年 7 月，荔波县开展了大规模的水书抢救工作，并很快从民间征集到各种水书档案文献数千册。

迄今为止，贵州黔南州相关县市的政府部门和文化机构征集到的水书档案文献遗产已经有 2 万多册，其中，三都县征集到 10000 余册，荔波县征集到 9000 多册；除三都和荔波县外，国家相关机构也加大水书档案文献遗产的征集保护工作，国家档案馆、国家图书馆、北京大学图书馆和档案馆、清华大学图书馆和档案馆，以及贵州省档案馆、黔南州档案馆等，都征集到部分水书档案文献遗产②。

3. 档案馆对水书档案文献遗产的集中保护与管理。如在三都水族自治县，2008 年 10 月 1 日起施行的《三都水族自治县水书文化保护条例》第 6 条规定："自治县人民政府文化行政主管部门是水书文化保护的主管部门。主要职责是组织对水书文化的普查、征集、整理，民间口头传承的水书文化采集、录制等。"第 7 条规定："自治县人民政府民族宗教部门协助文化行政主管部门做好水书文化的抢救、保护、研究，水书传承人的认定、保护和培训。"第 8 条则规定："自治县档案管理部门负责水书的

①　刘守华：《水书：古老文明的遗存》，《寻根》2007 年第 5 期。

②　杜昕、高鹏翔、朱少禹：《水书档案文献遗产抢救问题研究》，《兰台世界》2014 年第 9 期。

接收、搜集、整理、保管和提供利用。"① 此外，荔波县已经实施的《荔波县水书抢救保护工作实施办法》规定："县档案局是全县水书管理部门，水书原件的征集和收购由县档案馆负责，其他任何单位和个人不得经营、征集、收购水书原件和水书物件。"② 这些条例和办法的实施，极大地促进了档案馆水书档案文献遗产集中保护工作的开展。迄今，三都县和荔波县征集到的水书档案文献遗产主要集中在档案馆保存。在水书档案管理方面，主要工作业绩有：2006 年，荔波县档案馆在贵州省档案局的帮助下，组织档案学、版本学、历史学、民族学及文献学等方面的专家对馆藏水书档案文献遗产进行了鉴定，初步鉴定出明代水书档案文献遗产 25 册、清代水书档案文献遗产 3588 册，民国时期水书档案文献遗产 526 册，1949 年 10 月 1 日后的水书档案文献遗产 117 册；在鉴定的基础上，完成了 4256 件水书档案文献遗产的著录工作；在水书档案文献遗产的保护方面，三都县和荔波县都开展了水书档案文献遗产的托管代存业务工作，将部分民间散存水书先生的水书档案文献遗产移交由档案馆代为保存；此外，荔波新档案馆还建立了专门的水书特藏库，设置专门的恒温恒湿控制系统、监控系统、防盗报警系统和自动灭火系统等，对水书档案文献遗产实体进行科学保存③。2008 年 6 月，荔波县档案馆获批成为首批"全国古籍重点保护单位"之一，在散存水书档案文献遗产的集中保护工作中发挥了重要作用。贵州省散存水书档案文献遗产的集中保护工作具有以下鲜明特色：

1. 国家对水书档案文献遗产的抢救予以切实的重视与支持。从案例中可以看出，贵州省各级政府对水书档案文献遗产保护的重视首先表现在政策法规的制定方面，无论是国家文物局批准的《贵州水族地区水书抢救性征集方案》的报告，还是《黔南布依族苗族自治州自治条例》《三都水族自治县水书文化保护条例》的颁布等，都将水书档案文献遗产作为珍贵的民族历史文化遗产进行保护抢救。为此，贵州省、黔南州，以及三都县和荔波县等，将水书档案文献遗产的保护列入政府工作规划，投入了

---

① 《三都水族自治县水书文化保护条例》，百度百科，http://baike.baidu.com/。
② 《荔波县水书抢救保护工作实施办法》，荔波档案信息网，http://lb.gzdaxx.gov.cn/。
③ 瞿智琳：《水书档案存续研究》，云南大学，硕士学位论文，2013 年。

大量的人力、物力和财力进行抢救，才使贵州水书档案文献遗产的保护取得了可喜的成绩。由此可见，政府的重视、组织、支持与指导，是民族档案文献遗产能否得到切实保护最为重要的保障条件。

2. 对国家档案馆集中保护水书档案文献遗产工作进行探索。从民族档案文献遗产的集中保护工作看，就西部各民族地区的调研情况而言，纸质档案类保护条件最好的是档案馆，实物类则是博物馆。作为民族档案文献遗产的主体构成部分，纸质档案文献类大多分散保存在档案馆、图书馆、民委古籍办等部门，贵州省三都县和荔波县档案馆对水书档案文献遗产集中保护的意义在于：以颁布法规的形式，明确了档案馆在集中管理民族档案文献遗产工作中的核心地位。这对为民族档案文献遗产提供更好的保管条件、修复技术，以及档案文献资源的开发利用都有深远的现实意义。当然，档案馆对民族档案文献遗产的集中保护也会带来一些现实问题，如体制问题、经费问题、译注人才的欠缺，以及整理发掘的协调问题等，这些问题还有待于着眼于民族档案文献遗产的分布现状，提出严谨科学的方案予以解决。

第二节　西部散存民族档案文献遗产集中保护滞后因素分析

上述可知，西部各省区的民委古籍办系统、档案馆系统、图书馆系统和博物馆系统等在散存民族档案文献遗产的集中保护方面做了大量工作，取得了显著成果。尽管如此，仍有大量民族档案文献遗产散存民间。同时，由于征集主体过多，民间收集到的民族档案文献遗产也散存在各省区的档案馆、图书馆、史志办和政协等单位。在课题调研中发现，对民间和各单位散存民族档案文献遗产的集中保护存在以下滞后因素。

一　民间散存民族档案文献遗产集中保护滞后因素

（一）档案保护法规体系欠缺和宣传工作滞后，阻碍了民族档案文献遗产的集中保护

1. 民族档案文献遗产保护法规体系亟待完善。就我国档案保护法规的建设而言，《档案法》已经涉及民族档案文献遗产的保护问题。《档案

法》第 2 条规定："本法所称的档案，是指过去和现在的国家机构、社会组织以及个人从事政治、军事、经济、科学、技术、文化、宗教等活动直接形成的对国家和社会有保存价值的各种文字、图表、声像等不同形式的历史记录。"① 从原始性与价值性看，民族档案文献遗产 "对国家和社会有保存价值"，是国家档案财富的构成部分，受《档案法》保护。《档案法》第 5 章 "法律责任" 也对破坏和出卖国家档案各种行为 "给予行政处分；构成犯罪的，依法追究刑事责任"。② 《云南省档案条例》《甘肃省档案条例》 和《西藏自治区档案法实施办法》 等也都将民族档案文献列入征集管理范畴③。如 2007 年 9 月 29 日，云南省第十届人代会常务委员会第 31 次会议修订通过的《云南省档案条例》第 20 条规定："有关单位应当加强对记述和反映少数民族政治、经济、文化等活动档案的收集、整理、保护和开发利用。"④ 2009 年 11 月 27 日，甘肃省十一届人大常委会第十二次会议通过的《甘肃省档案条例》第 20 条规定："综合档案馆向社会征集本行政区划的历史档案、地方特色档案、少数民族档案和名人档案时，有关单位和个人应当支持和配合。"⑤ 这些档案法规的制定颁布对民族档案文献遗产集中保护产生的现实意义有二：一是明确将少数民族历史档案列入国家档案馆的收集管理范围；二是对任意损毁档案文献的行为予以处罚。然而，就整体而言，我国相关档案法规的建设也存在一定问题：其一，西部许多国家综合档案馆都没有将民族档案文献遗产列入管理工作范畴，忽视了对民间散存少数民族历史档案的收集工作，致使大量民族档案文献散存民间，或被其他文化机构征集，或为不法商人收购倒卖。其二，没有形成专门的民族档案文献遗产保护法规。少数民族历史档案是国家档案财富的重要构成部分，少数民族历史档案专门管理条例的欠缺，不利于将民族档案文献遗产列入国家综合档案馆管理范围，形成一套少数民族历史档案收集、整理、鉴定、保护和发掘利用的科学方法。同时也制

① 《中华人民共和国档案法》，国家档案局网站，http：//www.saac.gov.cn/。

② 同上。

③ 华林、刘大巧、许宏晔：《西部散存民族档案文献遗产集中保护研究》，《档案学通讯》2014 年第 5 期。

④ 《云南省档案条例》，云南省档案信息网，http：//www.ynda.yn.gov.cn/。

⑤ 《甘肃省档案条例法》，国务院法制办公室，http：//www.chinalaw.gov.cn/。

约了各民族地区的保护宣传工作，影响了民族档案文献遗产集中保护工作的开展。

2. 档案保护法规宣传教育工作尚未全面开展。课题组随机抽查显示，知道民族档案的民族群众、干部为0；知道民族古籍的民族群众有10%、民族干部有70%①。这一现象不仅在西南地区，在整个西部地区都具有普遍性。档案法规宣传教育工作的滞后产生的现实问题主要表现在以下方面：

（1）少数民族地区档案工作开展缓慢。西部民间散存有大量的少数民族地方政权、宗教人员和群众等遗存的文书、官印、经卷、家谱、地契、账本、合约、信函等档案文献遗产。由于宣传工作滞后，西部许多民族地区档案馆都尚未把民族档案纳入管理工作范畴，积极开展征集工作。如课题组对贵州毕节、大方、赫章、威宁、六盘水、水城、盘县和纳雍等地的彝文档案文献遗产散存和集中管理情况进行了重点调研。调研材料显示，这些地区散存有丰富的彝文古籍、文书、碑刻和印章等彝文档案文献遗产，如毕节民间散存700余册彝文书，大方县、赫章县民间分别散存有上千册彝文古籍和数百方彝文碑刻。在民间彝文档案文献遗产的征集工作中，工作开展得最好的是民委古籍办系统，所有调查县市的民委古籍办都征集到了彝文古籍，其中最多的是毕节摩文翻译组，分别收集、复印了4100多册。最少的六枝、金沙、织金等地民委也都分别收集到30—5册不等。而作为民族档案文献遗产征集保护主体，当地综合国家档案馆民族档案文献遗产开展缓慢。以毕节地区档案馆为例，该馆收集有彝文经书191册。该馆工作人员介绍，"毕节地区的彝文古籍主要还是集中在彝文翻译组，以前曾申请过一次经费，收集了一百多册，之后就没有开展过那样的收集了"。其他调研档案馆大多尚未将彝文档案文献遗产纳入管理工作范畴，开展征集工作。再以云南省为例，云南省档案馆征集处蒋一虹处长在访谈调研中谈到，云南省档案局对本省民间散存的民族档案文献遗产征集工作十分重视，有两个因素阻碍了征集工作的开展：一是当地档案（局）馆领导的重视。部分地州档案（局）馆领导由其他部门调任，或由

---

① 华林、刘大巧、许宏晔：《西部散存民族档案文献遗产集中保护研究》，《档案学通讯》2014年第5期。

转业干部担任，不重视这项工作的开展，致使当地民族档案文献遗产的征集工作开展缓慢。二是征集经费的制约。例如，近三年省财政一次性拨发白族民间档案文献遗产征集经费 30 万元，这些征集经费分发到州县上则所剩无几，其中大理白族自治州的洱源、兰坪等县仅有 2.5 万元，远远不能满足民间散存白族档案文献遗产的征集需求①。

（2）民族档案文献遗产保护意识缺失。由于宣传教育工作滞后，保护意识缺失，西部民间散存民族档案文献损毁流失问题十分严重。如云南省广南县底圩乡民间散存的瑶文古籍多由瑶族祭师道公家族收藏，主要存放在木箱之中，或摆放在床头旁，或放在阁楼之上，或存放在木柜抽屉之中，保管条件十分简陋。如石尧村民委员会那学村的卢经龙道公所收藏瑶文古籍有近 100 本，多为宗教密语，堆放在一个长方体大木箱之中，存放在楼上的角落之处。同剪村民委员会那洪村盘云明道公有瑶文古籍 12 部，存放在木箱之中，摆放在床头高处；盘应晓道公的瑶文古籍有 19 部，存放在瑶族传统四脚木柜之中；盘应舆道公瑶文古籍有 22 部，保存神案抽屉里。从保存状况看，许多瑶文古籍十分古旧，破损情况十分严重。如那学村瑶族道公盘云台保存有两本瑶文古籍，一本是《洪恩路用歌》，歌书，用于婚姻仪式，共 94 页。线装，绵纸，封面残损无存。一本是《玄满科》，道教经典，用于度道、丧葬仪式，共 218 页。线装，绵纸，封面、封底及部分页面已残损无存。那洪村已故道公盘道庆使用过的一本用于贡筵等级度师仪式的瑶文古籍是一孤本，封面、封底及大部分页面都已严重损毁②。又如禄劝县茂山乡养德村彝族毕摩李加禄现年 72 岁，传承祖业，可用彝语诵读彝文经书。随着社会的发展，许多村民对彝族传统文化和彝文的认知日渐淡薄，很少有人举办传统祭祀活动，毕摩职业日渐式微。不仅村里年轻人都到城里打工，没有人学习彝文古籍，其子女也不愿继承父业。李加禄毕摩祖上传下来的很多经书都在"文化大革命"时期烧毁，只留下了《择日子书》《医药书》等几本经书，经书都已破损，平

---

① 资料来源于课题组实地调研材料。

② 李国文：《云南少数民族古籍文献调查与研究》，民族出版社 2010 年版，第 510—531 页。

日保存在毕摩包内，偶尔做法事时方才取用①。

再如荔波县民间散存有大量的水书文献，多保存在水书先生家中，有10余册至数十册不等。随着水族地区经济发展和现代化进程的加快，传统宗教文化和民族语言文字已经不为人们所重视，水书先生的生计艰难，许多年轻人不愿传承其衣钵。课题组在贵州省荔波县档案馆调研时，一位副馆长谈道："现在还懂水书的人很少了，水书先生都年事已高，水文的学习成本很大，现在的年轻人基本生活都得不到保障又怎么会放下手头的工作来学水书。"② 按照水族传统，水书先生去世后要将生前用过的水书陪葬。为此，许多古老水书随着水书先生的去世或被焚毁陪葬，或当作废纸就地变卖，或赠送他人以作纪念，大量原始水书随之消亡。如何在各民族地区加强宣传教育工作，树立民族档案文献遗产保护意识，及时抢救这些正在消亡的民族档案文献遗产是我们亟待解决的紧要现实问题。

（二）物权归属不明和经济利益驱使，给民族档案文献遗产的征集工作带来极大困难

在各民族历史发展过程中，掌握民族文化的大多是民族土司、土官、头人、喇嘛、毕摩、和尚、巫师、寨老、民间歌手等，新中国成立后，这些民族知识分子所保存的民族文献一般都传给子女或徒弟，如云南楚雄州禄劝县著名的彝族毕摩张兴生于1930年，为毕摩世家，6岁开始从父学习毕摩知识，张兴毕摩家传彝文古籍众多，曾将上百部捐献给国家，所剩古籍则传给徒弟和子女；该县另一彝族毕摩李天贵生于1915年，为六代祖传巫师，6岁开始从父学习彝文，他原有祖传、师传彝文古籍120余部，"文化大革命"中有近百部被抄掠损毁，其后将18部捐献给楚雄彝族文化研究所，所剩古籍也传给徒弟和子女③。《物权法》第29条规定："因继承或者受遗赠取得物权的，自继承或者受遗赠开始时发生效力。"同时，民族档案文献遗产作为民族传统文化的承载物，"对国家和社会有

---

① 李国文：《云南少数民族古籍文献调查与研究》，民族出版社2010年版，第195—196页。

② 资料来源于课题组实地调研材料。

③ 华林、姬兴江、王晋、谭文君：《文化遗产框架下的西部散存民族档案文献遗产保护研究》，《档案学通讯》2013年第3期。

保存价值"，是国家全部档案的重要构成部分①。民族档案文献遗产物权归属的模糊性所导致的现实问题主要有两方面：一是征集主体较多，导致征集成本不断攀升，给档案馆民族档案文献遗产的工作带来极大的困难。在实际工作中，除档案馆、图书馆、博物馆和民委古籍办，民族文化研究所、文化馆、群艺馆、史志办外，部分学者、民族干部等都在收集民族档案文献，此外，还有大量的文物贩子进行非法收购。在以往征购工作中，10 多元、100 多元能够征集到的文书、古籍和经书等，现今已经涨到 1000 元或数千元，有的甚至需要 1 万元才能征集得到②。以此相对应的是国家对保护经费的投入远远不能满足征集工作的需要。课题组在荔波县档案馆调研时，一位副馆长介绍，民间少数民族档案的收集需要征购，不利因素就是很多人不愿意将家传水书上交，还有的是因为价格问题不愿意出售。据三都水族自治县民宗局局长陆龙辉介绍，征集一本水书政府给所持有者 30 元左右的补偿，而倒卖水书的人出的价格是 300 元到 500 元③。征集经费的攀升严重阻碍了民间散存档案文献遗产的集中保护。二是民间散存民族档案文献遗产的大量贩卖流失问题。在西部许多民族地区，由于缺乏相关法规进行保护，加之档案保护意识薄弱，许多珍贵档案被不法分子收购，贩卖流失问题极为严重。如云南省西双版纳、德宏等地是傣族的主要聚居区，与泰国、缅甸、老挝接壤，边民交往频繁，相互通婚、通商、通医。利用这些便利条件，境内外不法分子大肆收购傣文经书，境外一些文化机构也参与收购，其收购方式或直接深入村寨购买，或委托当地傣族进行收购。这些不法收购活动对傣族档案文献遗产的完整性造成严重破坏，有很多珍稀傣文文献就流失在缅甸、老挝等东南亚地区，有的甚至流失到了美英等国。如囊括人体解剖学、人体生理、病因病理的傣医经典著作《档哈雅龙》已流失海外，至今无人知道该书的具体下落④。

---

① 华林、刘大巧、许宏晔：《西部散存民族档案文献遗产集中保护研究》，《档案学通讯》2014 年第 5 期。

② 同上。

③ 李寅：《立法，能否破解水书保护的尴尬？》，《中国民族报》2007 年 5 月 8 日。

④ 希莎婉：《浅谈傣医药文献古籍档案管理》，《中国民族医药杂志》2008 年第 2 期。

（三）档案馆等征集经费的严重不足，制约了民间散存民族档案文献遗产的征集工作

在西部地区，许多档案馆、图书馆、博物馆或民委古籍办等民族档案文献遗产收藏量大的单位所珍藏的文献大多是新中国成立后五六十年代征集到的，多为捐赠所得。80—90年代也征集到一些，征集方式为捐赠或征购。即使是征购，所支付的经费也不多。现今，随着商品经济的不断发展，加之物权归属不明和经济利益驱使，民间散存民间档案文献遗产的征集成本不断攀升，许多档案馆、图书馆、博物馆和民委古籍办都面临着征集经费严重不足的问题。如云南省德宏州图书馆收藏有部分傣文古籍，该馆负责人介绍，这些傣文古籍都是征集而来的，征集工作最大的困难是没有专项经费，收集经费主要是从图书馆每年的购书经费中支出。傣文古籍的征集费用较高，2013年在民间发现了一部十分珍贵的傣文古籍，最后花了5万元才将原件征购到图书馆珍藏。由于缺乏征集经费，对一些主动上门询问的傣族群众收藏的傣文古籍也无力购买。四川凉山彝族奴隶社会博物馆珍藏有彝文经书1000多卷，以及部分文书布告、地契、印章和碑刻。该馆副馆长在调研时介绍，这些彝族档案文献遗产都是征集、购买而来。博物馆有部分征集民族文物的专项资金（40万），但由于民间彝族文物数量较多，加之近年来受商品经济的影响，现有经费远远不能满足民间散存彝族文物的征集需求。凉山州档案馆保存有彝文经书440余册、印章10余枚。档案馆主管征集的领导在访谈中提道，国家每年在档案管理方面的固定拨款是3元/卷，馆藏民族档案文献主要是原来征集、捐献或接收所得。近年来由于市场经济发展，彝族毕摩或群众一般都不愿意将收藏的彝文古籍上交，专项经费的缺失使彝族档案文献的征购极为困难。贵州省荔波县档案馆一位副馆长在访谈中介绍，在民间水书档案文献的收集方面，只要有发现就随时去民间收集。不利因素就是很多人不愿意将水书档案上交，只有进行征购。征集经费保障很重要，没有经费很难开展水书档案文献的收集工作。希望国家给予政策支持，划拨相应的征集经费，解决民间散存水书的征集经费问题。课题组在档案馆、图书馆或民委古籍办等进行访谈的236位对象中，有229位认为征集经费的严重不足是妨碍民间

散存民族档案文献遗产征集工作的主要因素，只有7位表示还不是主要因素①。再以2013年云南、西藏两个省区档案馆事业经费的拨发为例（见表4-1），从该表可见，偏远贫困地区档案事业经费较为拮据，云南省迪庆、西藏林芝档案馆等的事业经费仅够维持日常管理工作之用，开展民族档案文献征集工作十分困难。由此可见，征集经费的匮乏是制约西部民族档案文献遗产征集工作最重要的影响原因。

表4-1　　　2013年云南、西藏各级档案馆事业经费抽样对比统计

对比指标 管理单位	事业经费（万元）	对比指标 管理单位	事业经费（万元）
云南省档案馆	2231.58	西藏自治区档案馆	1500.00
德宏傣族自治州档案馆	23.00	山南地区档案馆	167.80
迪庆藏族自治州档案馆	5.00	林芝地区档案馆	2.50
梁河县档案馆	33.00	山南地区乃东县档案馆	3.00
盈江县档案馆	6.00	山南地区扎囊县档案馆	2.00

注：统计数据来源于全国档案事业统计年报。

（四）民族档案文献遗产的多元性，导致其征集主体众多和二次分散保存的不利局面

我国文献信息管理机构主要有档案馆、图书馆、博物馆和文化馆等，这些文化机构承担着保护与传承中华民族悠久历史文化的社会职责。如1984年，根据《国务院办公厅转发国家民委关于抢救、整理少数民族古籍的请示的通知》，各民族地区民委都设立了"少数民族古籍整理出版规

---

① 资料来源于课题组实地调研材料。

划办公室"，负责民族古籍的整理工作。由于民族档案文献遗产不仅具有档案属性，还具有民族古籍、文物、文化遗产，以及民族信息、文献、史料、资料等多元属性①。民族档案文献遗产的多元性带来了两方面的理论与现实问题：其一，理论认识的学科倾向性。正是由于民族档案文献遗产的多元性，档案学、图书馆学、文化遗产学、民族古籍学、博物馆学等，在学科研究对象概念界定、外延类型的构成等方面，都将许多民族档案文献遗产纳入学科研究范畴，并从理论与实践上探讨其整理、保管与发掘利用问题。其二，实践工作的对象模糊性。西部地区设置有许多面向民族文化抢救、管理与发掘的文化机构和政府部门，如档案馆、图书馆、民委（或民宗局）古籍办、文化馆等。在民族文化保护这一大框架之下，加之民族档案文献遗产的多元性，许多文化机构或政府部门都将民族档案文献遗产作为征集保护和研究利用的重要对象。在实际工作中，征集民族档案文献遗产的单位主要有档案馆、图书馆、博物馆和民委（或民宗局）古籍办；此外，尚有纪念馆、高等院校图书馆、民族研究所、文管所、宗教局、文化馆、群艺馆、政协、史志办等②。以各单位征集到的傣族档案文献遗产为例，云南省档案馆征集到 2 部贝叶经共 17 册，绵纸经 2 部；云南省民委古籍办收藏有傣族贝叶经 100 余册，绵纸经 500 余册；云南省图书馆馆藏贝叶经 100 片；云南省博物馆有贝叶经 64 册；云南民族大学收集到西双版纳老傣文文献 15 册；德宏州老傣文文献 302 册；云南省社科院也收集到傣文文献 20 余册。西双版纳州保存下来了极为丰富的傣文档案文献，保存较多的是州档案馆，共有 371 部，995 册。其中，绵纸经 197 部共 488 册，贝叶经 174 部共 507 册；西双版纳州傣族文化研究所有 400 部，1500 册；州政协重要政务文书 20 余册；州文管所 215 册；州文化馆 43 册；西双版纳傣族自治州佛教协会保存有 60 册；景洪市档案馆 25 册；景洪县政协史志办 19 册；勐海县档案馆 266 册；勐腊县档案馆 776 册。德宏州民语委搜集了 400 部，德宏州档案馆，珍藏有傣文档案文

---

① 华林等：《文化遗产框架下的西部散存民族档案文献遗产保护研究》，《档案学通讯》2013 年第 3 期。

② 华林、刘大巧、许宏晔：《西部散存民族档案文献遗产集中保护研究》，《档案学通讯》2014 年第 5 期。

献 60 余部 100 多册，德宏州群艺馆搜集了 140 余部，潞西市文化馆有 120 余部，文物管理所有 30 余部；梁河档案馆有 312 部；盈江县文化馆有 100 余部，盈江县档案馆 19 册；陇川县文化馆有 100 余部，陇川县档案馆 2 册；瑞丽市文化馆有 100 余部，瑞丽县档案馆收集到 26 册；畹町县文化馆 26 册。上述部门所搜集到的傣文古籍文献，共计千余部①。其他地区如思茅地区档案馆也搜集到 8 个案卷 40 余册傣文古籍文献；孟连县档案馆收存有傣文古籍文献 20 余册（份），孟连县博物馆珍藏有数百册。除云南省外，北京中国历史博物馆、北京图书馆、民族文化宫、中国社会科学院民族研究所、中央民族大学、天津南开大学等处都收藏有傣文文献，数量有千卷。此外，上海复旦大学、北京法源寺、青海省博物馆、西安药物研究所等处，也保存有少量的贝叶经。征集单位过多不但造成征集经费和人力、物力的分散，不利于主要文献管理机构如档案馆、博物馆等的集中征集抢救，更为严重的是造成了西部民族档案文献遗产的二次分散保存问题。

二 管理机构散存民族档案文献遗产集中保护滞后因素

（一）现行文化管理体制的设置，制约了民族档案文献遗产的集中保护

在现行体制下，征集管理民族档案文献遗产的单位主要有档案馆、图书馆、博物馆和民委（或民宗局）古籍办；此外，尚有纪念馆、高等院校图书馆、民族研究所、文管所、宗教局、文化馆、群艺馆、政协、史志办等。这些单位分属国家文化部、教育部、民委、档案局和文物局等部门领导，各系统各单位都结合自己的工作性质，设定了具体的工作职能②。如《档案法》第 2 章"档案机构及其职责"第 8 条规定："中央和县级以上地方各级各类档案馆，是集中管理档案的文化事业机构，负责接收、收集、整理、保管和提供利用各分管范围内的档案。"③ 2006 年 1 月 1 日施

---

① 资料来源于课题组实地调研材料；李国文：《云南少数民族古籍文献调查与研究》，民族出版社 2010 年版，第 86 页。

② 华林、刘大巧、许宏晔：《西部散存民族档案文献遗产集中保护研究》，《档案学通讯》2014 年第 5 期。

③ 《中华人民共和国档案法》，国家档案局网站，http://www.saac.gov.cn。

行的《博物馆管理办法》第 2 条规定："本办法所称博物馆，是指收藏、保护、研究、展示人类活动和自然环境的见证物，经过文物行政部门审核、相关行政部门批准许可取得法人资格，向公众开放的非营利性社会服务机构。"① 1982 年 12 月 1 日，文化部颁布《省（自治区、市）图书馆工作条例》，其中，第 2 条"其主要任务"中的第 4 项为："搜集、整理与保存文化典籍和地方文献。"② 而民族古籍作为地方文献的特色构成部分，被西部许多图书馆列为重点征集和整理的文献之一。2000 年 8 月 6 日，内蒙古自治区第九届人代会常务委员会第十七次会议通过的《内蒙古自治区公共图书馆管理条例》第 10 条规定："各级人民政府要加强对民族地方文献的收集、保护。建立具有地方特色和民族特点的藏书体系。公共图书馆对民族地方文献要设立专库和专架管理。要配备熟悉少数民族语言文字的专业人员。"③ 1985 年 6 月 7 日，贵州省人民政府颁布的《贵州省县级图书馆工作条例》第 4 条规定："县馆应根据全县政治、经济、科学文化发展和各族人民群众的需要确定藏书建设，有计划地补充书刊资料，逐步形成具有地方特色和民族特点的藏书体系。"④ 1984 年 4 月 19 日，《国务院办公厅转发国家民委关于抢救整理少数民族古籍的请示的通知》第 1 条要求："在国家民委和国务院古籍整理出版规划小组领导下，建立全国少数民族古籍整理出版规划小组，负责组织、协调、联络、指导等项工作。有关省、自治区、直辖市应建立相应机构，民族自治地方和少数民族多的地区、县也应视工作需要建立相应机构或指定部门负责这项工作。"⑤ 根据国务院通知精神，西部各省区都成立了少数民族古籍整理出版规划办公室，负责少数民族古籍的抢救、整理和出版工作。如"云南省少数民族古籍整理出版规划办公室（简称'省民族古籍办'）是负责组织、联络、协调、指导全省少数民族古籍抢救、整理、出版工作的职能部

①　《博物馆管理办法》，国家文化部网站，http：//www.mcprc.gov.cn。
②　《省（自治区、市）图书馆工作条例》，国家文化部网站，http：//www.mcprc.gov.cn。
③　《内蒙古自治区公共图书馆管理条例》，法律快车网站，http：//law.lawtime.cn。
④　《贵州省县级图书馆工作条例》，人民网法律法规库，http：//www.people.com。
⑤　《国务院办公厅转发国家民委关于抢救整理少数民族古籍的请示的通知》，国家民委网站，http：//www.seac.gov.cn。

门"。① 其后，西双版纳、昭通、文山、红河、楚雄、迪庆、玉溪、丽江、曲靖、思茅等地州（市）以及石林、禄劝、洱海、勐腊、宁蒗、峨山、江城等县均先后建立了古籍办或民族研究所（室）等民族古籍工作机构，这些地州古籍办的一项重要任务，就是征集抢救民族古籍②。此外，在西部地区，纪念馆、民研所和史志办等都把民族档案文献遗产视为民族古籍、民族资料或民族史料等进行征集，作为开展民族文献整理、研究或出版工作的主要依据。由此可见，现行文化管理体制的设置，决定了各文化机构工作职能开展对民族文献的依赖性，从而形成各单位民族档案文献遗产分散保存的现实状况。

（二）保管单位公有物产的制约，影响了民族档案文献遗产的集中保护

上述可知，在现行体制下，征集管理民族档案文献遗产的单位有档案馆、图书馆、博物馆和国家民委（或民宗局）古籍办、纪念馆、高等院校图书馆、民族研究所、文管所、宗教局、文化馆、群艺馆、政协、史志办等③。这些单位在征集民间散存民族档案文献遗产的工作中，都投入了相当的人力、物力和财力，深入民族地区，在民间寺院或民族群众家中查访、征购或购买散存民族档案文献遗产。这些民族档案文献征集到本单位后，都要入账登记，作为本单位的公共物产进行管理。云南省图书馆制定的《文献采访工作规章制度》"总则"第 10 条规定："本馆通过购买、接受缴送、交换、受赠、征集等渠道获得文献。采集到馆的中、外文书刊文献，凡符合入藏标准的，应予登录入藏。" 2007 年 10 月 1 日施行的《物权法》第 25 条规定："动产物权设立和转让前，权利人已经依法占有该动产的，物权自法律行为生效时发生效力。" 第 38 条也规定："侵害物权，除承担民事责任外，违反行政管理规定的，依法承担行政责任；构成

---

① 《云南省少数民族古籍整理出版规划办公室》，云南民族网站，http：//www. ynethnic. gov. cn。

② 普学旺、徐畅江、紫萍、何扬波：《穿越时空的守望——少数民族古籍抢救整理出版在云南》，《今日民族》2003 年第 5 期。

③ 华林、刘大巧、许宏晔：《西部散存民族档案文献遗产集中保护研究》，《档案学通讯》2014 年第 5 期。

犯罪的，依法追究刑事责任。"① 在部门政策法规中，也规定了保护单位保存档案、古籍或文物等的条文。如《云南省档案条例》第 38 条规定："违反本条例规定，有下列行为之一的，依法对直接负责的主管人员和其他直接责任人员给予处分；由县以上档案行政管理部门对单位处 1 万元以上 10 万元以下罚款，对个人处 500 元以上 5000 元以下罚款；有违法所得的，没收违法所得；造成损失的，依法承担赔偿责任；构成犯罪的，依法追究刑事责任：（一）损毁、丢失属于国家所有的档案的……（五）擅自出售、赠送、交换属于国家所有的档案及其复制件的。"② 2006 年 1 月 1 日起施行的《内蒙古自治区文物保护条例》第 50 条规定："文物行政部门、考古发掘单位、国有文物收藏单位的工作人员有下列行为之一的，依法给予行政处分；构成犯罪的，依法追究刑事责任：（一）借用或者非法侵占国有文物的；（二）因不负责任造成文物保护单位、珍贵文物损毁或者流失的；（三）贪污、挪用文物保护经费的。"③ 文化部 1982 年 12 月 1 日颁布的《省（自治区、市）图书馆工作条例》第 6 条规定："省馆收藏的书刊资料是国家财产，受法律保护，任何人不得侵占，其他单位不得任意调出。要加强藏书管理，切实做好安全防护工作。要教育读者和工作人员爱护书刊资料，与损毁、盗窃书刊资料的不良现象作斗争。"④

　　上述可知，无论是《物权法》，还是档案、图书、文物等部门法规，都对相关管理单位保存的民族档案文献的保护进行了严格的规定，并制定了相应的处罚措施。调研中发现，许多单位也因为这一因素不愿意向上级或保管条件更好的档案馆、图书馆或博物馆等移交所保存的民族档案文献。如课题组在西昌市图书馆调研时，负责保管的工作人员谈道，本馆彝文经书自然损毁严重，员工出于民族古籍保护的角度愿意将这些古籍文献移交上级部门，以获得更好的保管和修复条件。但主管领导认为不妥，因为涉及单位资产损失等方面的问题。课题组在云南省图书馆调研时，云南省图书馆馆长王水乔、云南省图书馆学会办公室秘书长金美丽也都谈到这

---

① 《中华人民共和国物权法》，中华人民共和国政府网站—法律法规，http：//www.gov.cn。

② 《云南省档案条例》，云南省档案信息网站，http：//www.ynda.yn.gov.cn。

③ 《内蒙古自治区文物保护条例》，中国人大网，http：//www.npc.gov.cn。

④ 《省（自治区、市）图书馆工作条例》，国家文化部网站，http：//www.mcprc.gov.cn。

一问题，认为许多基层图书馆征集到的民族古籍都已登记入库，相关保存民族古籍的机构如民委古籍办、史志办等也将征集到的民族古籍进行登记，作为单位资产进行保管，因而不愿意轻易将破损民族古籍移交到云南省图书馆进行保护。内蒙古自治区图书馆负责征集的领导在访谈中提道，现今，珍贵蒙古文古籍文献已成各单位财产，都不愿意上交集中，征集工作十分困难。而更多的单位随着国家对民族文化遗产的重视也看到了民族古籍的自身文献价值与升值空间，视为至宝更不愿移交。这一情况在西部地区除图书馆系统外，在档案馆、博物馆以及民委古籍办系统普遍存在。四川省凉山彝族奴隶社会博物馆负责人在调研时认为，因为涉及本单位彝族文物的管辖权与单位财产所有权，无论是调拨或是移交都有很大的困难。凉山州档案局领导在访谈中提到，由于许多保存有彝族档案文献的单位受其公有物产管辖权以及所有权所限，不愿意将这些彝族档案文献遗产移交到档案馆保存，致使民族档案文献遗产的征集工作十分困难。在课题组对 236 名访谈对象调研中，有 90% 的人都谈到了这一因素。① 由此可见，这一问题已经成为妨碍民族档案文献遗产集中保护的一个重要滞后因素。为此，作为古籍保护中心的云南省图书馆采取了为下级单位免费修复破损民族古籍，而留存复制件的方式，抢救破损民族古籍。迄今，云南省图书馆已经为曲靖地区彝族文化学会、迪庆州图书馆等修复了多本破损民族古籍。在现行体制下，这也是值得在西部地区推广的保护破损民族档案文献遗产的重要举措之一。

（三）基于机构职能的业绩因素，妨碍了民族档案文献遗产的集中保护

档案馆、博物馆、古籍办、史志办等单位在现行体制下，都赋有征集、保护、整理和译注出版民族档案、古籍或文物等民族文献的职责。其中，最能凸显工作业绩的有两项重要评定指标：一是征集保存民族文献的数量和质量；二是对征集保存民族文献整理、研究、译注和出版工作的开展。以云南省古籍办系统为例，在民族古籍的征集保护方面，各级民族古籍办都投入了大量的人力、物力和财力，征集民间散存民族古籍，仅云南省民委古籍办就征集到彝文古籍 1200 册（件）；瑶文古籍 500 余册

———————
① 资料来源于课题组实地调研材料。

（件），绘画 300 余幅；傣族贝叶经 1000 余册，绵纸经 500 余册；东巴经
200 余册，神鹿图 2 幅；傈僳族音节文字古籍 5 部，木牌 5 块；收藏壮文
古籍 1 部，已成为西部地区收藏民族古籍种类最为齐全、原件最多的民族
古籍单位之一①。在民族古籍进行整理、译著和出版方面，近年来省民委
古籍办的主要成果有：组织出版了一套《云南民族古籍丛书》，包括彝、
傣、纳西、回、哈尼、白、苗、瑶、基诺、藏、普米、傈僳、景颇等民族
的古籍 70 余部，编辑出版《彝族原始宗教绘画》《云南回族人物碑传精
选》《彝族打歌调》《求取占卜经》《景颇族传统祭词译注》《沙萨纳芒
鉴》《苗族指路经》等古籍文献②。此外，大理州规划出版了《大理丛
书》，现已出版《金石篇》《本主篇》等 20 余册；2000 年，丽江市投资
400 多万元，由云南人民出版社出版了数十位东巴耗费 18 年翻译整理的
5000 多万字共 100 卷的《纳西东巴古籍译注全集》，并在 2003 年被列入
《世界记忆遗产名录》；2002 年，西双版纳州投资 700 多万元，规划启动
《中国贝叶经全集》100 卷的整理、翻译、出版工作，截至目前，已翻译
完成 90 卷，出版 30 卷；2005 年，楚雄州在编译出版《彝文古籍译丛》
的基础上，投入 1000 万元，启动《彝族毕摩经全集》100 卷的编译出版
工程，目前已完成 53 卷编译工作，出版了 30 卷；玉溪市出版了《玉溪地
区彝文古籍丛书》；红河哈尼族彝族自治州整理出版了《红河民族古籍译
丛》《阿细颇先基》《阿细指路经》等；昆明市石林县出版了《石林民族
古籍丛书》，至今，云南省整理出版民族古籍达 600 多册 10000 余种③。
再以四川民委古籍办为例。四川省民族古籍据 2003 年统计，现存于各地
区的少数民族古籍 49 万余册（函），其中藏文 29 万册（函）、彝文 17 万
册（函）、其他少数民族古籍 3 万余册（函）；还有大量流散于民间的口
碑古籍。1984 年，四川省成立民委古籍办。迄今，民委古籍办系统搜集、
整理、出版具有较高学术价值的民族古籍达 5705 多种，民族古籍书籍中
有 777 种获奖。尤为突出的是，有 7 部获得国家级图书奖和提名奖，即藏

---

① 材料由云南省民委古籍办普学旺主任提供。

② 王丽萍：《建国以来云南省少数民族古籍工作述论》，云南大学，硕士学位论文，2010
年。

③ 普学旺、徐畅江、紫萍、何扬波：《穿越时空的守望——少数民族古籍抢救整理出版在
云南》，《今日民族》2003 年第 5 期。

文古籍《藏族历算大全》《显迷文库》《德格印经院藏传木刻版画集》分别获得第四、第五、第六届国家图书奖，《中国彝族》获第十二届中国图书奖，彝文古籍《彝文典籍目录》《彝族尔比词典》获得国家图书提名奖，藏文古籍《四部医典详解》获得第五届中国民族图书一等奖，《中国少数民族古籍集成》荣获第六届国家图书荣誉奖[①]。客观而论，西部民委古籍办系统对民族档案文献遗产的整理、译著和出版成果丰硕，在民族文化遗产的保护工作中做出了重要贡献。

基于业绩因素，许多保管条件不好的民委古籍办、民族研究所、文化馆、群艺馆、史志办等单位都将征集到的民族档案文献遗产作为古籍工作成果的重要标志而视为至宝，不愿将其移交到保管条件好的档案馆、图书馆、博物馆等机构保存。在访谈调研中云南省图书馆馆长王水乔、云南省档案馆征集处处长蒋一虹等都谈道，他们曾对部分史志办、群艺馆或民委古籍办等单位征集过民族档案文献，这些单位都把征集到的民族档案文献作为重要工作成果，无论采用何种方式都不愿移交到档案馆或图书馆集中保护[②]。应该看到，部分民族档案文献遗产的散存单位在其译注出版方面做了大量工作，并取得显著成绩，而这些成果的形成也是以其所征集到的民族档案文献遗产为基础。因此，解决好民族档案文献遗产集中保护与提供利用服务之间的矛盾，有利于肯定散存单位的工作业绩，更好地对档案文献原件进行科学保护。

（四）政策法规的分散与模糊性，阻碍了民族档案文献遗产的集中保护

对于民族档案文献遗产的集中保护，相关民族文化、古籍等保护方面的政策法规具有分散性和模糊性，而国家层面的政策法规对散存民族档案文献遗产的集中保护尚未作出明确规定。

1. 国家政策法规的模糊性。如1984年4月19日《国务院办公厅转发国家民委关于抢救、整理少数民族古籍的请示的通知》第2条第3点指出："各图书馆和收藏单位，对现有和已征集到的民族古籍，要加强保管。凡因工作疏忽而使民族古籍受损坏的，应追究责任；对有贡献的，应

---

① 何耀军：《四川少数民族古籍研究述论》，《西南民族大学学报》（人文社会科学版）2004年第12期。

② 资料来源于课题组访谈材料。

予以表扬奖励。"① 国务院 2005 年 12 月 22 日颁布的《国务院关于加强文化遗产保护的通知》在保护单位方面强调了博物馆的保护作用。其中，第 3 条第 5 点"提高馆藏文物保护和展示水平"指出："高度重视博物馆建设，加强对藏品的登记、建档和安全管理，落实藏品丢失、损毁追究责任制。实施馆藏文物信息化和保存环境达标建设，加大馆藏文物科技保护力度。"② 2005 年 3 月 26 日，《国务院办公厅发布关于加强我国非物质文化遗产保护工作的意见》第 3 条指出："对非物质文化遗产的物质载体也要予以保护，对已被确定为文物的，要按照《文物法》的相关规定执行。充分发挥各级图书馆、文化馆、博物馆、科技馆等公共文化机构的作用，有条件的地方可设立专题博物馆或展示中心。"③《档案法》第 12 条规定："博物馆、图书馆、纪念馆等单位保存的文物、图书资料同时是档案的，可以按照法律和行政法规的规定，由上述单位自行管理。档案馆与上述单位应当在档案的利用方面互相协作。"④《文物法》第 36 条规定："博物馆、图书馆和其他文物收藏单位对收藏的文物，必须区分文物等级，设置藏品档案，建立严格的管理制度，并报主管的文物行政部门备案。"⑤ 从上述国家制定发布的相关档案、古籍或文物等保护政策法规来看，都未明确规定民族档案文献遗产、民族古籍或民族文物必须移交集中保管的单位。这些政策法规顾及民族档案、古籍和文物等的多元属性和实际保护状况，但同时也为民族档案文献遗产的集中保护带来了一定的困难。

2. 相关政策法规的分散性。对于民族档案文献遗产的集中保护部分政策法规也有所涉及，但或是分散在不同行业政策法规之中，或是在部分地区所实施，没有在国家层面形成系统的政策法规体系。如《档案法实施办法》第 13 条规定："属于中央级和省级、设区的市级国家档案馆接收范围的档案，立档单位应当自档案形成之日起满 20 年即向有关的国家

---

① 《国务院办公厅转发国家民委关于抢救、整理少数民族古籍的请示的通知》，法律教育网，http：//www.chinalawedu.com。

② 《国务院关于加强文化遗产保护的通知》，中央人民政府网，http：//www.gov.cn。

③ 《国务院办公厅发布关于加强我国非物质文化遗产保护工作的意见》，中央人民政府网，http：//www.gov.cn。

④ 《中华人民共和国档案法》，国家档案局网站，http：//www.saac.gov.cn。

⑤ 《中华人民共和国文物法》，中央人民政府网，http：//www.gov.cn。

档案馆移交；属于县级国家档案馆接收范围的档案，立档单位应当自档案形成之日起满 10 年即向有关的县级国家档案馆移交。已撤销的单位的档案或者由于保管条件恶劣可能导致不安全或者严重损毁的档案，可以提前向有关档案馆移交。"① 《文物法》第 37 条规定："文物收藏单位可以通过下列方式取得文物：（一）购买；（二）接受捐赠；（三）依法交换；（四）法律、行政法规规定的其他方式。国有文物收藏单位还可以通过文物行政部门指定保管或者调拨方式取得文物。"② 1984 年 4 月 19 日，《国务院办公厅转发国家民委关于抢救、整理少数民族古籍的请示的通知》第 2 条规定："对散存在民间的民族古籍要组织力量做好征集工作，对献出有价值的民族古籍者，予以物质奖励。保存在其他部门（如公安、海关）的民族古籍，应移交给有关省、自治区、直辖市的少数民族古籍整理出版规划小组，以利工作。"③ 值得重视的是，西部一些民族地区基于档案馆良好的保护条件，明确规定档案部门负责民族档案文献遗产的集中保护工作。如《黔东南苗族侗族自治州锦屏文书保护条例》第 6 条规定："州级档案行政管理部门主管全州锦屏文书抢救保护工作，对锦屏文书保护工作实行统筹规划、组织协调、统一制度、监督和指导。县级档案行政管理部门主管本行政区域内锦屏文书抢救保护工作，业务上受省、州档案行政管理部门监督和指导。有关乡、镇人民政府应当建立锦屏文书保护制度，指定专（兼）职工作人员配合县级档案人员进行收集，保护本辖区的锦屏文书，业务上受县级档案管理部门监督和指导，并按照规定向县级档案馆移交锦屏文书。"第 7 条规定："有关县级档案馆和锦屏文书特藏馆是集中保护锦屏文书的法定机构，依法负责收集、整理、抢救和安全保管各种门类和载体的锦屏文书，并依法向社会提供利用。"④ 2008 年 10 月 1 日起施行的《三都水族自治县水书文化保护条例》第 7 条规定："自治县人民政府民族宗教部门协助文化行政主管部门做好水书文化的抢救、保护、研究，水书传承人的认定、保护和培训。"第 8 条明确指出："自治

---

① 《档案法实施办法》，国家档案局网站，http：//www.saac.gov.cn。

② 《中华人民共和国文物法》，中央人民政府网，http：//www.gov.cn。

③ 《国务院办公厅转发国家民委关于抢救、整理少数民族古籍的请示的通知》，法律教育网，http：//www.chinalawedu.com。

④ 《黔东南苗族侗族自治州锦屏文书保护条例》，百度文库，http：//wenku.baidu.com。

县档案管理部门负责水书的接收、搜集、整理、保管和提供利用。"① 此外，荔波县政府发布实施的《荔波县水书抢救保护工作实施办法》明确规定："县档案局是全县水书管理部门，水书原件的征集和收购由县档案馆负责，其他任何单位和个人不得经营、征集、收购水书原件和水书物件。"② 由档案部门负责集中保护对民族档案文献遗产的抢救与发掘利用有重要现实意义，遗憾的是，这一规定尚未形成国家层面的政策法规。同时，相关文化部门如何共同征集，对民族档案文献遗产实行分级集中保护问题还有待于进一步研究解决。

---

① 《三都水族自治县水书文化保护条例》，百度文库，http://wenku.baidu.com。
② 唐建荣、任睢:《水书传承的社会生态思考》，《贵州社会科学》2008 年第 3 期。

第 五 章

西部散存民族档案文献遗产集中保护对策与措施

第一节　西部散存民族档案文献遗产集中保护主体的确立

一　西部散存民族档案文献遗产集中保护主体确立的依据

从整体情况看，西部民族档案文献遗产生存状况不容乐观，不论是散存民间或为各政府部门和文化机构分散保存，都不利于其原件的保护和信息资源的整体发掘利用。考虑到西部民族档案文献遗产的多元属性和文化遗产的归属性，以及现实各单位保存民族档案文献遗产的实际状况，集中保护主体可确立为档案馆、图书馆、博物馆和民委古籍办（包括民族文化研究所）等"四大系统"，主要依据如下。

（一）西部散存民族档案文献遗产集中保护主体确立的理论依据

集中保护主体确立的理论依据是民族档案文献遗产的多元属性。具体而言，西部民族档案文献属于民族文化遗产，并具有民族古籍、民族文物等方面的多元属性。

1. 西部民族档案文献的文化遗产归属。民族档案文献遗产是指新中国成立前各个少数民族在社会历史发展过程中直接形成的，记录和反映少数民族政治、历史、经济、军事、天文、历法、医药、教育、文艺、哲学、伦理、宗教和民俗等方面的情况，具有保存价值的各种文字、图画、声像等不同形式的历史记录①，其最本质的特性是原始性和历史文化价值。2005 年，《国务院关于加强文化遗产保护的通知》将文化遗产界定为："包括物质文化遗产和非物质文化遗产。物质文化遗产是具有历史、艺术和科学价值的文物，包括古遗址、古墓葬、古建筑、石窟寺、石刻、壁画、近代现代重要史迹及代表性建筑等不可移动文物，历史上各时代的重要实物、艺术品、文献、手稿、图书资料等可移动文物；以及在建筑式样、分布均匀或与环境景色结合方面具有突出普遍价值的历史文化名城（街区、村镇）。非物质文化遗产是指各种以非物质形态存在的与群众生活密切相关、世代相承的传统文化表现形式，包括口头传统、传统表演艺术、民俗活动和礼仪与节庆、有关自然界和宇宙的民间传统知识和实践、传统手工艺技能等以及与上述传统文化表现形式相关的文化空间。"② 西部民族档案文献遗产，包括民族实体或口述档案文献遗产，从国家对文化遗产本质特征与外延范围的界定来看，均属于文化遗产的范畴，具有文化遗产的重要属性。

2. 西部民族档案文献遗产的古籍属性。就民族古籍的界定而言，学术界对民族古籍的认识归结起来有宏观论和微观论两种观点，宏观论认为，"民族古籍是指曾经在中华人民共和国疆域范围内生活过的各少数民族和正在生活着的各少数民族在历史上遗留下来的一切使用文字，具有某种文化含义的符号（文字的雏形）即口头语言记录下来的文化载体，这种文化载体可以分为四大类型，原生载体古籍、金石载体古籍、口碑载体古籍和书面载体古籍。"③ 微观论认为民族古籍只是书面古籍，代表性的观点有民族古籍 "主要指 1911 年以前历朝的刻本、写本、稿本、拓本"。④ 民族档案文献遗产本质特征有二：一是形成的原始性；二是历史文化价值。从民族古籍的形成来看，许多民族古籍都是由土司、头人、僧侣、巫师、民间歌手等直接撰写而成，即便是传抄的民族古籍，在传抄的过程中也加上了自己的思想和见解⑤。由此可见，大部分民族古籍都具有

① 华林：《少数民族历史档案研究述评》，《档案学通讯》2003 年第 5 期。
② 《国务院关于加强文化遗产保护的通知》，中央人民政府网，http：//www. gov. cn。
③ 乌谷：《民族古籍学》，云南民族出版社 1994 年版，第 6 页。
④ 华林、姬兴江、王晋：《西部民族历史文献多元性研究》，《思想战线》2013 年第 3 期。
⑤ 同上。

其产生的原始性，可视为手稿档案，是一种具有历史文化价值的民族档案文献遗产。

3. 西部民族档案文献遗产的文物属性。关于文物的范畴，2007 年 12 月第 2 次修订的《文物法》第 2 条涵盖为：具有历史、艺术、科学价值的古文化遗址、古墓葬、古建筑、石窟寺和石刻、壁画；历史上各时代重要的文献资料以及具有历史、艺术、科学价值的手稿和图书资料等；反映历史上各时代、各民族社会制度、社会生产、社会生活的代表性实物等①。从文物的本质特征来看，民族文物与民族档案文献在内涵上最为接近，文物作为过去人们直接使用形成的实用性物品大多都具有形成的原始性；同时，大部分民族文物还使用相应的文字或其他符号，或文物本身记录与反映了各民族在其社会实践活动中形成的历史文化，因而可视为民族档案文献遗产的范畴②。由此可见，从逻辑上看，民族档案与文物在内涵上有交叉重合关系。许多重要的民族文物都是人们在历史上形成使用过的遗留物，因其既有原始记录作用又有突出的历史文化作用，都可视为民族档案文献遗产。因此，西部少数民族实态性档案文献遗产属于文物范畴。

4. 西部民族档案文献遗产的多元属性。上述可知，民族档案文献遗产具有民族古籍和民族文物的属性，而大部分民族古籍和民族文物都可视为民族档案文献遗产，值得重视的是许多西部民族档案文献还同时具有民族古籍、文物和文化遗产的多元属性③。如民族宗教古籍主要是各民族祭师使用的经书，这些经卷古籍从形成来看，许多民族经卷古籍都是由少数民族宗教人员，如喇嘛、毕摩、和尚、东巴和道公等直接撰写而成，具有其形成的原始性和重要历史文化价值，是一种珍贵的手稿档案文献，具有民族古籍和民族档案的双重属性。同时，民族经卷古籍也是人们过去形成的有文化价值的历史遗留物，属于《文物法》中归纳的"历史上各时代重要的文献资料以及具有历史、艺术、科学价值的手稿和图书资料等"范畴，是民族文物的重要构成部分。此外，民族档案文献遗产以其原始性、丰富性和权威性还具有民族研究的文献性、史料性、资料性而被诸多

---

① 《中华人民共和国文物法》，中央人民政府网，http：//www.gov.cn。
② 华林、姬兴江、王晋：《西部民族历史文献多元性研究》，《思想战线》2013 年第 3 期。
③ 同上。

史志办、群艺馆或相关单位的资料室等所收藏。

综上所述，由于民族档案文献遗产具有多元属性，因此，在民族文化遗产保护框架之下，将档案馆、博物馆、图书馆和民委古籍办系统列为民族档案文献遗产的保护主体有其充分的理论依据。

（二）西部散存民族档案文献遗产集中保护主体确立的现实因素

1. 档案馆系统难以承担全面征集与保护民族档案文献遗产的社会职责。主要原因有三：一是管理法规的不健全。自 1987 年 11 月，中国档案学会在昆明召开少数民族档案史料学术研讨会。其后，许多西部民族地区的档案部门，如云南省档案馆、内蒙古自治区档案馆和西藏自治区档案馆等，都以档案工作条例或规章的形式，将少数民族历史档案纳入管理工作的范畴。但仍有许多国家综合档案馆尚未开展民族档案文献遗产的征集保护工作。二是经费、人力和物力等难以保障集中保护工作的全面开展。西部民族档案文献遗产具有数量丰富、种类繁多和分布广泛的特点。如据云南省民委古籍办调查统计，云南省现已初步查明各民族文献古籍达 10 余万册（卷），口碑古籍上万种，其中，已抢救保护的民族文献古籍只有 2 万余册（卷），口碑古籍仅为三分之一。散存民间的彝族古籍尚有 18000 册（卷）、傣族古籍有 23000 册（卷）、纳西古籍有 4000 多册（卷）、藏族古籍有 8000 多册（卷）、瑶族古籍有 3000 多册（卷）、壮族古籍有 800 多册（卷）、白族古籍有 100 多册（卷），共计 57900 册（卷）[①]。面对西部民间散存数量众多的民族档案文献遗产，以及征集成本的不断攀升，西部地区的许多国家综合档案馆又缺乏专项经费的支持，征集工作十分困难，仅经费和人力成本一项档案馆就难以保证民族档案文献遗产的征集保护工作。再有就是在民族文字或口述档案文献遗产征集、整理和研究出版工作，需要谙熟少数民族语言文字的民族干部或专业人员。档案部门受人员编制的限制，无法引进配备更多的专业人员，这也极大地影响了民族文字或口述档案文献遗产的征集、译注和发掘工作。三是档案保护技术欠缺不能对民族档案文献遗产进行科学保护。西部民族档案文献遗产类型很多，按其存在方式就包括了古籍、文书、印章、碑刻、摩崖、石经墙、石

---

① 《云南省少数民族古籍整理规划办公室》，云南民族网，http：//www. ynethnic. gov. cn。

经片、石经墩、金文、竹简、木刻、骨文、皮书、布书、瓦书、陶书等类型①。就档案馆目前管理条件和技术力量而言，不仅无法承担对许多大型实物性民族档案文献遗产的发掘、征集和保管工作，更重要的是由于档案保护技术的欠缺，也不能对这些大型实物性民族档案文献遗产进行修复抢救。由此可见，从国家综合档案馆自身经费、人力和物力，以及库房保管条件和保护技术力量等综合因素考量，档案馆系统难以承担全面征集与保护民族档案文献遗产的社会职责。

2. 四大系统在实际工作中已发挥出集中保护民族档案文献遗产的核心作用。主要表现在两个方面：

（1）在民族档案文献遗产资源集中保护工作中发挥核心作用。在国家体制设置框架下，档案馆、博物馆、图书馆和民委古籍办系统都是以档案、图书和文物等文献信息的征集保护和发掘整理为主要工作职责。在此体制下，"四大系统"长期从事西部民族文献的征集保护工作，收集抢救了极为丰富的民族档案文献遗产。如在民委古籍办系统，1984 年云南省民委古籍办成立以来，已经征集到民族古籍 5000 余册（卷）。新疆自治区民宗委古籍办收藏了 6169 册（件），并且多数为公元 100 年至 500 年的民族档案文献。在档案馆系统，西藏自治区档案馆珍藏有 90 个全宗 300多万册（份）的藏文历史档案。内蒙古自治区档案馆收集到蒙古文历史档案文献 151292 卷（册、件）。在图书馆系统，西藏图书馆保存有藏文古籍共 1.5 万函，10 万余册。云南省图书馆征集到的其他有特色的民族古籍有纳西族文献东巴经 700 册，32 本安氏土司文书、有近百片贝叶经。新疆社会科学院图书馆收藏的以维吾尔文字为主的古籍文献就有 2000 余册。在博物馆系统，内蒙古自治区博物院共收藏民族文物 5500 件，其中包括西夏文书 57 份、新中国成立前内蒙古 49 个旗中的部分旗印等。甘肃武威市博物馆收藏有藏文古籍 409 函约 10 万页；敦煌藏文文献 4 件；西夏文献 34 件；木刻书版 794 块。敦煌市博物馆珍藏有大量敦煌藏经洞出土的文书、写经等。其中，在卷轴式写本 315 卷中，有藏文 237 卷，汉文78 卷，藏文梵夹式写经 8482 页。由此可见，四大系统征集抢救了大量民族档案文献遗产，在西部民族档案文献遗产资源集中保护工作中发挥了重

---

① 华林：《少数民族历史档案研究述评》，《档案学通讯》2003 年第 5 期。

要的现实作用。

（2）在民族档案文献遗产整合性集中保护工作中发挥核心作用。西部民族档案文献遗产的科学保护是一个系统工程，涉及政策法规、保护经费、保护机构、保护场所、保护条件、保护技术和保护人才队伍建设等诸多方面，从这些因素考量，档案馆、博物馆、图书馆和民委古籍办四大系统各有优势，如档案馆、图书馆具有较好的纸质民族档案文献遗产库房保管条件及其保护与修复技术，可侧重对纸质档案文献进行集中管理与保护；博物馆在石质、金属质等各种物质载体的民族档案文献遗产的发掘、保管与技术保护方面有优势，可加强对实物性民族档案文献遗产的集中保护；而古籍办系统在民族文字、口述档案文献遗产的征集、译注和整理出版等再生性保护方面有较大的优势，可着重对这些民族档案文献进行征集、整理和译著出版①。在实际工作中，档案、图书、文物和民委古籍办等部门各具优势，分工合作，在民族档案文献遗产征集、整理、保护、译著和出版工作中发挥了重要核心作用。

将"四大系统"确立为集中保护主体，不仅符合西部民族档案文献遗产的实际保存状况，同时还可针对民族档案文献遗产的文化遗产、古籍、文物等多元属性，在民族文化遗产框架之下，整合国家相关保护政策法规，以及社会资源，对西部散存民族档案文献遗产进行集中保护与档案信息资源的发掘利用。

二 西部散存民族档案文献遗产集中保护主体的再分级评估

（一）"四大系统"分级评估指标体系构建

"四大系统"虽然都保存有大量的民族档案文献遗产，但保管民族档案文献遗产的主要类型、保护场所、保护设备、技术力量和保护措施等方面都有差异。因此，需要构建科学分级评估指标体系进行全面比较，这一分级评估指标体系由以下因素构成。

1. 保护类型。民族档案文献遗产数量丰富，种类繁多，按其现存方式可分为古籍、文书、印章、碑刻、摩崖、石经墙、石经片、石经墩、金

---

① 华林、姬兴江、王晋：《西部民族历史文献多元性研究》，《思想战线》2013年第3期。

文、竹简、木刻、骨文、皮书、布书、瓦书、陶书或口述档案文献等类型①。保护类型就是指档案馆、博物馆、图书馆和民委古籍办（包括所属民族文化研究所）"四大系统"所保存民族档案文献遗产的具体类型，以便于按其载体性质进行集中保护。

2. 保护场所。也就是档案馆、博物馆、图书馆和民委古籍办"四大系统"保存民族档案文献遗产的具体场所，如档案馆的库房、图书馆的书库、博物馆的展厅或库房，以及民委古籍办（包括所属民族文化研究所）的资料室、古籍库或古籍室等。具体指标有保护场所的面积和建筑标准等。

3. 保护设备。主要是指档案馆、博物馆、图书馆和民委古籍办"四大系统"保护民族档案文献遗产的设备，具体有装具设备、技术保护设备等。

4. 保护条件。具体是指档案馆、博物馆、图书馆和民委古籍办"四大系统"保护民族档案文献遗产所达到的规范性技术标准和要求，如保护场所的防火、温湿度控制、防光、防尘，以及防虫、防鼠等标准和要求，以更好地对民族档案文献遗产进行科学保护。

5. 保护技术。民族档案文献遗产都具有悠久的历史，受自然和人为因素的影响，许多民族档案文献遗产自身状况不佳，虫蛀、破碎、残损、粘连、发黄和发霉等现象普遍存在。保护技术即档案馆、博物馆、图书馆和民委古籍办"四大系统"对破损民族档案文献遗产的修复、加固等所具有的技术力量，具体指保护技术部门、保护设备以及技术人员等。

6. 保护规章。主要是档案馆、博物馆、图书馆和民委古籍办"四大系统"在民族档案文献遗产的保护工作中，所制定实施的保护工作条例、制度等。

（二）基于指标比较的"四大系统"分级评估

档案馆、博物馆、图书馆和民委古籍办系统"四大系统"的保护对象尚有不同，其中档案馆、图书馆和民委古籍办系统以纸质民族档案文献遗产为主，此外还有部分口述或小型实物性民族档案文献遗产；博物馆则以实物性民族档案文献遗产为主，其他有部分古籍、文书等纸质民族档案

---

① 华林：《少数民族历史档案研究述评》，《档案学通讯》2003年第5期。

文献遗产。为增加可比性，以档案馆、图书馆和民委古籍办系统为主进行分级评估比较，博物馆作为实物性民族档案文献遗产的主要集中保护机构则作参考性比较。

1. 保护类型。在民族档案文献遗产的管理方面，档案馆、博物馆、图书馆和民委古籍办这"四大系统"的机构职能总体来说都是征集、保管、整理和利用民族文献。就具体管理类型而言，档案馆主要以管理各民族地方政权、民族土司或民族群众产生的文告、家谱、账簿、契约等文书为主，部分档案馆还征集到丰富的原始经卷古籍，以及一些印章、木刻等典型的民族实物档案文献；图书馆和民委古籍办系统主要保存有征集到的大量民族经卷古籍、部分民族文档和口碑古籍，以及少量的民族印章、宗教器物等实态性古籍文献；而博物馆大量保存的是竹简、金文、碑刻、印章，民族金属、石质、木质等器物或造像等民族文物，以及部分民族文档、经卷古籍等。

2. 保护场所。就档案馆、博物馆、图书馆和民委古籍办"四大系统"保存民族档案文献遗产的具体场所而言，从调研整体情况分析可以看出，档案馆的库房建设由于有《档案馆建筑设计规范（与建设部联合修改颁发的强制性行业标准)》（JGJ 25—2000）进行规范，其设计建设最为科学，与图书馆和民族古籍办等主要保存纸质民族档案文献遗产的机构比较，其库房面积也是最大的。图书馆从图书阅览室面积来看，面积仅次于档案馆，但从专门保护古籍的书库评估，则远远小于档案馆。其建筑规范有《公共图书馆建筑防火安全技术标准》（WH 0502—1996）和《图书馆古籍特藏书库基本要求》等。而保护场所最小的是民委古籍办系统，部分单位有资料室、古籍库或古籍室等，而许多单位则将收集到的民族古籍保存在办公室的柜架之中。相对而言，博物馆的馆舍库房主要是按照建设部和文化部等颁发的《博物馆建筑设计规范》（JGJ 66—91）进行建设，其展厅或库房不仅面积最大，而且都具有较好的规范性与科学性，这也和博物馆以文物为管理对象有关，是集中保护实物性民族档案文献遗产的最好场所。

3. 保护设备。在保护设备的配置方面，调研材料显示，档案馆不仅有档案柜、密集架、防磁柜等装具，以及消毒柜、温湿度控制、灭火等设备，对这些设备还有《档案装具》（DA/T 6—1992）、《直列式档案密集架》（DA/T 7—1992）等标准化要求。图书馆在保护装具方面主要有密集架、木柜、玻璃柜和铁柜等，而保护设备则没有档案馆齐全，许多地州级图书馆都没有相应的保护设备。保护设备较好的是省图书馆，如云南省图书馆有密集架、防虫樟木柜、恒温恒湿机、二氧化碳灭火系统、云香草杀虫剂、纸浆补书机等。民委古籍办的保护设备较为简陋，有铁柜、木质书柜、玻璃木书柜和风光窗帘等，大多没有温湿度控制设备。博物馆实物性民族档案文献遗产多存放在展厅，多数省市级、地市级博物馆展厅和库房都有较为规范的保护设备，主要有陈列玻璃柜、防护栏、空调机、除湿机、防盗保险柜、自动灭火系统和灭火器、报警系统等温湿度控制，防光、防尘、防水、防虫和防盗设备等。

4. 保护条件。从档案馆、图书馆和民委古籍办保护条件比较来看，档案馆最为规范齐全。调查材料显示，一般省市县级档案馆都有较好的防火、温湿度控制、防光、防尘，以及防虫、防鼠等规范性保护标准和条件。如在《云南省档案条例》《内蒙古自治区档案条例》《宁夏回族自治区档案条例》等条款中，都明确要求：保管纸质档案的库房温度为 14—18℃、相对湿度 50%—65% 较为适宜。此外，尚有《照片档案管理规范》（GB/T 11821—2002）、《磁性载体档案管理与保护规范》（DA/T 15—1995）、《纸质档案数字化技术规范》（DA/T 31—2005）、《电子文件归档与管理规范》（GB/T 18894—2002）等严格的档案管理规范。图书馆系统虽然有文化部委托国家图书馆主持制定的《图书馆古籍特藏书库基本要求》，对古籍库房的保管条件作出严格的规范与要求，但就地市级和县市级图书馆的保护设备配置而言，大多没有达到防火、防潮、防高温、防光、防尘，以及防虫、防鼠等标准，部分图书馆有窗帘、灭火器等简单的防光、防火设备。在博物馆系统，省市级、地市级别的保护条件较好，有规范的温湿度控制和较好的防火、防盗、防光等条件，而县级博物馆或文管所的保护条件较差，只有防盗条件尚可。

5. 保护技术。就档案馆、博物馆、图书馆和民委古籍办"四大系统"对民族档案文献遗产的保护技术比较而言，档案馆系统一般都设有档案保护技术部门。如云南省档案馆设有管理保护处，"负责指导全省档案库房管理工作；承担省档案馆馆藏档案资料科学安全存放、库房环境调控、库房设施设备应用等工作；承担省档案馆馆藏档案资料出入库管理及已数字化档案封存；实施省档案馆馆藏档案、资料消毒杀虫。"档案馆系统还制定有具体的保护技术规范，如国家档案局制定颁发的《档案修裱技术规范》（DA/T 25—2000）、《档案虫霉防治一般规则》（DA/T 35—2007）、《档案修裱技术规范》（DA/T 25—2000）等。图书馆系统也设置有古籍修复部门。如云南省图书馆设置"云南省古籍修复中心"，专门负责破损民族古籍的修复、托裱等技术保护工作。其规范文件有文化部委托国家图书馆主持制定的《古籍特藏破损定级标准》《古籍修复技术规范与质量要求》等标准。民委古籍办系统一般没有专门的民族古籍保护机构或人员。博物馆设置有文物保护部门，对实物性民族档案文献遗产能进行科学技术保护。如云南省博物馆设有技术部，其重要职责是："负责文物修复与保护。"文化部1986年6月19日颁布的《博物馆藏品管理办法》第5章"藏品的保养、修复、复制"对民族文物的保护技术制定了相应的标准与规范。

6. 保护规章。主要是档案馆、博物馆、图书馆和民委古籍办"四大系统"在民族档案文献遗产的保护工作中，所制定实施的保护工作条例、规范和制度等。在管理和保护规章建设方面，档案馆、图书馆和博物馆都建立了系统的保护工作规章、制度和标准体系。如档案馆的《内蒙古自治区档案条例》《宁夏回族自治区档案条例》《云南省档案条例》，以及各个档案馆制定的《库房管理制度》《档案借阅制度》等。图书馆的除文化部制定颁发的《省（自治区、市）图书馆工作条例》外，各地图书馆也制定了详细的管理规章，如云南省图书馆制定的《云南省图书馆地方文献部文献保护制度》《云南省图书馆地方文献书库管理制度》，大理州图书馆制定的《南诏大理文献资料中心文献保护和借阅规则》《大理州图书馆古籍文献保护规则》等。博物馆通用的保护规章除有文化部颁布的《博物馆管理办法》《博物馆藏品管理办法》等外，各个博物馆也制定了相应的管理规章，如云南民族博物馆制定的《云南民族博物馆藏品管理办法》和《云南民族博物馆藏品管理实施细则》等。相对而言，民委古籍办的资料室、古籍库或古籍室只有简单的借阅规定，而更多的则是兼职民族干部进行管理。

表 5 - 1   云南档案馆、图书馆、博物馆和民委古籍办"四大系统"
保护情况比较统计

保管单位 ＼ 保护情况	保护部门与保护人员	库房与档案文献	保护技术设备	保护技术情况
云南省档案馆	管理保护处；档案保护人员 18 人，均为专业本科，接受过保护培训的有 13 人	档案库房 4240 平方米；民族文书、家谱和经卷等纸质档案和印章等	档案密集架，底图柜，防磁档案柜；中央空调、单体空调；七氟丙烷气体灭火；防光窗帘；真空充氮消毒设备、杀虫药片；门禁、视频监控系统、红外对射等	防护性保护技术，包括实施档案库房防火，防潮、高温、防光，防尘、防虫、鼠等"五防"技术。再生性保护技术，包括破损档案原件修裱、加固等，复印、缩微、数字化、高标准仿真件制作和异地备份等
云南省图书馆	云南省古籍修复中心；保护人员 8 人，本科 5 人，大专 3 人，均接受过保护培训	古籍库 1200 平方米；民族家谱和经卷等纸质档案	木柜架、密集架、樟木柜。恒温恒湿机、二氧化碳灭火系统、云香草，杀虫剂。纸浆补书机	专业古籍修复技术，可进行破损纸质古籍修裱、加固等修复，可实施古籍库房防火，防潮、高温、防光，防尘、和防虫、鼠等古籍库房"五防"技术
云南省博物馆	技术部；保护人员 17 人，其中硕士 10 人，本科 7 人，均接受过保护培训	无窗全封闭文物库 6 个（35 平方米/个）；经书（300 套）、石刻、金银、贝叶等 15 万多件民族文物	干粉灭火器，烟杆探测器，红外线监控仪、声控磁控仪；单体空调；玻璃木柜、铁制装具，钢制文物保险柜；樟脑丸，真空消毒设备；摄像头防盗装置等	可实施文物养护、温湿度控制、防火、防光和防虫等防护性技术；以及各种载体民族文物的专业修复、加固等再生性保护技术

保护情况＼保管单位	保护部门与保护人员	库房与档案文献	保护技术设备	保护技术情况
云南省民族博物馆	文物部：保护人员4人，本科3人，大专1人，均接受过保护培训	文物库86.4平方米；包括100册经书，石刻、金银、贝叶等4万余件民族文物	木质玻璃柜，防光窗帘，气体灭火器，二氧化碳探测器，樟脑丸，干洗机，摄像头防盗装置等	可实施一般文物养护，防火、防光、防尘和防虫等防护性技术；不能实施民族文物的修复、加固等再生性保护技术
云南省民委古籍办	古籍资料室；兼职管理人员1人，未接受保护培训	古籍资料室40平方米；民族古籍5000册和部分实物	木质书柜、木质玻璃书柜，无窗，气体灭火器，樟脑丸等	可实施简单防火、防虫等防护性保护技术

注：资料由云南省档案馆、图书馆、博物馆、民族博物馆和民委古籍办等提供。

从整体评估情况看（见表5－1），民族纸质档案文献综合保护条件最好的是档案馆系统，其次是图书馆系统。保管条件较差的是民委古籍办系统。而对于实态性民族档案文献遗产来说，保护条件和保护力量最好的是博物馆系统。因此，对于珍贵纸质、口述或体积较小的印章、证书等民族档案文献来说，集中保护主体的顺序是档案馆、图书馆和民委古籍办；而各种载体的实物性民族档案文献遗产，尤其是体积较大的实物性民族档案文献，如碑刻、钟鼎等则由博物馆保管较为妥当。

第二节　西部散存民族档案文献遗产
集中保护宏观对策

西部民族档案文献是珍贵的民族历史文化遗产，具有古籍、文物等多重属性，以及不可再生性、分散性和易流失性的特点。为贯彻落实党的十七大"加强对各民族文化的挖掘和保护，重视文物和非物质文化遗产保护，做好文化典籍整理工作"① 的精神，国家和西部地区的政府部门应针对民族档案文献遗产分散保存的现状，制定相关政策与法规，加大投入，采用相应的手段和方式，对西部散存民族档案文献遗产进行有效的集中保护与抢救。具体对策如下：

一 散存民族档案文献遗产集中保护国家政策法规的明确化建设

（一）散存民族档案文献遗产"四大系统"集中保护国家政策法规的明确化建设

在文化遗产保护框架下，国家涉及民族档案文献遗产集中保护的政策法规主要有档案保护、文物保护、民族古籍保护、文化遗产保护、非物质文化遗产保护和民间文化保护等方面的法律法规或通知、意见等。鉴于档案馆、博物馆、图书馆和民委古籍办"四大系统"作为民族档案文献遗产集中保护的主要机构有科学的理论、实践依据，在今后国家对相关政策法规的修订工作中，可对涉及民族文化遗产的条款进行修改，明确将四大系统列为民族档案文献遗产集中保护的主要单位。修改建议如下：

1. 宏观性国家政策法规相关条文的修改。其相关条文的修改可以民族档案文献遗产的名称或载体类型为依据进行阐述。2004 年 4 月 8 日文化部、财政部联合发出《关于实施中国民族民间文化保护工程的通知》第 3 条"全面普查，摸清家底，突出重点，抓紧抢救"中的"对那些珍贵的民族民间文化原始资料和实物，要授权有关单位积极征集，妥善保管"，可修改为"对那些珍贵的民族民间文化原始资料和实物，要授权档案馆、图书馆、博物馆或民委古籍办等有关单位积极征集，妥善保管"。② 国务院 2005 年 12 月 22 日颁布的《国务院关于加强文化遗产保护的通知》第 3 条第 5 点"提高馆藏文物保护和展示水平"中提出："高度重视博物馆建设，加强对藏品的登记、建档和安全管理，落实藏品丢失、损毁追究责任制。实施馆藏文物信息化和保存环境达标建设，加大馆藏文物科技保护力度。提高陈列展览质量和水平，充分发挥馆藏文物的教育作用。加强

---

① 《胡锦涛在党的十七大上的报告》，新华网，http：//news. xinhuanet. com。

② 《关于实施中国民族民间文化保护工程的通知》，文化遗产网，http：//yichan. folkw. com。

博物馆专业人员培养，提高博物馆队伍素质。"可改为："高度重视博物馆、档案馆、图书馆和古籍办等文物单位建设，加强对藏品的登记、建档和安全管理，落实藏品丢失、损毁追究责任制。实施馆（室）藏文物信息化和保存环境达标建设，加大馆藏文物科技保护力度。提高陈列展览质量和水平，充分发挥馆藏文物的教育作用。加强文物单位专业人员培养，提高博物馆队伍素质。"①

2. 部门性国家政策法规相关条文的修改。即以民族古籍、文物或档案颁发的，涉及多元属性民族档案文献遗产的部门性宏观政策法规。如2007年1月19日颁布的《国务院办公厅关于进一步加强古籍保护工作的意见》第3条第3点"改善古籍保管条件，命名全国古籍重点保护单位"中提出："建立健全古籍书库的建设标准和技术标准，改善古籍保管条件，完善安全措施，保障古籍安全。对古籍收藏量大、善本多、具备一定保护条件的单位，经国务院批准，命名为全国古籍重点保护单位，并作为财政投入和保护的重点。对全国古籍重点保护单位，要定期进行评估、检查。各省、自治区、直辖市也可命名省级古籍重点保护单位。"可改为："建立健全古籍书库的建设标准和技术标准，改善古籍保管条件，完善安全措施，保障古籍安全。对古籍收藏量大、善本多、具备一定保护条件的档案馆、图书馆、博物馆和民委古籍办等单位，经国务院批准，命名为全国古籍重点保护单位，并作为财政投入和保护的重点。对全国古籍重点保护单位，要定期进行评估、检查。各省、自治区、直辖市也可命名省级古籍重点保护单位。"② 值得关注的是部分相关法规已经注意到档案的多元性和分散保存问题，如《档案法》第12条："博物馆、图书馆、纪念馆等单位保存的文物、图书资料同时是档案的，可以按照法律和行政法规的规定，由上述单位自行管理。档案馆与上述单位应当在档案的利用方面互相协作。"③ 为突出四大系统的集中保存地位，可将《档案法实施办法》第14条："既是文物、图书资料又是档案的，档案馆可以与博物馆、图

---

① 《国务院关于加强文化遗产保护的通知》，中央人民政府网，http：//www. gov. cn。

② 《国务院办公厅关于进一步加强古籍保护工作的意见》，中央人民政府网，http：//www. gov. cn。

③ 《中华人民共和国档案法》，国家档案局网站，http：//www. saac. gov. cn。

书馆、纪念馆等单位相互交换重复件、复制件或者目录，联合举办展览，共同编辑出版有关史料或者进行史料研究。"改为："既是文物、图书资料又是档案的，档案馆可以与博物馆、图书馆、纪念馆和古籍办等单位相互交换重复件、复制件或者目录，联合举办展览，共同编辑出版有关史料或者进行史料研究。"[①] 相关条款的修改突出博物馆、档案馆、图书馆和民委古籍办的主要地位，便于西部地方政府在制定相关政策法规时，增加可操作性的条款，以更好地对西部散存民族档案文献遗产进行集中保护。

（二）各系统散存民族档案文献遗产分级集中保护国家政策法规的明确化建设

西部各省区档案馆、图书馆、博物馆和民委古籍办系统都保存有民族档案文献遗产，其中，各个系统内部各级机构的保管条件也存在明显的差别，从民族档案文献遗产的主要类型、保护场所、保护设备、技术力量和保护措施等方面比较，省市级单位较好，地州级单位次之，县级单位又次之。因此，档案馆、图书馆、博物馆和民委古籍办等各系统内部单位也存在着民族档案文献遗产的再分级集中保护问题。也就是说，四大系统内部，保管条件较差的单位，也需要将保存的民族档案文献遗产向保管条件较好的省市级保管单位集中保护。因此，这就需要在部门性政策法规中作出明确规定。如《档案法实施办法》第 3 条规定："各级国家档案馆馆藏的永久保管档案分一、二、三级管理，分级的具体标准和管理办法由国家档案局制定。"可改为："各级国家档案馆馆藏的永久保管档案分一、二、三级管理，分级的具体标准和管理办法由国家档案局制定。部分特色档案可视管理条件或集中保护、利用需要，向上级档案馆移交。"[②] 文化部1982 年 12 月 1 日颁布的《省（自治区、市）图书馆工作条例》第 3 条规定："省馆应根据本省社会主义物质文明和精神文明建设各个领域的需要，结合原有藏书基础，确定书刊资料补充原则，通过多种途径，有计划、有重点地补充馆藏，逐步形成具有地方特色、适合当地读者需要的藏书。"可改为："省馆应根据本省社会主义物质文明和精神文明建设各个领域的需要，结合原有藏书基础，确定书刊资料补充原则，通过多种途

---

① 《中华人民共和国档案法实施办法》，国家档案局网站，http：//www. saac. gov. cn。
② 同上。

径，有计划、有重点地补充馆藏。下级图书馆应本着分级管理的原则，予以图书资源调拨的支持，以逐步形成具有地方特色、适合当地读者需要的藏书。"①

在档案、图书或文物等部门，相关国家政策法规对民族档案文献遗产集中保护的内容已有涉及，如《档案法》第16条规定："集体所有的和个人所有的对国家和社会具有保存价值的或者应当保密的档案，档案所有者应当妥善保管。对于保管条件恶劣或者其他原因被认为可能导致档案严重损毁和不安全的，国家档案行政管理部门有权采取代为保管等确保档案完整和安全的措施；必要时，可以收购或者征购。"② 《文物法》第37条规定："国有文物收藏单位还可以通过文物行政部门指定保管或者调拨方式取得文物。"③ 2005年12月22日，国家文化部第35号令发布的《博物馆管理办法》第16条规定："依法调拨、交换、借用国有博物馆藏品，取得藏品的博物馆可以对提供藏品的博物馆给予实物、技术、培训或资金方面的合理补偿。补偿数额的确定，应当考虑藏品保管、修复、研究、展示等过程中原收藏博物馆发生的实际费用。调拨、交换、借用国有博物馆藏品的申请文件，应当包括合理补偿的方案。"④ 在档案馆、图书馆、博物馆和民委古籍办系统相关国家政策法规中，对各系统民族档案文献遗产的集中保护工作内容作明确规定，有利于为档案文献遗产提供更好的保护条件，维护其完整、准确、系统和安全。

二　西部散存民族档案文献遗产集中保护长效保障机制构建

（一）构建西部散存民族档案文献遗产集中保护政策法规体系

1. 西部地区民族档案文献遗产集中保护可操作性宏观政策法规建设

宏观政策法规是指以民族文化、民族文化遗产或民族古籍等称谓制定的保护政策法规，如云南省颁布实施的《云南省民族传统文化保护条例》《大理民族文化大州实施意见》《云南省纳西族东巴文化保护条例》，新疆

---

① 《省（自治区、市）图书馆工作条例》，国家文化部网站，http：//www. mcprc. gov. cn。
② 《中华人民共和国档案法》，国家档案局网站，http：//www. saac. gov. cn。
③ 《中华人民共和国文物法》，中央人民政府网，http：//www. gov. cn。
④ 《博物馆管理办法》，国家文化部网站，http：//www. mcprc. gov. cn。

维吾尔自治区人民政府制定的《关于进一步加强自治区古籍保护工作的实施意见》《新疆维吾尔自治区非物质文化遗产保护工程管理办法》，以及贵州省制定的《黔东南苗族侗族自治州锦屏文书保护条例》等。这类宏观性政策法规关于民族档案文献遗产集中保护条款的制定或修改主要有三点：其一，明确档案馆、图书馆、博物馆和民委古籍办四大系统民族档案文献遗产集中保护主体的地位。也就是在政策法规条款中，明确规定档案馆、图书馆、博物馆和民委古籍办四大系统是民族文化或民族文化遗产载体原始材料或民族古籍等档案文献遗产集中保护的主体单位。其二，明确散存民族档案文献遗产向四大系统移交保护的政策法规要求。即明确规定，各单位散存的民族档案文献遗产原件都要向档案馆、图书馆、博物馆或民委古籍办四大系统移交保管；民间散存的民族档案文献遗产原件则要以档案馆、图书馆、博物馆和民委古籍办四大系统为主体进行征集保护。其三，明确四大系统之间基于保护条件的再集中保护政策法规要求。其要有二：一是实物性，尤其是大中型实物性民族档案文献遗产要向博物馆移交，进行集中保护；保管条件较差的民委古籍办或图书馆保存的数量较少的纸质类民族档案文献遗产原件可向保管条件较好的档案馆、图书馆移交；二是对于集中保护有大量民族档案文献遗产的民委古籍办或所属民族研究所的古籍室或古籍库，则可申请国家古籍重点保护单位予以建设经费支持；当地政府部门也要投入相应的建设经费，改善民委古籍办或所属民族研究所资料室、古籍库或古籍室的保护条件。

2. 西部地区民族档案文献遗产集中保护可操作性部门政策法规建设

（1）档案馆作为民族档案文献遗产集中保护核心机构政策法规建设问题。西部地区档案馆，尤其是国家综合档案馆民族档案文献遗产集中保护政策法规建设主要有两项内容：一是综合性档案工作条例中的专项条款建设。西部各省区生活有40多个少数民族，这些少数民族在历史上都产生了大量的少数民族历史档案，因此，在各省区的档案工作条例中，都应将民族档案文献遗产纳入档案管理工作范畴，对其进行征集、保护与利用；同时接收或代管其他单位保存的民族档案文献遗产原件。二是少数民族历史档案管理条例的建设。对于少数民族历史档案遗存较多的西部省区，有必要制定专门的少数民族历史档案管理条例，详细阐述民族档案文献遗产的征集范围、分类整理方法、专门保护条件与技术，接收与托管方式，以及档案信息资源开发利用等内容，以便于对散存民族档案文献遗产进行规范性管理。

（2）图书馆等其他民族档案文献遗产集中保护主体的政策法规建设问题。图书馆或民委古籍办从民族古籍征集保护的视角，在相关政策法规中，建立专门的条款，对民族古籍进行集中保护。建设内容包括对民间散存民族古籍原件、民族口碑古籍的征集保护；民委古籍办系统散存民族古籍向保管条件较好的省区级民委古籍办（包括所属民族研究所）资料室、古籍库或档案馆、图书馆移交或托管保护；以及对民委古籍办（包括所属民族研究所）资料室、古籍库和古籍室改善保管条件建设资金的支持与保障等方面的内容。再次，博物馆系统从民族文物征集保护的角度，在相关政策法规中，建立专门的条款，对民族文物进行集中保护。主要建设内容有三：一是对民间散存民族文物的征集保护；二是各单位散存民族文物，尤其是可移动的大中型民族文物向具备保管条件的博物馆移交或托管保护；三是本系统各单位散存民族文物，通过调拨的方式向保管条件较好的省区级博物馆移交保护等。

西部民族档案文献遗产集中保护政策法规体系的构建有利于确立档案馆、图书馆、博物馆和民委古籍办四大系统的核心地位，发挥各系统的优势，对散存民族档案文献遗产进行科学保护。

（二）西部散存民族档案文献遗产集中保护政策法规的贯彻落实

1. 政府部门对民族档案文献遗产集中保护工作的规划协调。为保护西部民族档案文献遗产，国家从文化遗产、古籍、文物和档案文献遗产等不同的角度制定了一系列的方针政策，明确要求将保护工作纳入政府规划，列为政府工作的重要内容。如2004年4月8日，文化部、财政部联合发出《关于实施中国民族民间文化保护工程的通知》第2条提出："保护民族民间文化遗产，是各级政府的重要职责，不仅要落实资金，还要组织力量，统筹规划，加强指导。"① 2005年12月22日，国务院颁布的《国务院关于加强文化遗产保护的通知》第5条要求："地方各级人民政府和有关部门要将文化遗产保护列入重要议事日程，并纳入经济和社会发

---

① 《关于实施中国民族民间文化保护工程的通知》，文化遗产网，http://yichan.folkw.com。

展计划以及城乡规划。要建立健全文化遗产保护责任制度和责任追究制度。成立国家文化遗产保护领导小组,定期研究文化遗产保护工作的重大问题,统一协调文化遗产保护工作。"① 2008 年 1 月 17 日,《国家民委 文化部颁布的关于进一步加强少数民族古籍保护工作的实施意见》第 4 条指出:"各级政府要切实加强对少数民族古籍工作的领导,把少数民族古籍保护工作列入政府工作的重要议事日程。各地要结合《国家'十一五'时期文化发展规划纲要》,在各级政府的统一领导下,建立协调一致、分工合作的少数民族古籍保护工作机制,为进一步开展少数民族古籍保护工作提供保证。"②

西部民族档案文献遗产集中保护是民族文化遗产抢救工作的一项重要内容,也是一项长期的民族文化保护工程。为此,各地方政府,尤其是西部省区级政府部门首先要高度重视,将西部民族档案文献遗产的集中保护工作纳入本地区经济文化发展规划,列入民族工作、文化工作具体安排之中,使国家和西部各级人大和政府部门制定的西部民族档案文献遗产集中保护政策法规得以全面贯彻落实。

其次,为加强民族档案文献遗产集中保护的领导工作,可在省区市级政府文化厅设立统一的民族文化遗产保护领导机构,搞好总体规划,明确目标要求,加强宏观指导,组织协调博物馆、图书馆、档案馆与民委古籍办等部门的工作,充分发挥档案、文物、图书等部门的职能作用,按照现有分工,各有侧重,积极配合,共同做好西部民族档案文献遗产集中保护工作。

最后,为更好地保护与抢救西部民族档案文献遗产,各级政府部门应建立健全文化遗产框架下的民族档案文献遗产集中保护责任制度和责任追究制度,以保证西部民族档案文献遗产集中保护工作的实施与开展。同时,还要充分动员有关研究机构、高等院校、企事业单位或群众团体等方面的力量和优势,广泛利用一切社会保护资源,共同协助做好西部民族档案文献遗产抢救工作。

---

① 《国务院关于加强文化遗产保护的通知》,中央人民政府网,http://www.gov.cn。
② 《国家民委 文化部颁布的关于进一步加强少数民族古籍保护工作的实施意见》,中央人民政府网,http://www.gov.cn。

2. 政府部门对民族档案文献遗产集中保护工作的经费支持。西部民族档案文献遗产的集中保护，尤其是民间散存民族档案文献遗产的长期征集抢救还需要国家保护资金的大力支持。在调查中发现，西部各省区对于从事这项重要工作的各级档案馆、图书馆、博物馆和民委古籍办等单位大都没有专项经费或经费很少，这就难以保证专业人员深入到少数民族聚居的村寨去征集或收购民间散存的民族档案文献遗产，也难以保证对集中管理的民族档案文献长期开展技术保护、分类整理与信息资源的发掘利用工作。具体而言，政府部门对西部民族档案文献遗产集中保护工作可从以下渠道予以经费方面的支持：

（1）国家对民族档案文献遗产保护经费的投入。民族档案文献遗产是一种不可再生的传统文化资源，一旦损毁流失，便无法完整再现。党和国家历来重视民族文化的抢救工作，在所制定的相关政策中，始终将民族文化遗产保护的资金支持列为方针政策的重要内容。如早在1984年，《国务院办公厅转发国家民委关于抢救、整理少数民族古籍的请示的通知》第4条就指出："有关省、自治区、直辖市民族古籍整理出版工作所需经费，应列入本省、自治区、直辖市的预算。全国少数民族古籍整理出版规划小组所需经费，每年由财政部专款解决，用于重点项目的整理、出版的资助和印刷设备的补助投资。"① 2008年1月17日，国家民委、文化部颁布的《关于进一步加强少数民族古籍保护工作的实施意见》第4条第2点着重提出："民族、文化工作部门要积极协调财政部门对本地区少数民族古籍的普查、修复、编目、出版及数字化等工作所需经费给予必要的支持。"② 为此，各级政府应进行长期经费预算与规划，投入必要的人力、物力和财力，做好民族档案文献遗产的普查摸底、征集抢救、技术保护和发掘利用工作。各级政府的经费投入是民族档案文献保护经费的主要部分，也是这项民族文化抢救工作得以长期开展的重要保障。

（2）相关民族文化保护项目的经费支持。2004年4月8日，文化部、

---

① 《国务院办公厅转发国家民委关于抢救、整理少数民族古籍的请示的通知》，法律教育网，http：//www.chinalawedu.com。

② 《国家民委 文化部颁布的关于进一步加强少数民族古籍保护工作的实施意见》，中央人民政府网，http：//www.gov.cn。

财政部联合发出的《关于实施中国民族民间文化保护工程的通知》也强调指出，各级财政部门要大力支持，积极配合，共同推进"保护工程"的顺利开展。中央财政已经设立"保护工程"专项资金，重点支持国家级的试点、保护项目和国家级名录的建立、标准规范的制定、人员培训与宣传开展以及国家保护中心的建设等①。目前，云南省已经被文化部列为中国民族文化保护工程的综合试点省份，在民族档案文献遗产的保护抢救工作中得到了国家专项经费的支持。在民族档案文献遗产保护方面，1996年，由国家档案局负责组织成立"世界记忆工程"中国委员会，2000年，成立了由文献、档案、古籍、史学界等著名专家、学者组成的"中国档案文献遗产工程"国家咨询委员会，启动"中国档案文献遗产工程"，并于同年成立了"遗产工程"课题组，将其作为软科学加以研究。"中国档案文献遗产工程"的实施为民族档案文献遗产的抢救提供了专项基金，解决了西部民族档案文献遗产保护的部分经费问题。同时，国家社科、教育部哲学社会科学规划项目，国家文化部、民委、档案局等以及民族地区的相关政府和文化机构都设立了民族文化保护科研项目，通过项目申报的方式支持民族档案文献遗产的保护与抢救工作。

此外，在资金保障方面，西部民族地区的各级政府和文化机构还要通过电视、广播和报刊等多种传播途径展示民族档案文献遗产的珍贵历史研究和现实发掘利用价值，宣传其保护抢救的重大意义，以引起社会各界对民族档案文献遗产的重视与关注。在此基础上，拓展多种渠道吸纳社会资金，广泛动员高校、相关企事业单位和研究机构，海外基金，以及各民族群众等社会各界的力量参与民族档案文献遗产的保护，共同做好这一民族历史记忆的保护与传承工作。

3. 政府部门对民族档案文献遗产集中保护工作的人才保障。专业人才的培养是西部民族档案文献遗产集中保护长效保障机制构建的一项重要措施。为此，2004年4月8日颁布的《中国民族民间文化保护工程实施方案》第7条提出，"采用课堂讲授、函授、远程教育等多种形式，分级、分期、分批对'保护工程'有关管理人员、专业人员和民族民间文

---

① 《关于实施中国民族民间文化保护工程的通知》，法律教育网，http：//www. china-lawedu.com。

化传承人进行教育培训。鼓励和支持大专院校开设民族民间文化保护专业，大力培养民族民间文化保护和研究的专门人才，特别是培养一批懂专业、善管理的复合型人才。建立一支素质较高的保护工作专业队伍。"①2008 年 1 月 17 日颁布的《国家民委 文化部关于进一步加强少数民族古籍保护工作的实施意见》第 3 条强调："少数民族古籍的抢救和保护，关键是人才。建立统一的'少数民族古籍文献人才培养与科学研究基地'，发展少数民族古籍学科建设和人才培养机制是落实《意见》和《国家民委'十一五'工作规划》的重要举措。基地建设要充分利用和发挥相关院校的专业人才优势，从少数民族古籍的研究对象与方法、基本内容和原则、适用范围和应用价值等方面，研究少数民族古籍搜集、抢救、保护、整理的规律和特点，创立并完善少数民族古籍学的学科体系。坚持以提高少数民族古籍工作人员的理论水平和专业技能为重点，把短期培训、学历教育和高精尖人才培养结合起来，以更好地满足保护、整理、研究少数民族古籍工作的不同需要，促进少数民族古籍工作的深入开展。"② 就西部散存民族档案文献遗产集中保护工作而言，其保障人才主要有两类：其一，谙熟少数民族语言文字的专业人员。2007 年 10 月 1 日实施的《内蒙古自治区档案条例》第 12 条提出："各级各类档案馆应当根据管理少数民族语言文字档案的需要，设立专门机构或者配备兼通少数民族语言文字的人员。集中保管少数民族语言文字档案的各类档案机构应当配备翻译人员。"③ 这类人员在征集民间散存民族档案文献遗产，尤其是民族口述、文字档案文献遗产，以及在民族文字、口述档案文献遗产的译注、出版等再生性保护工作中，有着不可替代的作用。这些人才的培养以满足民委古籍办系统为主。其二，从事民族档案文献遗产技术保护的专业人员。特别是民族档案文献遗产载体丰富，这就需要能从事各种载体材料技术保护工作的专门人员，对集中保护的民族档案文献进行技术保护。这类人才的培养主要是满足档案馆、图书馆、博物馆等集中保护民族档案文献遗产的技

---

① 《中国民族民间文化保护工程实施方案》，中国民俗协会网，http：//www. chinesefolk-lore. org. cn。

② 《国家民委 文化部颁布的关于进一步加强少数民族古籍保护工作的实施意见》，中央人民政府网，http：//www. gov. cn。

③ 《内蒙古自治区档案条例》，档案界网，http：//www. danganj. com。

术保护工作需求。具体而言，保护人才可从以下途径培养：

（1）院校培养，多专业、多层次地培养民族档案文献遗产研究、管理与保护人才。就民族档案文献遗产保护人才而言，其构成各有不同，有管理性人才、技术保护性人才、整理译著性人才和民间传承性人才等。如中央民族大学、云南民族大学等开设了少数民族古籍文献专业，系统学习少数民族历史文献与语言文字，培养了为数众多的少数民族古籍翻译与整理人才。云南大学已经在本科开设少数民族历史档案管理学课程，在硕士研究生、博士研究生设置民族档案文献遗产研究方向，在培养民族档案文献遗产管理、保护与研究方面的中高级人才方面进行了长期探索。广西民族大学在硕士研究生中进行民族历史档案管理方面的教学，开设民族档案文献遗产研究方向，以壮族、瑶族民族档案文献遗产为研究重点，培养了许多民族档案文献遗产管理人才。此外，四川、新疆、西藏等省区的高等院校也结合当地民族档案文献遗产资源优势，在研究生教育中开展专题研究，以此培养民族档案文献的管理人才。

（2）社会培养，动员各方面的社会资源广泛培训民族档案文献遗产保护与传承人才。西部民族档案文献遗产的保护传承是一个系统工程，而保护人才的培养则是关系到这一民族文化遗产抢救工作能否长期开展的重要因素。就民族档案文献遗产保护人才的层次而论，其中，民族档案文献遗产的高层次管理人才、技术保护人才、整理译著人才主要由高等院校培养，而高等院校培养的高层次人才还远远不能满足民族档案文献遗产保护的人才需求。为此，西部地区的各级政府和文化机构也可采取举办培训班、开办专业传习学校、开展双语教学等多种方式综合培养民族档案文献遗产保护方面的人才。如云南省民委古籍办、图书馆等举办过多期民族古籍培训班，培训了一大批民族古籍管理、保护与译著方面的专业人才。云南丽江大研镇纳西古乐团开办的古乐传习馆，已招收了 120 名中外学员入学；丽江东巴文化博物馆创办教授东巴文的学校，举办 7 期培训班已培训了 210 名纳西族青年①。这些举措对培养民族档案文献遗产专业保护人才，更好地抢救民族档案文献具有重要的现实意义。

---

① 华林、肖敏、王旭东：《西部濒危少数民族历史档案保护研究》，《档案学研究》2013 年第 1 期。

第三节　西部散存民族档案文献遗产
集中保护具体措施

一　西部散存民族档案文献遗产实体集中保护具体措施

（一）民间散存民族档案文献遗产集中保护具体措施

1. 构建四大系统为主的民间散存民族档案文献遗产征集体系。西部民族档案文献遗产数量丰富、种类繁多，主要分布在地理环境封闭，经济条件相对落后的民族聚居区，散存在寺庙、土司、头人、僧侣、巫师、民间艺人和部分民族群众手中。由于保管条件简陋，加之受人为和自然因素影响，散存民族档案文献遗产破碎、损毁和流失现象普遍存在。为更好地抢救这些散存民间的民族档案文献遗产，西部地区各级政府部门在原有征集的基础上，应加强好组织与协调工作，明确征集主体，做好民间散存民族档案文献遗产的抢救工作。在民族档案文献遗产征集主体的构建方面，西部一些地区的政府部门在相关政策法规中作过规定，如贵州《黔东南苗族侗族自治州锦屏文书保护条例》第7条规定："有关县级档案馆和锦屏文书特藏馆是集中保护锦屏文书的法定机构，依法负责收集、整理、抢救和安全保管各种门类和载体的锦屏文书，并依法向社会提供利用。"[1] 2008年10月1日施行《三都水族自治县水书文化保护条例》第8条明确指出："自治县档案管理部门负责水书的接收、搜集、整理、保管和提供利用。"[2] 此外，荔波县政府发布实施的《荔波县水书抢救保护工作实施办法》明确规定："县档案局是全县水书管理部门，水书原件的征集和收购由县档案馆负责，其他任何单位和个人不得经营、征集、收购水书原件和水书物件。"[3] 由于档案馆系统受人力、物力和财力的限制，承担本地区民族档案文献遗产的征集保护工作有较大困难。为此，当地政府应以政策法规的形式，确立档案馆、图书馆、博物馆民委古籍办四大系统民族档

---

① 《黔东南苗族侗族自治州锦屏文书保护条例》，法律教育网，http：//www. china-lawedu.com。

② 《三都水族自治县水书文化保护条例》，百度百科，http：//baike.baidu.com。

③ 《荔波县水书抢救保护工作实施办法》，荔波档案信息网，http：//lb.gzdaxx.gov.cn/。

案文献遗产征集主体的地位，由文化部门组织协调，构成民间散存民族档案文献遗产征集体系，并动员组织相关机构和社会各界的力量，协助做好民间散存民族档案文献遗产的征集工作。

2. 以普查带动民间散存民族档案文献遗产的宣传与征集工作。西部民族档案文献遗产的集中保护首先要开展普查工作，全面了解与掌握其分布保护现状。2007 年，《国务院办公厅关于进一步加强古籍保护工作的意见》第 3 条提出："在全国范围内组织开展古籍普查登记工作，全面了解和掌握各级图书馆、博物馆等单位及民间所藏古籍情况。"[1] 2008 年 1 月 17 日，国家民委、文化部《关于进一步加强少数民族古籍保护工作的实施意见》第 3 条提出："各级少数民族古籍和文化工作部门在原有工作的基础上要进一步加大工作力度，继续组织人力、物力，广泛深入地开展调查、摸底、清点、编目、整理、翻译工作，全面了解和掌握各地少数民族古籍的存量、分布和流传情况，特别要做好对散藏在民间的少数民族古籍和口头传承的古籍的保护和征集工作。"[2] 鉴于西部民族档案文献遗产的多元性，首先可由各省区文化厅成立领导小组，以图书馆、档案馆、博物馆、民委古籍办等单位为主体全面开展这项工作，并将普查数据以数据库的形式进行汇总，实现数据资源的共享；其次，以普查工作为契机，通过广播电视、报刊、互联网等新闻媒体，加大宣传力度，广泛宣传《档案法》和公民保护档案的责任和义务，普及保护常识，增强少数民族群众的档案保护意识[3]。最后，依据《档案法》第 16 条 "对于保管条件恶劣或者其他原因被认为可能导致档案严重损毁和不安全的，国家档案行政管理部门有权采取代为保管等确保档案完整和安全的措施；必要时，可以收购或者征购"。[4] 采用捐赠、征购、购买和托管，以及复印、拓印、录音和录像等方式将散存民族档案文献遗产收集到档案馆、图书馆等单

---

[1] 《国务院办公厅关于进一步加强古籍保护工作的意见》，中央人民政府网，http：//www.gov.cn。

[2] 《国家民委 文化部关于进一步加强少数民族古籍保护工作的实施意见》，中央人民政府网，http：//www.seac.gov.cn。

[3] 华林、刘大巧、许宏晔：《西部散存民族档案文献遗产集中保护研究》，《档案学通讯》2014 年第 5 期。

[4] 《中华人民共和国档案法》，国家档案局网站，http：//www.saac.gov.cn。

位集中珍藏。在实际工作中，宣传工作对民族档案文献遗产的征集有重要的促进作用。如课题组在调研中了解到，贵州省锦屏县档案局对锦屏文书的征集宣传工作十分重视，通过发放征集宣传小手册，张贴征集公告，同时还利用群众到我馆查阅档案的时机，向前来查档的农村群众宣传征集锦屏文书的目的和意义等方式，开展形式多样、内容丰富的史料征集宣传活动，征集到大量锦屏文书。如三江镇合冲村主任龙立高到该馆查阅档案时，经宣传，回家后将其父龙运泰保存多年的祖传锦屏文书 90 件亲自送到县档案馆保存。据统计，仅 2008 年，捐献和交县档案馆代为保管的锦屏文书达 5300 余件，在民族档案文献遗产的征集工作取得显著成绩。

3. 以各种手段和方式对民间散存民族档案文献遗产征集保护。2011年 3 月 8 日，《文化部关于进一步加强古籍保护工作的通知》第 4 条指出："针对少数民族地区古籍收藏分散、保护条件相对薄弱、人才资金缺乏的状况，有针对性地制定专项保护方案，从政策、资金、人才、技术等方面给予倾斜和支持。要继续按照《关于支持西藏古籍保护工作的通知》的要求，加快西藏古籍普查等各项工作的进度。新疆古籍保护专项工作将全面启动，要重点做好新疆公藏单位少数民族文字古籍的保护，开展部分重要文献的整理出版工作，积极征集散落民间的文献典籍。"① 西部民间遗存的民族档案文献遗产有古籍、文书、碑刻、摩崖、石经墙（墩、片）、金文、印章、竹简、木刻、实物造像和口碑等类型，不仅数量丰富，分布也十分广泛。为此，图书馆、档案馆、博物馆、民委古籍办四大系统应发挥各自优势，分工合作，全面开展民间散存民族档案文献遗产的征集保护工作。征集保护工作可按其机构性质与优势开展，如博物馆系统以实物类民族档案文献遗产为主开展征集工作；档案馆、图书馆和民委古籍办系统以纸质类和口述类民族档案文献遗产为主征集保护民间散存民族档案文献遗产。其征集形式主要有以下三种：

（1）原件民族档案文献遗产的征集。对纸质类民族古籍、文书，以及贝叶经、小型实物性民族档案文献遗产可采用捐赠、征购、购买等方式进行征集。值得关注的是西部一些地方的博物馆，对散存野外

---

① 《文化部关于进一步加强古籍保护工作的通知》，法律图书馆，http://www.law-lib.com。

的民族碑刻档案文献遗产采用迁移方式进行集中保护。如 1987 年，大理市博物馆收集了大量白族碑刻，建成集中展示白族石刻档案文献遗产的碑林。1993 年，碑林第一次扩建，规模有所扩大。2011 年，在省、州、市各级党委和政府重视与支持下，碑林完成第二次改扩建。现今，碑林占地面积为 2650 平方米，共集中收藏大理国元、明、清和民国各种类型的白族碑刻 675 通，其中元朝碑刻有 315 通。碑林中比较重要的白族碑刻档案文献有大理国的《大理国释氏戒净建绘高兴兰若篆烛碑并序》《大理国故高姬墓碑铭》《故溪氏谥曰襄行宜德履戒大师墓志铭并叙》；元代的《大理路兴举学校记》《故大师白氏墓碑铭并叙》《杨素节先生墓志铭》；明代的《词记山花·咏苍洱境》和《杨公寿藏铭》等，为研究白族历史源流、语言文字、民族关系和名人传略、风土人情等提供了重要的档案文献材料①。

（2）原件民族档案文献遗产的复制征集。即采用复印、拓印或抄录等方式进行征集。值得一提的是西部一些图书馆，采用原文抄录的方式收集了大量民间散存的民族古籍。如云南省楚雄州图书馆，在昆明石林、红河州、楚雄双柏，以及四川凉山等地请当地彝族毕摩，以每本 200 元（40—60 多页）的价格，抄录他们保存的彝文古籍，以这一方式共征集到900 多册。这些抄录的彝文古籍无论是纸张、字迹，还是封面等，都保存了古籍原件的风格，是民间散存民族档案文献遗产征集的一种较好方式。再如，课题组在大理州档案馆调研时了解到，1984 年以来，大理州文管所、档案馆联合对大理白族地区的石刻做了普查，复制、拓印了大理国到民国时期的白族碑刻拓片共有 26 个案卷，1453 张。此外，大理州博物馆、大理州图书馆、大理市档案馆等也拓印保存了大量珍贵的白族碑刻档案文献遗产。这些切实可行的征集方式在民间散存民族档案文献遗产的保护工作中，发挥了重要作用，对西部散存民族档案文献遗产的征集保护有较好的借鉴和推广价值②。

（3）民族档案文献遗产的声像技术征集。也就是以传统或数字化声像技术，采用拍摄、录音或录像的方式，征集保护民间散存民族档案文献

---

① 资料来源于课题组实地调研材料。

② 同上。

遗产。这种方式征集成本低，摄录内容真实可靠，是民族档案文献遗产再生性保护的重要手段。如从 2010 年开始，云南省档案馆启动以布朗族、阿昌族、基诺族和普米族等 16 个本省特有少数民族为主的民族口述历史档案收集项目，通过对这些民族宗教人员、知识老人和民间艺人等进行访谈录制，征集抢救少数民族口述档案文献遗产。收集工作以云南省档案馆为主，地州各档案馆积极配合参与。收集方式是以录音、录像为主，不作笔录，在采访的同时请民族干部进行翻译。目前已完成布朗族、阿昌族、基诺族、独龙族和普米族等的口述档案收集工作，录制内容包括歌谣、风俗、歌舞、史实等方面。这项民族档案口述文献抢救工作对濒危民族口述历史的保护有重要的现实意义。

（二）管理机构散存民族档案文献遗产集中保护具体措施

1. 基于国家政策法规的"四大系统"民族档案文献遗产集中保护。构建以档案馆、图书馆、博物馆、民委古籍办四大系统为征集主体，其他相关单位和部门协助征集的民间散存民族档案文献遗产征集体系是对西部散存民族档案文献遗产的一次集中。在一次集中过程中，鉴于西部民族档案文献遗产的丰富性与多元属性，以及现存文化体制和机构职能的设定，除档案馆、图书馆、博物馆和民委古籍办系统（包括民族研究所）外，文化馆、群艺馆、政协和史志办等相关单位都参与了西部民间散存民族档案文献遗产的征集工作，形成了相关单位都散存有民族档案文献遗产的二次散存状态。这就要求当地政府不仅要制定民族档案文献遗产集中保护的政策法规，还要采取各种有效对策，贯彻落实这一政策法规，实现各单位散存民族档案文献遗产向四大系统的二次集中保护。主要方式有三：

（1）强化相关政策法规的贯彻力度。目前，西部当地政府制定颁发的相关政策法规对于各单位散存民族档案文献遗产的集中保护工作已有涉及，如 2006 年 1 月 1 日起施行《内蒙古自治区文物保护条例》第 34 条规定："对不具备保管条件的文物收藏单位所收藏的文物，当地人民政府文物行政部门应当指定具备文物保管条件的单位代为保管。"① 2007 年 10 月 1 日实施的《内蒙古自治区档案条例》第 18 条："属于国家和自治区规定

---

① 《内蒙古自治区文物保护条例》，中国人大网，http：//www.npc.gov.cn。

应当立卷归档的材料，机关、社会团体、企业事业组织和其他组织应当进行规范整理，并定期移交档案机构集中管理，不得拒绝归档或者据为己有。"① 在强化各单位散存民族档案文献遗产相关政策法规的贯彻落实方面，可由当地政府领导，如省区文化厅发布专门文件，确立档案馆、图书馆等"四大系统"民族档案文献遗产集中保护主体的地位，明确规定文化馆、群艺馆、政协和史志办等相关单位保存的民族档案文献原件向四大系统集中保护的方针条文。这些政策法规的颁布实施也为民族档案文献移交导致的物权转移提供了依据，如 2007 年 10 月 1 日施行《中华人民共和国物权法》第 28 条规定："因人民法院、仲裁委员会的法律文书或者人民政府的征收决定等，导致物权设立、变更、转让或者消灭的，自法律文书或者人民政府的征收决定等生效时发生效力。"② 此外，还要在条文中制定民族档案文献遗产移交责任与处罚条款，加强宣传与执行力度，以保证其集中保护政策法规的贯彻落实。

（2）移交单位民族档案文献遗产的复制保存。为保障相关征集单位民族文献查阅、整理和出版工作的需要，可采用原件移交四大系统，征集单位保留复印件作为开展工作的依据。同时，为彰显征集单位的工作业绩，可为移交民族档案文献颁发移交证书，并附移交原件的彩色照片，作为征集工作业绩表彰的依据。对原收藏单位权益的保护，《档案法》第 21 条规定："向档案馆移交、捐赠、寄存档案的单位和个人，对其档案享有优先利用权，并可对其档案中不宜向社会开放的部分提出限制利用的意见，档案馆应当维护他们的合法权益。"③

（3）严格履行档案文献移交手续。各单位保存的民族档案文献遗产是本单位的公有物产，为此，在依据当地政府政策法规向档案馆、图书馆或博物馆等专业文献管理机构移交时，要严格履行移交手续，双方填写移交清册，填写项目包括：移交或接收单位、移交档案文献的数量和目录、移交双方的负责人和移交、接收人的签名，以作为民族档案文献遗产移交的凭据。

---

① 《内蒙古自治区档案条例》，档案界网，http：//www.danganj.com。
② 《中华人民共和国物权法》，中央人民政府网，http：//www.gov.cn。
③ 《中华人民共和国档案法》，国家档案局网站，http：//www.saac.gov.cn。

（4）对移交单位进行奖励与补偿。2007 年 10 月 1 日修订施行的《云南省档案条例》第 7 条规定："县级以上人民政府、县以上档案行政管理部门或者有关主管部门，对在档案工作中作出突出成绩或者将重要、珍贵档案捐赠给国家的单位和个人，应当给予表彰奖励。"① 2006 年 1 月 1 日起施行的《内蒙古自治区文物保护条例》第 11 条规定："对于文物保护事业有贡献的单位和个人，各级人民政府应当给予精神鼓励或者物质奖励。"② 各单位散存民族档案文献遗产的征集都花费了征集单位的人力和财力，为此，接收单位按国家政策应给予物质、经费或精神鼓励方面的补偿，并颁发奖励证书，以鼓励民族档案文献遗产散存单位将保存的原件移交到四大系统集中保护。

2. 基于保管条件的"四大系统"内民族档案文献遗产再集中保护。就人员构成、经费投入、保管面积和保管条件等来看，四大系统内部仍然存在着较大差距。以西藏档案系统为例。调研材料显示，在西部地区国家综合档案馆系统，即使是县级综合档案馆，一般而言，90% 以上档案馆的档案库房都可达到防火，防潮、防高温、防光，防尘、防虫、防鼠"5防"标准。在图书馆系统，只有省级图书馆（如云南省图书馆）等达到"5 防"标准。而 90% 以上的县、市、州级图书馆都达不到"5 防"标准。而在民委古籍办系统，即使是省级民委古籍办的"古籍库"（如云南省民委古籍），都达不到"5 防"标准。而在博物馆系统，90% 以上的省级和地州级的博物馆大多能达到文物保护标准，而县级博物馆则不能完全达到文物保护标准（见表 5 - 2、表 5 - 3）。因此，"四大系统"内部仍然存在着民族档案文献遗产再集中保护的问题。

对于这一问题，相关国家政策法规亦有规定。如 2007 年 10 月 1 日实施的《内蒙古自治区档案条例》第 24 条规定："列入国家综合档案馆接收范围的档案，或者不属于国家综合档案馆接收范围，但对国家和社会具有保存价值以及涉及国家利益和安全的档案，由于保管条件差可能导致档案严重损毁和不安全的，档案行政管理部门有权责令提前向国家综合档案

---

① 《云南省档案条例》，云南省档案信息网，http：//www.ynda. yn. gov. cn。

② 《内蒙古自治区文物保护条例》，中国人大网，http：//www. npc. gov. cn。

馆移交或者由国家综合档案馆代为保管。"① 2005 年 12 月 22 日，国家文化部第 35 号令发布的《博物馆管理办法》第 21 条规定："依法调拨、交换、借用国有博物馆藏品，取得藏品的博物馆可以对提供藏品的博物馆给予实物、技术、培训或资金方面的合理补偿。补偿数额的确定，应当考虑藏品保管、修复、研究、展示等过程中原收藏博物馆发生的实际费用。调拨、交换、借用国有博物馆藏品的申请文件，应当包括合理补偿的方案。"②《古籍保护条例（征求意见稿）》第 28 条规定："古籍保管条件欠缺的古籍收藏单位或个人可以委托具备保管条件的国有古籍收藏单位寄存或代为保管古籍。"③ 四大系统内部基于保管条件的民族档案文献遗产集中保护方式有二。

表 5 – 2　西藏档案馆系统代表性档案馆 2013 年综合情况比较统计

保护情况 保管单位	人员构成情况	全年经费 投入情况	档案库房面积 与馆藏档案	部分可比性 档案设备情况
西藏自治区档案馆	全部专职人员：84 人。 1. 博士：1 人； 2. 硕士：18 人； 3. 本科：28 人； 4. 大专：17 人； 5. 中专：6 人； 6. 高中：8 人； 7. 初中及以下：6 人	1500 万元	1. 库房面积：12640 平方米。 2. 馆藏档案：234 个全宗，3164818 卷	1. 缩微设备：缩微摄影机 5 台，冲洗机 2 台，拷贝机 2 台，阅读复印机 3 台。 2. 计算机：服务器 2 台，微机 123 台。 3. 空调机：集中式 2 台；分散式 4 台。 4. 去湿机：无
西藏山南地区档案馆	全部专职人员：3 人。 1. 本科：1 人； 2. 大专：2 人	167.8 万元	1. 库房面积：1243 平方米。 2. 馆藏档案：77 个全宗，11517 卷	1. 缩微设备：无。 2. 计算机：服务器 3 台，微机 2 台。 3. 空调机：无。 4. 去湿机：无

---

① 《内蒙古自治区档案条例》，档案界网，http：//www. danganj. com。

② 《博物馆管理办法》，中央人民政府网，http：//www. gov. cn。

③ 《古籍保护条例（征求意见稿）》，国家图书馆（数字图书馆）网站，http：//www. nlc. gov. cn。

续表

保护情况＼保管单位	人员构成情况	全年经费投入情况	档案库房面积与馆藏档案	部分可比性档案设备情况
西藏自治区山南地区扎囊县档案馆	1. 本科：2 人； 2. 大专：1 人	2 万元	1. 库房面积：32 平方米。 2. 馆藏档案：25 个全宗，2979 卷	1. 缩微设备：无。 2. 计算机：服务器 1 台，微机 1 台。 3. 空调机：无。 4. 去湿机：无

注：资料来源于全国档案事业统计年报。

（1）跨系统移交保存。西部民族档案文献遗产跨系统移交保存按其载体形式可初步划分为两种方式：一是以纸质类为主的民族档案文献遗产跨系统移交保存。以纸质类为主的民族档案文献遗产跨系统移交保存主要涉及档案馆、图书馆和民委古籍办三大系统之间的跨系统移交保存。纸质类民族档案文献遗产保管条件评估结果显示：纸质类民族档案文献遗产保管条件最好的是档案馆系统，其次是图书馆系统，较差的是民委古籍办系统。因此，跨系统移交保存首先是民委古籍办系统保存的民族档案文献遗产向同级或上级保管条件较好的档案馆、图书馆移交保存。同时，保管条件尚未达到标准的图书馆向同级或上级保管条件较好的档案馆、图书馆移交保存。如西双版纳州档案馆共保存傣文档案文献有 371 部，995 册。其中，绵纸经有 197 部共 488 册，贝叶经 174 部共 507 册。在馆藏绵纸经中，有 79 部共 229 册是从州傣族文化研究所移交而来的；贝叶经中，有 103 部共 375 册是由州傣族文化研究所移交保存的。档案馆规范科学的保管条件为这些珍贵的傣文档案文献提供了良好的保护环境。

二是以实物类为主的民族档案文献遗产跨系统移交保存。实物类民族档案文献遗产保管条件以博物馆最为科学，档案馆、图书馆系统也具备一些小型实物类民族档案文献遗产集中保护的条件。因此，档案馆、图书馆或民委古籍办系统收集到或发现的大中型实物类民族档案文献遗产应向博物馆系统移交，同时也可向其提供民间散存中大型民族档案文献遗产保存线索；档案馆、图书馆或民委古籍办系统保存的小型实物类民族档案文献遗产，如印章、锦旗等可向保管条件较好的档案馆或图书馆移交，以为这些珍贵的民族档案文献遗产提供科学保护条件。

表 5 - 3　云南省各级图书馆系统代表性图书馆保护情况比较统计

保管单位 ＼ 保护情况	保护部门与民族档案文献类型	保护场所	保护技术设备	保护制度、技术情况
云南省图书馆	云南省古籍修复中心；民族古籍、家谱和经卷等纸质档案和贝叶经等	古籍库 1200 平方米	柜架、密集架、上品防虫樟木柜，南京天格科技发展有限公司 HF31N 型恒温恒湿机、二氧化碳灭火系统，云香草，杀虫剂，纸浆补书机	完善的古籍管理、保护制度体系。专业古籍修复技术，可进行破损纸质古籍修裱、加固等修复技术，可实施古籍库房防火，防潮，高温，防光，防尘，和防虫、鼠等档案库房"五防"技术等
大理白族自治州图书馆	南诏大理文献资料中心；白族古籍有1000 万册，其中包括部分文书、碑帖、家谱等	古籍资料室 120 平方米	铁架、防虫香樟木书柜和玻璃木柜，气体灭火器，遮光窗帘，温湿度监测仪、防火报警器	资料室借阅，南诏大理文献保护制度。可实施防火、防光和防虫等保护技术。不能实施民族古籍修复技术
鹤庆县图书馆	古籍地方文献参考室；白族家谱、碑刻拓片等	古籍资料室 77 平方米	铁柜、玻璃木柜，手提式干粉灭火器，樟脑丸，窗帘	资料借阅制度。可实施简单防火、防光和防虫等保护技术。不能实施民族古籍修复技术

注：资料由云南省图书馆、大理州图书馆和鹤庆县图书馆提供。

（2）同系统移交保存。同系统移交就是档案馆、图书馆、博物馆或民委古籍办系统，将较为珍贵的或保管条件未达到标准的单位保存的民族档案文献遗产向保管条件较好的上级单位移交。一般而言，西部地区四大系统保管条件较好的是省区级单位，地州级次之，县级又次之。将保管条件较差的单位保存的民族档案文献遗产向保管条件较好的上级单位移交有利于其原件的科学保护。其移交方式亦有保留复制件完全移交或保留复制件移交代存等。同系统移交保存还有利于形成资源优势，如四川凉山州编译局就接收过各县民族古籍办移交的彝文古籍。据统计，盐源县移交 51 册，昭觉 35 册，布拖 28 册，美姑 30 册，金阳 17 册，普格 22 册，越西 37 册，甘洛 27 册，德昌 5 册，雷波 1 册，喜德 11 册，西昌 4 册。至今，凉山州编译局保存的彝文经书、家谱等已达到 3000 多卷。同系统移交保存可减少阻碍因素，增加可操作性。

3. 基于改善保管条件的民委古籍办系统集中保护主体的重建问题。长期以来，西部民委古籍办系统，尤其是所属民族文化研究所做了大量艰苦细致的民族文献征集工作，收集到许多古籍类民族档案文献遗产。如云南省民委古籍办至今已收藏彝文古籍 1200 册（件）；收藏瑶文古籍 500 余册（件），瑶族绘画 300 余幅；收藏傣族贝叶经 1000 余册，绵纸经 500 余册；收藏东巴经 200 余册，神鹿图 2 幅；收藏傈僳族音节文字古籍 5 部，木牌 5 块；收藏壮文古籍 1 部。现已建成西南地区收藏民族古籍种类最多、原件最多的民族古籍资料馆。丽江东巴文化研究室除从民间征集东巴经书外，对各地所藏东巴经书进行复制征集，现已收集到东巴经书（含复印件）2000 余册。此外，楚雄彝族文化研究所收集彝文古籍 1000 余册（卷），西双版纳州民族研究所收集傣族古籍 3000 余册（卷），红河州民族研究所收藏彝、瑶等民族古籍 200 余册（件）。值得关注的是这些集中保存古籍类民族档案文献遗产单位的保管条件极为简陋。如云南省民委古籍办资料库有 40 多平方米，所保存的 5000 册民族古籍主要存放在木质柜架之中，没有专门的恒温、恒湿条件，防火、防虫等能力极为薄弱。云南省政协民族文化调查组视察之后评价：“珍贵的古籍与简陋的保管条件极不相称，看后令人心痛！”文化部、国家档案局、联合国教科文组织有关官员视察云南丽江东巴文化研究院的古籍保护情况后认为：“所收藏的古籍是最珍贵的，但保管条件是最差的！”① 民委古籍办系统集中保存

---

① 王丽萍：《建国以来云南省少数民族古籍工作述论》，云南大学，硕士学位论文，2010年。

的民族古籍数量丰富，基于其机构性质与职能设定具有较强的整理、译注和编研出版能力，将这些大量集中保存的民族古籍移交其他单位既不利于职能工作的开展，也不具有可操作性。因此，改善这些单位的保管条件是亟待解决的现实问题。方式有二：

（1）争取国家和地方财政经费的支持。2008 年，《国家民委 文化部关于进一步加强少数民族古籍保护工作的实施意见》第 4 条指出："少数民族古籍是一种不可再生的传统文化资源，一旦损失，便无法完整再现。因此，对一些珍贵的少数民族古籍，必须投入必要的财力和人力进行原生性保护和修复，以保持古籍原貌。"① 2007 年，《国务院办公厅关于进一步加强古籍保护工作的意见》第 3 条提出："对古籍收藏量大、善本多、具备一定保护条件的单位，经国务院批准，命名为全国古籍重点保护单位，并作为财政投入和保护的重点。"② 民委古籍办系统集中保存民族档案文献遗产的单位，其改善保管条件的资金支持来源主要有：一是申报全国重点古籍保护单位，争取国家资金支持改善库房保护条件。二是地方财政拨款，将其古籍库建设纳入地方财政规划，调拨专项资金改善库房保管条件。

（2）严格按照古籍保护标准建设库房。《古籍保护条例（征求意见稿）》第 26 条规定："古籍收藏单位应当履行下列职责，以确保馆藏古籍的安全：建立、健全古籍保管管理制度；建立完备的古籍保护工作档案；按照国家或行业古籍库房建设标准和保管技术标准，建设与维护古籍书库；根据古籍保管需要，配备相应的技术及管理人员。"③ 民委古籍办或所属民族文化研究所古籍库的建设标准，可参照文化部发布的国家标准《图书馆古籍特藏书库基本要求》建造。如第 5 条"温湿度要求"规定："古籍特藏书库应设置独立的恒温恒湿中央空调系统或恒温恒湿空调机组，以保证书库温湿度能够控制在标准要求的范围内。古籍特藏书库环境

---

① 《关于进一步加强少数民族古籍保护工作的实施意见》，中央人民政府网，http：// www.seac.gov.cn。

② 《国务院办公厅关于进一步加强古籍保护工作的意见》，中央人民政府网，http：// www.gov.cn。

③ 《古籍保护条例（征求意见稿）》，国家图书馆（数字图书馆）网站，http：// www.nlc.gov.cn。

温湿度的控制要求：温度：16℃—22℃；相对湿度：45%—60%。为了最大限度地延长文献保存寿命，有条件的图书馆可以采用更严格的温度标准，如1℃—4℃、8℃—12℃等，但最低温度不宜低于0℃。古籍特藏书库的温湿度应保持稳定，温度日较差不应大于2℃，相对湿度日较差不应大于5%。书库应设置温湿度监测仪器，全年监测和记录温湿度的变化情况。"① 民族古籍大多年代久远，破损情况普遍存在。严格按照库房建设规范建设古籍库，在库房管理中采取温湿度控制，防光、防虫和防火等防护措施，可为民族古籍提供良好保护条件，克服与限制载体材料损毁的各种不利因素，维护库存民族档案文献遗产的完整、准确、系统与安全。

二　西部散存民族档案文献遗产信息集中保护具体措施

（一）以四大系统为主开展民族档案文献遗产数字化资源建设工作

西部散存民族档案文献遗产信息集中保护首先要解决的是资源建设问题。具体而言，就是要以集中保存民族档案文献遗产的档案馆、图书馆、博物馆和民委古籍办（包括民族文化研究所）四大系统的各单位，以国家或本系统相关数字化建设方针政策为契机，完成本单位民族档案文献遗产的数字化资源建设工作。目前，信息化、大数据时代作为社会发展的趋势已经受到国家重视，档案馆、图书馆、博物馆和民委古籍办等系统都在信息化发展背景下，积极开展馆藏文献信息的数字化资源建设工作。在档案系统，2002年以来，国家档案局先后发布了《全国档案信息化建设实施纲要》《档案事业发展"十一五"规划》等文件，提出了"建立一批电子文件中心和数字档案馆，实现档案信息资源社会共享"的总体目标；印发了《数字档案馆建设指南》《数字档案室建设指南》等规范性文件，明确数字档案馆（室）建设的具体内容；发布了《档案事业发展"十二五"规划》，提出要"加快数字档案馆建设步伐"。② 2013年10月21日，国家档案局办公室《关于印发全国数字档案馆（室）建设推进会文件的通知》提出我国数字档案馆（室）建设的目标是"用15年左右的时间，

---

① 《中华人民共和国文化行业标准》，图书馆古籍特藏书库基本要求（WH/T24—2006）。
② 杨冬权：《在全国数字档案馆（室）建设推进会上的讲话》，《中国档案》2013年第11期。

建成以数字资源为基础、安全管理为保障、远程利用为目标的数字档案馆（室）体系，县以上各级国家档案馆基本建成数字档案馆，对馆藏传统载体档案全部数字化，实现馆藏档案的数字化利用、馆藏开放档案的互联网利用以及馆藏电子档案的安全保存和长期可利用；县直机关以上档案室传统载体档案基本数字化并实现数字化利用"。① 2013 年 1 月 30 日，文化部《全国公共图书馆事业发展"十二五"规划》第 2 条第 3 点提出："积极推进公共数字文化服务体系建设，以文化共享工程、数字图书馆推广工程、公共电子阅览室建设计划等重大项目为抓手，在全国形成一个资源丰富、服务快捷、技术先进、稳定可靠的分布式数字图书馆服务网络，催生网络环境下新的文化服务业态。"②

由此可见，档案馆、图书馆、博物馆和民委古籍办四大系统都在进行馆藏文献信息的数字化资源建设工作，其中就包括了民族档案文献遗产的数字化资源建设。一般而言，各系统各单位馆（室）藏民族档案文献遗产的数字化资源建设按其深度可划分为三个层次：一是目录级建设，也就是对民族档案文献的标题、民族、来源、形成时间、简要内容、形式、文字类型等作简要性编制；二是目录摘要级建设，即在目录级建设的基础上，对民族档案文献遗产的内容进行摘要性的概括与介绍；三是目录全文级建设，即在目录级建设的基础上，对民族档案文献遗产的内容进行全文数字化转换。在实际工作中，许多保存有民族档案文献遗产的档案馆、图书馆等单位都开展了数字化资源建设工作。以内蒙古部分单位的蒙古文文献数字化为例。据调研，内蒙古自治州档案馆馆藏蒙古文历史档案约有151292 万册（件），其中，20% 都实现了全文数字化，只是由于档案文献本身破损的原因而影响了数字化工作的进展。内蒙古自治区博物院民族文物共有 5500 件，主要类型有经书、文书、家谱、印章（新中国成立前内蒙古地区 49 个旗中的十个旗印）以及其他文物等。在国家经费支持下，馆藏文物数字化工作开展顺利，迄今，实现了全部民族文物的数字化资源建设工作。内蒙古大学图书馆珍藏有各种类型蒙古文古籍文献 3026 册

① 《关于印发全国数字档案馆（室）建设推进会文件的通知》，甘肃档案信息网，http：// www.cngsda.net。

② 《全国公共图书馆事业发展"十二五"规划》，中央人民政府网，http：// www.gov.cn。

（件），已经成立数字化小组，实现了蒙古文文献目录级数字化。珍贵蒙古文经书的全文数字化工作正在进行，《甘珠尔》经已经全部实现数字化。内蒙古自治区图书馆保存有蒙文古籍 2000 余种，民族档案文献遗产数字化还未开展，主要是缺少设备和经费。内蒙古自治区社会科学院珍藏有蒙古文文献 10000 多册（枚、块），其中包括印章 2000 余枚，碑刻 10 余块，贝叶经 3 套等。2005 年，该院启动蒙古文文献的数字化工程，但进程缓慢，主要是缺乏人才、设备等。同时，也因为部分古籍破损严重而影响了数字化工作。内蒙古自治区考古研究所下辖数个工作站，各种蒙古族文物数以万计，其中包括元代八思巴文文书档案数卷，墓志 40 余块等。该所数字化工程正在进行中，珍贵蒙古族文物，包括蒙古文经书、石刻和金文等都实现了数字化资源建设。内蒙古师范大学图书馆珍藏有蒙古文文献 3744 册，由于缺乏专业人才与设备，该馆蒙古文文献数字化工作尚未开展（资料来源于课题组实地调研材料）。以四大系统馆（室）藏民族档案文献遗产为主的数字化资源建设工作，为西部散存民族档案文献遗产信息集中保护提供了数字资源条件。

（二）资源共建共享视野下民族档案文献遗产数字化集中整合保护

1. 以国家相关建设项目为契机实现西部散存民族档案文献遗产信息集中保护。这一建设方式最为典型的是《中国少数民族古籍总目提要》建设工作。2008 年 1 月 17 日，国家民委和文化部颁布的《关于进一步加强少数民族古籍保护工作的实施意见》第 3 条第 2 点提出："《中国少数民族古籍总目提要》是《国家'十一五'时期文化发展规划纲要》确定的重点文化项目。这个项目的实施具有重大的历史和现实意义，是中华民族文化发展史上具有里程碑意义的大事。民族、文化工作部门要以编纂《中国少数民族古籍总目提要》为基础，树立精品意识，尤其是在少数民族古籍的普查、修复、目录的编制、卡片的登录和条目的撰写等方面强化培训，精确操作。"①《总目提要》的编纂工作于 1997 年正式立项，全书总体设计约 60 卷 110 册。至 2011 年 6 月，已出版 23 个民族卷共 19 册为：《纳西族卷》《白族卷》《东乡族卷·裕固族卷·保安族卷》《土族

---

① 《国家民委和文化部关于进一步加强少数民族古籍保护工作的实施意见》，法律图书馆，http：//www.law-lib.com。

卷·撒拉族卷》《锡伯族卷》《哈尼族卷》《回族卷·铭刻》《柯尔克孜族卷》《羌族卷》《毛南族卷·京族卷》《仫佬族卷》《达斡尔族卷》《土家族卷》《鄂温克族卷》《鄂伦春族卷》《赫哲族卷》《苗族卷》《侗族卷》《黎族卷》等；收录的古籍包括：中国 55 个少数民族 1949 年以前成书并已流传使用的民族古籍；1949 年以后按原文抄录或复制的古籍；原无本民族文字的民族口头文献，侧重民族起源、民族迁徙、文明起源等传记和民族史诗、叙事诗等有文献价值的中、长篇文献；历史上存留下来的民族文字碑铭和文书；在国内出土、保存、流传，现已流失在国外的古籍文献等。①

上述可知，《中国少数民族古籍总目提要》是一个浩大的民族文献整理、汇总与出版工程，汇编内容涉及文书、古籍、石刻、金文、贝叶，以及口碑等西部民族档案文献遗产的各种类型，其成果不仅是各民族文献的出版物，在出版过程中形成的全套数字化成果则是珍贵的民族档案文献数字化资源遗产，这些数字化资源对西部，乃至我国民族档案文献遗产的信息集中保护都有珍贵的现实价值。《中国少数民族古籍总目提要》数字化成果作为西部民族档案文献遗产信息集中保护的原始材料要注意移交档案馆保存，相关图书馆、民委古籍办等也可珍藏这一重要的数字化民族历史文献资源。

2. 以国家相关保护机构为主导实现西部散存民族档案文献遗产信息集中保护。西部散存民族档案文献遗产信息集中保护要解决的问题很多，如领导协调问题、执行机构问题等，以分别论述：

（1）西部散存民族档案文献遗产信息集中保护执行机构建立问题。鉴于国家现行文化遗产保护工作体制，西部散存民族档案文献遗产信息集中保护执行机构首先可由各省区古籍保护中心承担。2007 年 1 月 19 日，《国务院办公厅关于进一步加强古籍保护工作的意见》第 2 条提出，要"加大古籍保护工作力度，建立科学有效的古籍保护制度"。② 2007 年 3 月

---

① 余盼分：《〈中国少数民族古籍总目提要〉：中华民族文化的奇葩》，《中国民族报》2011 年 8 月 12 日。

② 《国务院办公厅关于进一步加强古籍保护工作的意见》，中央人民政府网，http：//www. gov. cn。

14 日，《文化部副部长周和平在全国古籍保护工作会议上的讲话》第 3 点提出："在国家图书馆设立国家古籍保护中心，承担全国古籍普查登记、业务培训、学术研究等方面工作。各省、自治区、直辖市也可参照这种模式，建立相应的工作机制。"① 依据这一会议精神，2007 年 5 月 15 日，中央机构编制委员会办公室批准国家图书馆成立"国家古籍保护中心"，其工作职责之一是"负责研制古籍普查软件平台，建立中华古籍综合信息数据库，在专家委员会的协助下对古籍普查数据进行整理汇总、审核校订，同时组织专家对全国珍贵古籍进行最终定级，为部际联席会议提供普查成果和数据分析成果。"② 其后，各省区图书馆相继成立"古籍保护中心"，将构建古籍综合信息数据库作为一项重要工作职责。民族古籍是地方文献的组成部分，将西部各省区图书馆"古籍保护中心"设置为民族档案文献遗产信息集中保护执行机构符合现行国家文化体制，便于这一工作的领导、组织与开展。

此外，也可在古籍保护中心之下设立"少数民族古籍保护与资料信息中心"。2008 年 1 月 17 日，国家民委、文化部颁布的《关于进一步加强少数民族古籍保护工作的实施意见》第 3 条第 3 点提出："根据《意见》精神和《国家民委'十一五'工作规划》确定的任务，在国家古籍保护中心指导下建立统一的少数民族古籍保护与资料信息中心，以全面了解和掌握少数民族古籍的基本状况和保存状态，为少数民族古籍保护整理工作提供全面准确的信息资源。"③ 2008 年 11 月 14 日，国家民委下发《关于建立少数民族古籍保护与资料信息中心和少数民族古籍文献人才培养与科学研究基地的通知》，决定在中央民族大学少数民族语言文学院建立"国家民委少数民族古籍保护与资料信息中心"，在西南民族大学古籍文献研究所建立"国家民委少数民族古籍文献人才培养与科学研究基

---

① 《文化部副部长周和平在全国古籍保护工作会议上的讲话》，安徽图书馆网站，http：//www．ahlib．com。

② 詹福瑞：《国家古籍保护中心的职能和今后的工作——全国古籍保护工作会议上的发言》，《国家图书馆学刊》2007 年第 2 期。

③ 《国家民委、文化部关于进一步加强少数民族古籍保护工作的实施意见》，国家民委网站，http：//www．seac．gov．cn。

地"，由全国少数民族古籍整理研究室指导①。2010 年 10 月 16 日，"国家民委少数民族古籍保护与资料信息中心" 在中央民族大学成立。该中心主要任务包括建立数字化少数民族古籍图书馆和权威性的中国少数民族古籍资料库，搭建少数民族古籍专业网站，组织少数民族古籍科研课题项目等②。这一模式可在西部各省区推广，在各省区民族院校设立 "少数民族古籍保护与资料信息中心"，纵向受全国少数民族古籍整理研究室指导，横向受各省区古籍保护中心指导。

在各省区民族院校设立 "少数民族古籍保护与资料信息中心" 优势有三：一是具有相应的信息技术，为开展这一工作奠定技术基础；二是具有谙熟民族语言文字的专业人才，为少数民族语言文字的数字化提供人才保障；三是符合国家领导与管理体制，便于这一工作的全面开展。

（2）西部散存民族档案文献遗产数字化资源汇集建设的协调问题。2008 年 1 月 17 日，《国家民委、文化部关于进一步加强少数民族古籍保护工作的实施意见》第 4 条指出："各地要结合《国家 '十一五' 时期文化发展规划纲要》，在各级政府的统一领导下，建立协调一致、分工合作的少数民族古籍保护工作机制，为进一步开展少数民族古籍保护工作提供保证。"③ 2007 年 1 月 19 日，《国务院办公厅关于进一步加强古籍保护工作的意见》第 4 条提出："建立由文化部牵头，发展改革委、财政部、教育部、科技部、国家民委、新闻出版总署、宗教局、文物局等部门组成的全国古籍保护工作部际联席会议，联席会议办公室设在文化部。部际联席会议各成员单位要按照现有职能分工，认真履行职责，密切配合，共同做好古籍保护工作。各省、自治区、直辖市也要建立相应的工作机制，组织实施本地区的古籍保护工作。"④ 2007 年，《云南省人民政府办公厅贯彻落实国务院办公厅关于进一步加强古籍保护工作意见的通知》第 4 条提

---

① 《关于建立少数民族古籍保护与资料信息中心和少数民族古籍文献人才培养与科学研究基地的通知》，国家民委网，http：//www. gxmw. gov. cn。

② 《国家民委少数民族古籍保护与资料信息中心成立中国民族宗教网》，http：//www. mzb. com. cn。

③ 《国家民委、文化部关于进一步加强少数民族古籍保护工作的实施意见》，国家民委网站，http：//www. seac. gov. cn。

④ 《国务院办公厅关于进一步加强古籍保护工作的意见》，国家民委网站，http：//www. seac. gov. cn。

出："由省文化厅牵头，省发展改革委、教育厅、科技厅、民委、财政厅、新闻出版局、宗教局等部门组成云南省古籍保护工作联席会议，共同做好古籍保护工作，联席会议办公室设在省文化厅。各州、市、县（市、区）也要建立相应的古籍保护工作协调机制，明确工作目标、任务和工作措施，确保各项工作落到实处。"① 西部散存民族档案文献遗产数字化资源建设涉及档案馆、图书馆、博物馆和民委古籍办等各系统各单位的数字化资源汇总问题，由文化部门进行领导、组织和协调，"少数民族古籍保护与资料信息中心"才能依托档案馆、图书馆、博物馆和民委古籍办"四大系统"各单位，开展的民族文献的数字化资源建设工作，分工合作，实施民族文献遗产数字化资源共建共享工程。领导协调注意问题有三：一是数字化资源汇总的政策保障，以政策保障的方式协调各单位民族档案文献遗产数字化资源的建设与汇总工作；二是数字化资源共建共享问题，民族档案文献遗产信息资源数据库应与建设单位共享，以保证建设单位的利益与积极性；三是民族档案文献遗产信息资源数据库的归档保存问题，这一信息资源数据库不仅要由"少数民族古籍保护与资料信息中心"建设、保护与共享，还要移交档案馆进行科学保护，以更好地传承保护这一珍贵的民族档案文献遗产信息资源。

---

① 《云南省人民政府办公厅贯彻落实国务院办公厅关于进一步加强古籍保护工作意见的通知》，云南省文化厅网站，http：//www.whyn.gov.cn/。

结　　语

西部民族档案文献遗产也可称为少数民族历史档案，是指新中国成立前西部各个少数民族在社会历史发展过程中直接形成的，具有保存价值的各种文字、图画、声像等不同形式的历史记录。课题研究的核心问题是西部散存民族档案文献遗产的集中保护，主要结论如下：

1. 西部散存民族档案文献遗产数量丰富，生存状况恶劣，亟待保护抢救。西部散存民族档案文献遗产极其丰富，从记录符号划分，可分为民族原始档案文献、民族文字档案文献、民族汉文档案文献、民族图像档案文献和民族口述档案文献等类型。西部民族档案文献遗产散存状况表现为两个方面：一是散存民间，主要由少数民族土司、喇嘛、毕摩、东巴、和尚、巫师、长老、民间艺人和其他民族群众等收藏①。二是基于西部民族档案文献的民族文物、古籍和文化遗产等多元属性，除档案馆外，广泛为博物馆、图书馆、民委古籍办、民族研究所、文化馆、群艺馆、史志办等单位所收藏。受历史、自然和人为因素的影响，加之保管条件简陋、生存环境恶劣，档案损毁流失问题十分严重，亟待集中保护抢救②。

2. 西部散存民族档案文献遗产集中保护存在诸多滞后因素，应提出切实对策予以解决。如民间散存民族档案文献遗产集中保护主要困难有：档案保护法规体系欠缺和宣传工作滞后，物权归属不明和经济利益的影响，以及民族档案文献遗产的多元性而导致的征集主体众多等；各单位散

---

① 华林、张若娴、杜昕：《基于民族文化生态环境变迁的云南少数民族历史档案政策保护研究》，《楚雄师范学院学报》2014 年第 3 期。

② 华林、刘大巧、许宏晔：《西部散存民族档案文献遗产集中保护研究》，《档案学通讯》2014 年第 5 期。

存民族档案文献遗产集中保护的滞后因素有现行文化管理体制的设置，民族档案文献集中保护政策法规的分散与模糊性，和机构职能业绩因素的影响等。西部散存民族档案文献遗产的集中保护涉及法理依据、物权归属、保护经费等问题，这些问题的解决需寻求国家政策的支持和各部门的配合，因此，应进行深入调查研究，并提出西部散存民族档案文献遗产集中保护的国家政策与具体措施。

3. 西部散存民族档案文献遗产集中保护是一系统工程，涉及政策法规等诸多方面。西部散存民族档案文献遗产集中保护首先要解决的是集中保护主体的确立问题。从民族档案文献遗产的多元属性、收藏状况和保管条件等因素考量，可将档案馆、图书馆、博物馆和民委古籍办确立为集中保护主体。其次是西部散存民族档案文献遗产集中保护长效保障机制的构建问题，核心内容是构建西部民族档案文献遗产集中保护政策法规体系，以及这一集中保护政策法规的贯彻落实。最后是西部散存民族档案文献遗产集中保护的具体措施，也就是提出切实可行的集中保护措施，解决西部民间散存民族档案文献遗产，以及各单位散存民族档案文献遗产的集中保护问题。

4. 西部散存民族档案文献归属于民族文化遗产的范畴，应在民族文化遗产框架下进行集中保护。民族档案文献遗产的多元属性是课题研究的支撑理论。对于民族档案文献具有民族文化遗产、古籍或文物等多元属性课题研究进行过阐释，《档案法》《文物法》等国家政策法规也已认可。从学术视角看，民族档案、古籍或文物并非同等概念，而许多民族古籍、文物都具有民族档案的属性。但应该看到的是他们都归属于民族文化遗产，是民族历史文化的承载媒介。而在实际工作中，这些民族历史文化的承载物也因其本质特征的差异，或收藏到档案馆、图书馆、博物馆和民委古籍办等而被称为民族档案、文物或古籍。因此，在民族文化遗产框架下对西部散存民族档案文献遗产进行集中保护有其重要理论依据和实践基础。

5. 西部散存民族档案文献遗产集中保护问题研究不仅要注重学术性，更应重视其现实应用性。从学术视角看，民族档案的本质特征是原始性和历史文化价值，而许多民族古籍、文物都具有这一特性，可视为民族档案的范畴。课题研究的目的是在民族文化遗产框架下对民族档案文献遗产进行集中保护，为我国民族文化遗产的保护提供思路。因此，在实践中应尊重保存现状，没必要将民族档案文献遗产从民族古籍或文物中分割开来。构建档案馆、图书馆、博物馆和民族古籍办四大系统保护主体，可在民族文化遗产保护框架之下，从档案、古籍或文物的视角，整合国家政策法规、保护机构和技术力量等方面的资源，对西部散存民族档案文献遗产进行集中保护，这是课题研究的现实应用性，也是根本目的之所在。

参考文献

（一）期刊类

张新民：《关于少数民族档案问题的探讨》，《档案学研究》1993 年第
1 期。

胡英鹏：《吉木乃县少数民族档案简况及其特点》，《档案学通讯》1994
年第 6 期。

巫咏红：《民族档案之瑰宝——傣族贝叶档案》，《西南民族大学学报》
（人文社科版）2005 年第 4 期。

李晓兰：《论民族档案在民族文化建设中的作用》，《浙江档案》2006 年
第 2 期。

陈子丹、解菲：《对少数民族档案编研的几点思考》，《档案学通讯》2006
年第 5 期。

陈子丹、解菲：《民族档案研究与学科建设》，《云南民族大学学报》（哲
学社会科学版）2007 年第 4 期。

陈子丹：《民族档案学形成与发展刍议》，《档案学研究》2007 年第 4 期。

陈子丹：《云南少数民族档案的厄运》，《云南档案》2007 年第 8 期。

解菲：《民族档案与民族地区和谐文化建设研究》，《云南档案》2007 年
第 9 期。

康蠡：《论云南少数民族档案在民族文化旅游中的价值及实现途径》，《云
南档案》2008 年第 2 期。

权诺诺：《浅谈我国少数民族档案编研队伍》，《云南档案》2008 年第
4 期。

段丽波：《西南少数民族档案研究综述》，《档案学通讯》2008 年第 5 期。

杨毅、张会超：《旅游开发背景下民族档案资源的整合——以云南民族档案资源整合为例》，《档案学通讯》2008 年第 6 期。

廖艳娟：《谈少数民族档案的开发利用》，《兰台世界》2008 年第 15 期。

陈子丹：《民族档案学研究的问题及发展趋向》，《兰台世界》2008 年第 24 期。

华林：《论西南少数民族档案文献的保护与海外追索》，《四川档案》2009 年第 2 期。

杨毅、张会超：《民族档案之旅游人类学建构与扩展研究》，《思想战线》2009 年第 3 期。

麻新纯：《我国少数民族档案保护研究现状与趋势》，《档案学通讯》2009 年第 3 期。

刘彩桥、王娅：《现代云南民族档案编研与民族文化变迁研究》，《云南档案》2009 年第 4 期。

王晓景：《对黔东南少数民族档案工作现状分析及发展策略研究》，《贵州民族学院学报》（哲学社会科学版）2009 年第 4 期。

陈子丹、魏容：《民族档案学的建构与展望》，《兰台世界》2009 年第 6 期。

郑慧：《湖南少数民族档案述略》，《档案时空》2009 年第 10 期。

刘彩桥：《文化变迁背景下民族档案编研探析》，《兰台世界》2009 年第 14 期。

陈子丹：《方国瑜对民族档案史料学的贡献》，《西南古籍研究》2010 年版，第 469—476 页。

华林、关素芳：《云南少数民族档案遗产保护机制的构建》，《中国档案》2010 年第 2 期。

华林、侯明昌：《流失海外少数民族档案文献的分布与追索》，《档案学研究》2010 年第 2 期。

吕榜珍、胡莹：《云南省少数民族档案的数字化管理策略》，《档案学通讯》2010 年第 2 期。

华林、侯明昌：《论我国濒危少数民族档案遗产保护》，《档案管理》2010 年第 3 期。

华林、黄梅：《少数民族档案遗产研究》，《档案学通讯》2010 年第 4 期。

陈子丹、黄燕玲：《云南：全力打造少数民族档案品牌》，《中国档案》2010 年第 8 期。

《云南省档案局全力打造民族档案品牌》，《兰台世界》2010 年第 9 期。

杨毅、张会超：《范式转换——民族档案学的学科建构之路》，《档案学通讯》2011 年第 1 期。

华林、赵德美、王旭东：《云南少数民族档案遗产流失及其整合性保护研究》，《思想战线》2011 年第 3 期。

周燕：《存留与变异：民族文化变迁大潮中的民族档案样态》，《兰台世界》2011 年第 4 期。

华林、李佳妍、段睿辉：《西部大开发环境下的少数民族档案遗产流失保护研究》，《档案学通讯》2011 年第 4 期。

黄凤平：《努力守护民族记忆 积极传承民族文化——云南多元民族档案工作的行与思》，《档案学研究》2011 年第 4 期。

吕榜珍、郑荃：《浅谈云南省少数民族档案数字化后的管理》，《档案学通讯》2011 年第 4 期。

陈子丹：《中国少数民族档案史研究三题》，《山西档案》2011 年第 5 期。

李晓蓉：《云南省完成阿昌族、布朗族民族档案的抢救和保护》，《兰台世界》2011 年第 11 期。

陈月爱：《少数民族档案在民族文化旅游中的价值——以广西为例》，《民族论坛》2011 年第 24 期。

陈海玉：《三十年来我国少数民族档案研究现状与趋势》，《档案学通讯》2012 年第 1 期。

杨毅、张会超：《论当下民族档案学科研究对象的塑造》，《档案学通讯》2012 年第 3 期。

饶文星：《我国少数民族档案保护的现状与对策——以广西壮族历史档案为例》，《档案管理》2012 年第 3 期。

李巍、刘丽：《少数民族档案文献数据库建设之我见》，《兰台内外》2012 年第 4 期。

王娅：《构建云南少数民族档案文献数据库的动因探析》，《陕西档案》2012 年第 4 期。

王娅：《构建云南少数民族档案文献数据库的优势》，《兰台世界》2012

年第 5 期。

杨毅、张会超：《记录田野：民族档案重构的实现与突破》，《思想战线》
　　2012 年第 6 期。

郑慧：《广西少数民族档案史料编纂述略》，《档案学通讯》2012 年第
　　6 期。

陈素军：《我国少数民族档案收集和整理策略》，《兰台世界》2012 年第
　　20 期。

朱兰兰、吴明忠：《关于少数民族档案文献资源建设的思考》，《档案学研
　　究》2013 年第 1 期。

陈子丹：《关于创立"中国少数民族档案史"的构想》，《西南边疆民族研
　　究》2013 年第 1 期。

陈子丹、魏容：《云南少数民族档案资源建设探索》，《档案管理》2013
　　年第 2 期。

刘新喻：《浅析少数民族档案的价值与开发利用》，《青海师范大学民族师
　　范学院学报》2013 年第 2 期。

华林、姬兴江、王晋、谭文君：《文化遗产框架下的西部散存民族档案文
　　献遗产保护研究》，《档案学通讯》2013 年第 3 期。

杨毅、张会超：《民族档案在田野中生成的实践探索》，《思想战线》2013
　　年第 5 期。

陈子丹：《构建边疆多民族档案资源体系的思考——以云南为例》，《档案
　　学研究》2013 年第 6 期。

张会超、杨毅：《民族档案资源集成管理引论》，《档案学通讯》2013 年
　　第 6 期。

梁雪花：《省局举行少数民族档案征集工作业务培训会》，《云南档案》
　　2013 年第 9 期。

李本军：《少数民族档案收集整理与数字化——以贵州为例》，《知识经
　　济》2013 年第 15 期。

朱伟：《民族档案与旅游发展的共赢与对策》，《兰台世界》2013 年第
　　35 期。

逄淑美：《浅议少数民族档案数字化》，《思想战线》2013 年第 2 期。

江波：《论张家界民族档案在民族文化旅游中的价值及实现途径》，《家教

世界》2014 年第 2 期。

吕晓庆：《对少数民族档案编研的几点思考》，《黑龙江史志》2014 年第
　3 期。

李庆红：《贵州少数民族档案在民族文化旅游中的价值》，《读书文摘》
　2014 年第 6 期。

李雯：《民族档案在云南民族资源数据库建设中的作用》，《边疆经济与文
　化》2014 年第 7 期。

熊颖玲、周安帜、杨晚潜：《贵州少数民族档案开发途径研究》，《兰台世
　界》2014 年第 11 期。

　　　（二）著作类

中国档案学会：《少数民族档案史料评述学术讨论会论文选集》，中国档
　案出版社 1988 年版。

云南省民族古籍办：《云南少数民族官印集》，云南民族出版社 1989
　年版。

德宏史志编委会办公室：《德宏史志资料》，德宏州志编委会办公室编
　1989 年版。

西双版纳州政协：《西双版纳文史资料选辑》，西双版纳傣族自治州委员
　会 1989 年版。

王懿之、杨世光：《贝叶文化论》，云南人民出版社 1990 年版。

云南省编辑组：《大理州彝族社会历史调查》，民族出版社 2009 年版。

云南民族古籍丛书编委会：《云南民族古籍论丛第 1 辑》，云南民族出版
　社 1992 年版。

李朝斌：《傣医四塔五蕴的理论研究》，云南民族出版社 1993 年版。

杨中一：《中国少数民族档案及其管理》，中国档案出版社 1993 年版。

冯乐耘、李鸿建：《档案保护技术学》，中国人民大学出版社 1994 年版。

乌谷著：《民族古籍学》，云南民族出版社 1994 年版。

朱崇先：《彝族典籍文化研究》，中央民族大学出版社 1996 年版。

李晋有：《中国少数民族古籍论》，巴蜀书社 1997 年版。

张公瑾、黄建明：《民族古文献概览》，民族出版社 1997 年版。

郭大烈、杨世光：《东巴文化论》，云南人民出版社 1999 年版。

华林:《西南彝族历史档案》,云南大学出版社 1999 年版。

熊和生:《云南开发要注意保护民族文化》,《科学时报》2000 年第 2 期。

罗茂斌:《档案保护技术》,云南科技出版社 2001 年版。

华林:《云南民间少数民族历史档案管理学》,民族出版社 2001 年版。

全国人民代表大会常务委员会:《中华人民共和国档案法》,1996—07—05。

刘国能:《历史档案散失惨重,加紧收集意义非凡》,《档案与建设》2005 年第 5 期。

何丽:《中国少数民族古籍管理研究》,辽宁民族出版社 2005 年版。

朱崇先:《中国少数民族古典文献学》,民族出版社 2005 年版。

潘德利:《流散海外中国古籍的回归与思考》,《沈阳师范大学学报》2006 年第 6 期。

自庶撰:《我们怎样追索流失文物》,《报林》2006 年第 10 期。

华林:《藏文历史档案研究》,云南大学出版社 2006 年版。

包和平:《中国少数民族古籍管理学概论》,民族出版社 2006 年版。

赵晓红:《追讨海外遗珍 呼唤权威清单》,《丝绸之路》2007 年第 10 期。

金史波、黄润华:《中国历代民族古文字文献探幽》,中华书局 2008 年版。

李秋丽:《流失海外历史档案的追索研究综述》,《中国档案》2008 年第 7 期。

朱崇先:《中国少数民族古典文献学》,民族出版社 2008 年版。

陈子丹:《民族档案史料编纂学概要》,云南大学出版社 2009 年版。

李国文:《云南少数民族古籍文献调查与研究》,民族出版社 2010 年版。

国家民委全国少数民族古籍整理研究室:《中国少数民族古籍总目提要·维吾尔族卷》,中国大百科全书出版社 2011 年版。

国家民委全国少数民族古籍整理研究室:《中国少数民族古籍总目提要·蒙古族卷》,中国大百科全书出版社 2013 年版。

仝艳锋:《民族档案文献遗产保护研究:以云南为例》,山东大学出版社 2013 年版。

赵德美:《云南少数民族历史档案数字化建设》,社会科学文献出版社 2014 年版。

华林：《中国西部民族文化通志·民族古籍卷》，云南人民出版社 2014
　　年版。

（三）政策文件类

《国务院办公厅转发国家民委关于抢救、整理少数民族古籍的请示的通
　　知》，1984 年 4 月 19 日，国办发〔1984〕30 号。

《加强少数民族文物工作意见》，1998 年 9 月 29 日，文物博发〔1998〕
　　54 号。

《国务院办公厅转发文化部、建设部、文物局等部门关于加强我国世界文
　　化遗产保护管理工作意见的通知》，2004 年 2 月 15 日，国办发〔2004〕
　　18 号。

《关于实施中国民族民间文化保护工程的通知》，2004 年 4 月 8 日，文社
　　图发〔2004〕11 号。

《国务院办公厅发布关于加强我国非物质文化遗产保护工作的意见》，
　　2005 年 8 月 15 日，国办发〔2005〕18 号。

《国务院关于加强文化遗产保护的通知》，2005 年 12 月 22 日，国发
　　〔2005〕42 号。

《国务院办公厅关于进一步加强古籍保护工作的意见》，2007 年 1 月 29
　　日，国办发〔2007〕6 号。

《国家民委、文化部关于进一步加强少数民族古籍保护工作的实施意见》，
　　2008 年 2 月 4 日，民委发〔2008〕33 号。

《国家民委关于建立少数民族古籍保护与资料信息中心和少数民族古籍文
　　献人才培养与科学研究基地的通知》，2008 年 12 月 2 日，民委发
　　〔2008〕252 号。

《文化部关于进一步加强古籍保护工作的通知》，2011 年 3 月 8 日，文社
　　文发〔2011〕12 号。

《关于积极做好档案系统第一次全国可移动文物普查工作的通知》，2013
　　年 6 月 13 日，文物普查发〔2013〕8 号。

（四）在线文献类

《馆藏珍品》，青海省博物馆，http：//www.qhmuseum.cn。

《中国民族宫图书馆馆藏蒙古文古籍概述》，中国蒙古学信息网，http：//www. surag. net。

《甘博典藏》，甘肃省博物馆，http：//www. gansumuseum. com。

《我国将再次全面普查抢救蒙古族古籍资源》，新华网内蒙古频道，http：//www. nmg. xinhuanet. com。

《青海省今年将建设少数民族古籍保护中心》，新华网，http：//www. xinhuanet. com。

《西藏博物馆》，百度百科，http：//baike. baidu. com。

《西藏布达拉宫》，百度百科，http：//baike. baidu. com。

《藏族音乐》，百度百科，http：//baike. baidu. com。

《古籍知识》，中华古籍网，http：//www. guji. cn。

《五千多册布依族古籍散落荔波　专家建议收藏》，金黔新闻网，http：//news. gog. com。

《古籍保护》，云南省古籍保护中心，http：//www. ynlib. cn。

《馆藏维吾尔文古籍概述》，中国民族图书馆，http：//www. celib. cn。

《穿越时空的守望——少数民族古籍抢救整理出版在云南》，云南省古籍保护中心，http：//www. ynlib. cn。

《云博概况》，云南省博物馆网站，http：//www. ynbwg. cn。

内蒙古自治区文化厅文物局，《依法保护草原文化遗产，努力建设民族文化大区》，中国阿拉善网，http：//www. als. gov. cn。

内蒙古自治区古籍办苏雅拉图，《开拓进取　强化措施　执着追求　为新时期少数民族古籍工作做出贡献》，国家民委网站，http：//www. seac. gov. cn。

《西藏文物保护和文博事业的现状与发展》，中国西藏信息中心，http：//www. tibet. cn。

《西藏文化的发展》，人民网，http：//www. people. com. cn。

《天路之行日记　来到拉萨》，新浪博客，http：//blog. sina. com。

《图书馆馆藏介绍》，西藏自治区社科院，http：//www. xzass. org。

《西藏自治区文物保护条例》，中国西藏新闻网，http：//www. chinatibetnews. com。

《西藏古籍保护工作情况》，文化部网站，http：//www. mcprc. gov. cn。

《三都水族自治县水书文化保护条例》，百度百科，http：//baike. baidu. com。

《荔波县水书抢救保护工作实施办法》，荔波档案信息网，http：// lb. gzdaxx. gov. cn。

《中华人民共和国档案法》，国家档案局网站，http：//www. saac. gov. cn。

《云南省档案条例》，云南省档案信息网，http：//www. ynda. yn. gov. cn。

《甘肃省档案条例法》，国务院法制办公室，http：//www. chinalaw. gov. cn。

附　图

一　原始型民族档案文献遗产

基诺族记事刻木，图片由云南省档案馆提供。

傣族竹片档案，图片由云南省档案馆提供。

傈僳族刻木记事，图为一部杀虫经的正副本，照片由云南省档案馆提供。

维西县档案馆馆藏傈僳族音节文字的木质载体，资料来源于维西县档案馆网站。

二　纸质型民族档案文献遗产

云南省民委古籍办所收藏的纸质少数民族档案文献，作者拍摄。

云南省民委古籍办所收藏的纸质少数民族档案文献，作者拍摄。

云南省民委古籍办所收藏的纸质少数民族图像档案文献，作者拍摄。

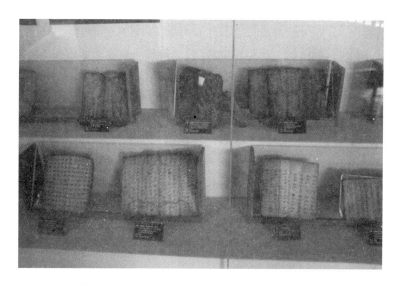

楚雄州博物馆保存的彝族毕摩经书，作者拍摄。

楚雄州彝族文化研究所珍藏的彝文档案文献遗产，作者拍摄。

　　楚雄州图书馆收集的部分彝文古籍原件和请当地彝族毕摩抄写的彝文经书，作者拍摄。

　　楚雄州图书馆收集的部分彝文古籍原件和请当地彝族毕摩抄写的彝文经书，作者拍摄。

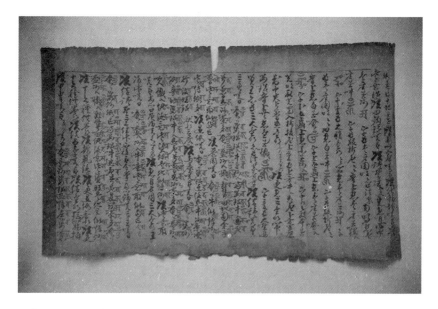

大理国保天八年写本诸佛菩萨金刚等启请一卷，图片由云南省图书馆提供。

大理国写本金刚般若波罗蜜经，图片由云南省图书馆提供。

明隆庆四年云南大理李元阳刻本大方广佛华严经入不思议解脱境界普贤行
愿品一卷，图片由云南省图书馆提供。

唐释不空译元官刻大藏经本观自在大悲成就瑜伽莲花部念诵法门一卷，
图片由云南省图书馆提供。

云南省图书馆珍藏：彝文文献毕摩经，图片由云南省图书馆提供。

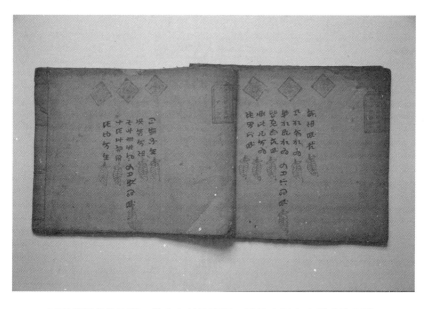

云南省图书馆珍藏：彝文文献毕摩经，图片由云南省图书馆提供。

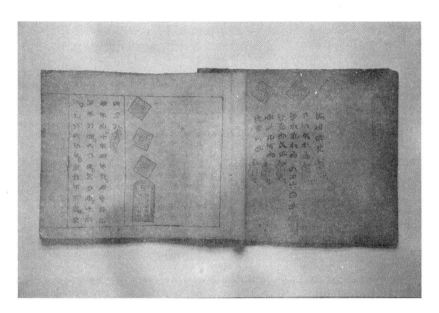

云南省图书馆珍藏：彝文文献毕摩经，图片由云南省图书馆提供。

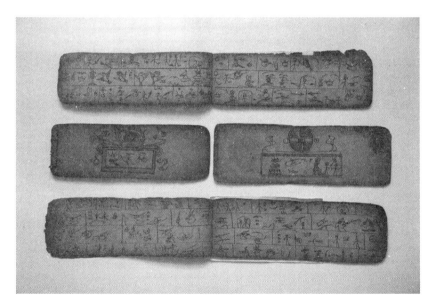

云南省图书馆珍藏的纳西东巴经文献，图片由云南省图书馆提供。

云南省图书馆珍藏的纳西东巴经文献，图片由云南省图书馆提供。

云南省图书馆珍藏的纳西东巴经文献，图片由云南省图书馆提供。

三　其他实物类民族档案文献遗产

大理州档案馆保存白族碑刻拓片，作者拍摄。

大理市博物馆保存白族碑刻，作者拍摄。

西双版纳市档案馆保存傣族贝叶经，作者拍摄。

西双版纳州档案馆保存傣族贝叶经，作者拍摄。

西双版纳州档案馆保存傣族贝叶经，作者拍摄。

西双版纳州档案馆保存傣族贝叶经的经柜，作者拍摄。

西双版纳州档案馆保存少数民族印章档案，作者拍摄。

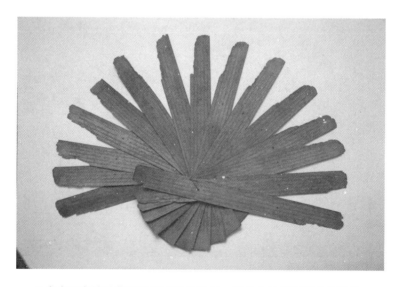

云南省图书馆珍藏的傣族文献贝叶经，图片由云南省图书馆提供。

楚雄州档案馆保存的少数民族瓦当实物档案，作者拍摄。

楚雄州档案馆保存的少数民族瓦当、碑刻实物档案，作者拍摄。

大理州博物馆保存的白族铜镜，作者拍摄。

西双版纳州博物馆珍藏的清代傣族木雕，作者拍摄。

西双版纳州博物馆珍藏的清代傣族九头象木雕，作者拍摄。

西双版纳州博物馆珍藏的傣族郁壳咒片，作者拍摄。

大理州剑川文化馆收集的白族碑刻，作者拍摄。

大理州剑川文化馆收集的白族碑刻，作者拍摄。

云南省大理市博物馆收藏的白族碑刻，作者拍摄。

云南省大理市博物馆收藏的白族碑刻，作者拍摄。

云南省大理市博物馆收藏的白族碑刻，作者拍摄。

大理州博物馆保存的石刻人物雕像，作者拍摄。

　　作者（中）在云南省楚雄州彝族文化研究所和著名彝族学者朱琚元（右）、李仲良（左）合影。

后　记

　　"西部散存民族档案文献遗产集中保护问题研究"课题是云南大学历史与档案学院档案与信息管理系华林教授为负责人的课题组于 2012 年申报，并于 2012 年 5 月 20 日为国家哲学社会科学规划办批准立项的国家社科基金规划项目。经过艰辛努力与扎实工作，耗费两年多的时间，2015年完成该项目的研究，并于当年 7 月 31 日，通过全国哲学社会科学规划办公室审核准予结项，取得鉴定等级为"良好"的成绩。

　　课题立项之初，课题组就制订了严谨的研究计划与周密的调研安排。按调研计划，课题组完成云南省昆明市、楚雄彝族自治州、大理白族自治州、丽江纳西族地区、西双版纳傣族自治州、德宏傣族自治州、迪庆藏族自治州和保山地区等，以及贵州省毕节、黔东南等地，四川省凉山彝族自治州，西藏拉萨，内蒙古呼和浩特，新疆乌鲁木齐等地 120 多个单位和240 余位访谈对象的调研工作。通过问卷调查、深度访谈和描述性统计分析等方法，挖掘出大量西部民间和各单位散存民族档案文献遗产分布收藏、档案状况、保护条件等方面的翔实调研材料，为课题的深入研究提供了丰富的原始材料。在调研的同时，课题组对项目开展全面系统的研究工作，截至课题结题，已公开发表 12 篇论文，其中核心期刊 7 篇，源期刊3 篇。负责人华林在《档案学通讯》（档案学类国家级核心期刊）2013 年第 3 期上发表的《文化遗产框架下的西部民族档案文献遗产保护研究》一文，为人大复印报刊资料《档案学》2013 年第 4 期上全文转载；在《楚雄师范学院学报》2014 年第 4 期发表的《基于民族文化生态环境变迁的云南少数民族历史档案政策保护研究》论文，为《高等学校文科学术文摘》2014 年第 4 期摘要收录。在进行广泛深入研究的基础上，课题负责人及其成员经过 10 余稿的修改，最终撰写完成 15 万字的课题研究报告

《西部散存民族档案文献遗产集中保护问题研究》，完成课题研究。在本课题研究过程中，我们得到多个政府部门和文化机构领导、专家、学者和工作人员等的大力支持，他们有的给我们提供咨询和具体的业务指导，有的为我们的实地调研给予支持，有的为我们提供了丰富翔实的资料，特此致谢！感谢课题组成员云南省档案局张文芝、黄燕玲等，以及我的研究生姬兴江、李佳妍、杜昕、刘大巧、张若娴、李炜怡、朱少禹等，他们在课题研究工作中付出了大量的心血，正是由于他们的努力与付出，才保证课题得以顺利完成。在课题研究中，夫人朱艳艳女士对我的工作大力支持，默默付出，在此一并表示衷心的感谢。

　　中国社会科学出版社的孔继萍老师等在本书的出版过程中付出了艰辛的劳动和大量的心血，正是由于他们的支持才使本书得以出版，为此表示由衷的感谢与诚挚的谢意。

作　者
2017 年 3 月 5 日